苏州文博论丛

2018 年（总第 9 辑）

苏州博物馆　编

文物出版社

图书在版编目（CIP）数据

苏州文博论丛. 2018年：总第9辑／苏州博物馆编. —
北京：文物出版社，2018.12

ISBN 978 – 7 – 5010 – 5869 – 3

Ⅰ. ①苏… Ⅱ. ①苏… Ⅲ. ①文物工作 – 苏州 – 文集
②博物馆事业 – 苏州 – 文集 Ⅳ. ①G269.275.33 – 53

中国版本图书馆 CIP 数据核字（2018）第 278475 号

苏州文博论丛

2018 年（总第 9 辑）

编　　者：苏州博物馆

责任编辑：窦旭耀
封面设计：夏　骏
责任印制：张　丽

出版发行：文物出版社
地　　址：北京市东直门内北小街 2 号楼
邮　　编：100007
网　　址：http：//www.wenwu.com
邮　　箱：web@ wenwu.com
经　　销：新华书店
印　　刷：北京京都六环印刷厂
开　　本：880mm×1230mm　1/16
印　　张：12
版　　次：2018 年 12 月第 1 版
印　　次：2018 年 12 月第 1 次印刷
书　　号：ISBN 978 – 7 – 5010 – 5869 – 3
定　　价：98.00 元

吴门工艺研究

博物馆学研究

汉魏官印中的鲜卑古史

后晓荣（首都师范大学历史学院）

王　典（上海四季教育培训有限公司）

内容摘要：考古文物资料中，有不少涉及汉民族政权与鲜卑民族关系往来的资料。尤其在汉魏时期官印中，见证了传统文献记载所缺失的早期鲜卑古史。本文以汉魏之际的鲜卑官印为主，讨论了汉人政权与鲜卑族之间的相关历史。

关键词：汉魏之际　官印　鲜卑古史

鲜卑族是继匈奴之后在蒙古高原崛起的古代游牧民族，属阿尔泰语系蒙古语族，兴起于东北大兴安岭。早期依附匈奴族，东汉之后逐渐独立，魏晋时期更是成为对中国影响最大的北方游牧民族。《后汉书·乌桓鲜卑列传》曰："鲜卑者，亦东胡之支也，别依鲜卑山，故因号焉。"文献记载鲜卑起源于东胡，西汉时期，鲜卑"为冒顿所破，远窜辽东塞外，与乌桓相接，未常通中国焉"。及至东汉建武二十五年（49），南匈奴附汉，"鲜卑始通驿使"[1]，鲜卑族与汉朝廷开始多有交往。考古文物资料中，尤其是历代官印中，有不少涉及汉民族政权与鲜卑民族关系往来的资料，见证了早期鲜卑史，也为传统文献记载所缺载。本文就重点以汉魏之际的鲜卑官印为主，讨论汉人政权与鲜卑族之间的相关历史。

一　汉魏时鲜卑印章简介

汉魏时期汉人政权颁赐给鲜卑族头人的玺印早在清代就有所发现，并不断为金石书籍所著录。新中国成立后，随着考古工作的全面开展，又发现不少有关鲜卑族的印章。本文所讨论汉魏时期的鲜卑印章共5枚，都是中原朝廷赐予鲜卑头人的官印，分传世鲜卑官印和考古出土鲜卑官印两部分。具体情况如下。

1. "汉鲜卑率众长"印[2]，铜质，驼纽，边长2.4厘米×2.5厘米，传世品（图一）。

2. "汉归义鲜卑王"印[3]，金质，驼纽，边长2.3厘米×2.2厘米。该印传出土于甘肃，现藏于湖南省博物馆。该印也为《二十世纪玺印集成》所著录[4]（图二）。

3. "魏鲜卑率善仟长"印[5]，铜质，驼纽，边长2.3厘米×2.2厘米，传世品（图三）。

4. "魏鲜卑率善佰长"印[6]，铜质，驼纽，边长2.4厘米×2.4厘米，传世品（图四）。

5. "魏鲜卑率善佰长"印[7]，铜质，驼纽，边长2.2厘米×2.2厘米，传世品（图五）。

到目前为止，在中国古代玺印资料中，汉魏时期

图一　"汉鲜卑率众长"印　　图二　"汉归义鲜卑王"印

图三　"魏鲜卑率善仟长"印　　图四　"魏鲜卑率善佰长"印

图五 "魏鲜卑率善佰长"印

与鲜卑族相关的官印资料大致就是以上 5 枚，多为传世鲜卑官印。根据时期可划分为传世汉鲜卑官印、传世魏鲜卑官印两类，是研究早期鲜卑与中原王朝关系的珍贵材料。

二 汉代赐鲜卑印章之史实分析

鲜卑族是一个古老的民族，早在西周时期就有记载。战国时期，其为匈奴冒顿所败，之后远逃辽东之塞外，与汉人几乎没有关联。西汉末年，鲜卑势力逐渐强大，东汉明帝、章帝两代，鲜卑人主要接受汉王朝封赏，为汉民族守边保关。在目前所见汉魏之际的鲜卑印章中，汉朝廷颁赐给鲜卑贵族的印章有两枚，分别为鲜卑王印和鲜卑长印。有关汉王朝颁赐鲜卑民族官印的历史，文献有不少记载。东汉早期，封赐鲜卑大人于仇贲为王。《后汉书·乌桓鲜卑列传》记载："其后都护偏何等诣祭肜求自效功，因令击北匈奴左伊育訾部，斩首二千余级。其后偏何连岁出兵击北虏，还辄持首级诣辽东受赏赐。三十年，鲜卑大人于仇贲、满头等率种人诣阙朝贺，慕义内属。帝封于仇贲为王，满头为侯。时渔阳赤山乌桓歆志贲等数寇上谷。永平元年，祭肜复略偏何击歆志贲，破斩之，于是鲜卑大人皆来归附，并诣辽东受赏赐，青、徐二州给钱岁二亿七千万为常。明、章二世，保塞无事。""安帝永初中，鲜卑大人燕荔阳诣阙朝贺，邓太后赐燕荔阳王印绶，赤车参驾，令止乌桓校尉所居宁城下，通胡市，因筑南北两部质馆。""永宁元年，辽西鲜卑大人乌伦、其至鞬率众诣邓遵降，奉贡献。诏封乌伦为率众王，其至鞬为率众侯，赐彩缯各有差。"东汉中期之后，至汉桓帝年间，鲜卑大人檀石槐当权，兼并

鲜卑各部族，鲜卑迎来全盛时期。这一时期的鲜卑对汉朝北境骚扰和劫掠更加厉害，"朝廷积患之而不能制，遂遣使持印绶封檀石槐为王，欲与和亲"[8]，但檀石槐均未接受，继续在幽、并、凉三州缘边诸郡寇抄杀略。故而这个时期属鲜卑与汉的对抗期，不可能存在汉赐鲜卑官印。汉灵帝光和四年（181），檀石槐死，此后鲜卑内部争权分裂，势力有所削弱。建安中，鲜卑大人素利、弥加、厥机"因阎柔上贡献，通市，太祖皆表宠以为王"[9]。由此可见东汉晚期，汉王朝又赐给部分附汉的鲜卑部族官印。

从以上史料记载看，东汉时期，至少曾经有三位鲜卑大人于仇贲、燕荔阳、乌伦先后被封为鲜卑王。湖南博物馆藏"汉归义鲜卑王"印[10]印文顺序为"汉＋誉称＋鲜卑＋官名"，其中誉称为"归义"。东汉前期归义这一誉称开始用于少数民族官印，如东汉前期匈奴官印"汉匈奴归义亲汉长"的"归"作""，左上为"日"，"义"作""，左下""，转折圆润自然。东汉晚期则多有不同，如"汉归义胡长"的"归"为""[11]或""[12]，左上分"日"、""两种，"义"为""，左下为""似王字（图六、七）。该枚"汉归义鲜卑王"印章的"归义"二字作""、""。从印文的时代特征看，该印的时代应为东汉晚期。鲜卑族早期活动范围主要在汉代幽州的辽东、上谷一带。桓帝、灵帝时期，鲜卑势力崛起，檀石

图六 "汉归义胡长"印　　图七 "汉归义胡长"印

槐建立政治军事联盟，多次在幽、并、凉三州边缘诸郡挑起战事，说明东汉晚期鲜卑活动范围已达凉州一带，即今甘肃武威市等地。《二十世纪玺印集成》一书中标注此枚"汉归义鲜卑王"印出土于甘肃地区，即此印应是东汉朝廷为安抚当地鲜卑族而颁赐其部族头人之物。结合该印章印文的时代特征，我们可以大致判断该枚鲜卑王印或许就是建安年间，由曹操"皆表宠以为王"，颁赐给鲜卑大人素利、弥加、厥机三者之一的鲜卑王印。

东汉王朝除颁赐鲜卑大人以王印笼络外，给其他鲜卑贵族也有不同的官印颁赐。前面引用的文献记载东汉时期，中原政府多次给鲜卑大人及贵族首领赐印，官名有鲜卑王（或率众王）、率众侯等，但有关鲜卑下层官吏名称并没有交代。从《秦汉魏晋南北朝官印征存》所收录的铜质驼纽"汉鲜卑率众长"印章的情况看，印文文序"汉＋鲜卑＋官名"，为典型的汉王朝颁赐鲜卑下层官吏之印，可补文献缺载。"率众"一词在东汉王朝赐其他少数民族官印中也出现过，如"汉屠各率众长"印。从该印文"长"字作""的印文特征看，该印章时代可断为东汉前期之印，即此印为东汉前期汉王朝颁赐给鲜卑贵族的官印。文献记载，东汉永宁元年（120）汉朝廷曾诏封鲜卑大人乌伦为率众王，其至鞬为率众侯，但没有率众长。文献又记载东汉阳嘉元年（132）曾经诏封乌桓贵族为王、侯、长三级官吏。《后汉书·乌桓鲜卑列传》记载："阳嘉元年冬，耿晔遣乌桓亲汉都尉戎朱廆率觽王侯咄归等，出塞抄击鲜卑，大斩获而还，赐咄归等已下为率觽王、侯、长，赐彩缯各有差。"[13]从这枚东汉前期的"汉鲜卑率众长"印情况看，东汉王朝颁赐鲜卑民族的官吏印章与颁赐给乌桓族的官吏印章一样，也分王、侯、长三级。即东汉王朝对乌桓族和鲜卑族的官吏设置一样，都是王、侯、长三级，其性质既有行政官员身份，同时兼有军事首领色彩。

三　曹魏赐鲜卑官印之分析

东汉末年，檀石槐一度统一了鲜卑诸部，在长城以北的广袤地域建立了东、中、西三部的军事部落大联盟。但随着檀石槐死亡，鲜卑很快就分裂为三个集团：一是步度根集团（檀石槐后裔），拥众数万，据有云中、雁门一带；二是轲比能集团，分布于代郡、上谷等地；三是原来联盟"东部大人"所领属的若干小集团，散布于辽西、右北平和渔阳塞外。其中轲比能集团势力强，影响大。曹魏时期，鲜卑因内部争权，相互攻杀，分裂成多个部族。曹魏政府采取分而化之的政策，分别分封不同官吏，其中与曹魏有关系的鲜卑部族有：

1. 步度根部族。汉末建安年间，魏文帝即位，檀石槐后人步度根"遣使献马，帝拜为王"，黄初五年（224），"步度根诣阙贡献，厚加赏赐，是后一心守边，不为寇害"[14]。

2. 轲比能部族。"建安中，因阎柔上贡献"的小种鲜卑部族，多次协助曹操征伐。魏文帝即位后"立比能为附义王"[15]。

3. 泄归泥部族。文献记载鲜卑贵族轲比能杀死另一鲜卑贵族泄归泥父亲扶罗韩，将其部众悉归于麾下。魏明帝青龙年间，"归泥叛比能，将其部众降，拜归义王，赐幢麾、曲盖、鼓吹，居并州如故"[16]。

4. 素利、弥加、厥机部族。文献记载该鲜卑部族主要居于"辽西、右北平、渔阳塞外，道远初不为边患，然其种众多於比能"。建安年间，因阎柔上贡献而通市，"太祖皆表宠以为王。厥机死，又立其子沙末汗为亲汉王。延康初，又各遣使献马。文帝立素利、弥加为归义王。……太和二年，素利死。子小，以弟成律归为王，代摄其众"[17]。

从以上文献记载看，曹魏朝廷为笼络鲜卑族，对不同部族的鲜卑大人分别分封附义王、归义王等，应该颁赐了不少于4枚鲜卑王印，可惜至今未见一枚实物。除对鲜卑大人封王之外，曹魏王朝对鲜卑各部族的贵族也都分封大小不等官职，如轲比能与鲜于辅书曰"我夷狄虽不知礼义，兄弟子孙受天子印绶"[18]，说明曹魏不仅赐鲜卑大人轲比能的王印，还赐其亲属贵族等不同官印。

这种情况不仅见于文献记载，也为曹魏文物所证明。今遗存三枚曹魏赐鲜卑贵族的官印皆为铜质，驼纽，印文规格为"魏＋鲜卑＋誉称＋官职"，官职有仟长、佰长，誉称为"率善"。其中仟长、佰长是常见的古代少数民族官名。《汉书·匈奴传》上说匈奴有二十四长，"诸二十四长，亦各自置仟长、佰长、什长、裨小王"[19]。《汉书·西域传》下说西域"凡国五十，自译长、城长、君、监、吏、大禄、百长、千长、都尉、且渠、当户、将、相至侯、王，皆佩汉印绶"[20]。即汉代时期匈奴和西域等少数民族的官吏中就有仟长、佰长等官吏，在汉代和魏晋时期颁赐给其他少数民族的官印中亦累见仟长、佰长等官名，今天看来实际上是汉族政权对这些归附的少数民族自身官吏系统的官方确认，而并非以往人们所认为的汉人政权对这些少数民族管理的特设官吏。有关这三枚曹魏时期鲜卑仟长、佰长印的部族属性，叶其峰先生认为中原王朝颁赐给少数民族官印的誉称具有针对性，以上四个鲜卑部族中只有步度根部族"一心守边，不为寇害"，这三枚鲜卑官印很可能是曹魏政府颁赐给步度根部族的[21]。从文献记载看，曹魏不仅对不同部族鲜卑大人分封为鲜卑王，对鲜卑大小贵族也都有所分封，因此这三枚曹魏时期颁赐的鲜卑仟长、佰长之印也有可能属于步度根部族之外的其他鲜卑部族。纵观目前所存曹

魏时期的少数民族官印，除一枚甘肃天水出土的"魏归义氐侯"印[22]是誉称为归义的侯印外，其余邑长、仟长、佰长官印皆镌"率善"，因此"率善"一词应是针对少数民族下级官员印章而定，各个少数民族下级官员的官印皆统一镌刻，没有部族之分。故日本学者尾山胜就认为"魏晋时期'归义'则限定于王、侯，对邑君、邑长、仟长、佰长等就使用的是'率善'"[23]。从这三枚曹魏时期鲜卑官印实物，可见曹魏与鲜卑部族之间比较友善，曹魏朝廷通过颁赐鲜卑官印以维系这种和睦的民族关系。

三　小结

在现存众多古代官印中涉及汉魏之际的鲜卑官印数量并不多，但是仍然能够从中发现汉魏时期鲜卑民族官制体系的变化，它们也是研究鲜卑与中原王朝关系的珍贵资料。"汉鲜卑率众长"印的发现补充了东汉前期少数民族的"率众长"一职；"汉归义鲜卑王"印的发现表明东汉晚期鲜卑民族势力到达今甘肃一带，东汉朝廷为安抚在凉州一带活动的鲜卑部族，赐予其头人鲜卑王印。至于曹魏时期三枚鲜卑的仟长、佰长之印，则说明曹魏政权对包括鲜卑在内的少数民族自身传统官吏体系化的确认，并非对其重新设置官职。总之，以上结合文献对汉魏时期鲜卑官印的解读，可补相关汉魏之际民族关系史的缺载。

注释：

[1]〔南朝宋〕范晔：《后汉书·乌桓鲜卑列传》，中华书局 1965 年，第 2985 页。

[2] 罗福颐主编：《秦汉南北朝官印征存》，文物出版社 1987 年，第 214 页，第 1220 号。

[3] 罗福颐主编：《秦汉南北朝官印征存》，文物出版社 1987 年，第 214 页，第 1219 号。

[4] 周晓陆主编：《二十世纪出土玺印集成》，中华书局，2010 年，三－GY－0276。

[5] 罗福颐主编：《秦汉南北朝官印征存》，文物出版社 1987 年，第 247 页，第 1413 号。

[6]〔清〕何昆玉：《吉金斋古铜印谱正续》第 8 册，上海书店 1989 年。

[7]〔清〕吴大澂：《十六金符斋印存》第 26 册，上海书店 1989 年，第 95 页。

[8]〔南朝宋〕范晔：《后汉书·乌桓鲜卑列传》，中华书局 1965 年，第 2989 页。

[9]〔西晋〕陈寿：《三国志·魏志·乌丸鲜卑东夷传》，中华书局 1959 年，第 840 页。

[10] 湖南博物馆藏"汉归义鲜卑王"印在《秦汉南北朝官印征存》与《二十世纪出土玺印集成集成》中录入信息有出入，《秦汉南北朝官

印征存》中注为铜质驼纽，而《二十世纪出土玺印集成集成》注为金质龟纽。因笔者未见实物，无法确定质地是金还是铜，不过可以确定为驼纽而非龟纽。

［11］罗福颐：《秦汉南北朝官印征存》，文物出版社 1987 年，第 216 页，第 1232 号。

［12］罗福颐：《秦汉南北朝官印征存》，文物出版社 1987 年，第 216 页，第 1233 号。

［13］〔南朝宋〕范晔：《后汉书·乌桓鲜卑列传》，中华书局 1965 年，第 2988 页。

［14］〔西晋〕陈寿：《三国志·魏志·乌丸鲜卑东夷传》，中华书局 1959 年，第 836 页。

［15］〔西晋〕陈寿：《三国志·魏志·乌丸鲜卑东夷传》，中华书局 1959 年，第 838 页。

［16］〔西晋〕陈寿：《三国志·魏志·乌丸鲜卑东夷传》，中华书局 1959 年，第 836 页。

［17］〔西晋〕陈寿：《三国志·魏志·乌丸鲜卑东夷传》，中华书局 1959 年，第 840 页。

［18］〔西晋〕陈寿：《三国志·魏志·乌丸鲜卑东夷传》，中华书局 1959 年，第 839 页。

［19］〔东汉〕班固：《汉书·匈奴传》，中华书局 1962 年，第 3751 页。

［20］〔东汉〕班固：《汉书·西域传》，中华书局 1962 年，第 3928 页。

［21］叶其峰：《古玺印通论》，紫禁城出版社 2003 年，第 151 页。

［22］周晓陆主编：《二十世纪出土玺印集成》，中华书局 2010 年，四－GY－0099。

［23］〔日本〕尾山胜：《汉魏晋时期蛮夷印章的使用方法——以西南夷印章为主进行的考察》，《南方民族考古》第 3 辑。

汉代玻璃耳珰相关问题探析

赵启杰　后晓荣（首都师范大学历史学院）

内容摘要：玻璃耳珰作为一种特殊材质的耳饰最早出现于西汉早期，从西汉晚期开始流行于各地，魏晋南北朝时已基本消失。本文全面搜集了全国各地出土的汉代玻璃耳珰 300 余枚，在此基础上对其进行类型学和统计学的分析，探讨了不同形制耳珰的流行、分布和发展情况。另外，又结合出土材料对玻璃耳珰的坠饰系附与穿戴、使用者性别等问题进行了论述。

关键词：玻璃耳珰　类型学　坠饰　穿戴方式　性别

耳珰作为一种装饰品在我国史前时期就已经开始出现，长江流域的凌家滩、崧泽等遗址的墓葬中就发现过许多玉质耳珰[1]。商周时期耳珰发现较少，但是也能看到戴耳珰的人面像，如江西新干大洋洲就出土了商代神人玉面像[2]。而玻璃耳珰作为一种装饰品是在西汉早期开始出现的。目前虽然有学者做过基本的分类[3]、科技分析[4]以及穿戴方式的描述[5]，然而对于玻璃耳珰系统性的研究不多，而且对于坠饰、穿戴、墓主性别等相关问题缺乏具体的分析。因此本文将以全国各地出土的实物资料为基础对以上问题进行详细探讨。

一　玻璃耳珰的发现及类型学研究

本文搜集了全国各地出土的玻璃耳珰共 300 余件，根据出土的地点，可以将其划分为北方、中原、南方三大地区（表一）。北方地区出土玻璃耳珰的有吉林、辽宁、内蒙古、甘肃、青海、宁夏等地；中原地区出土玻璃耳珰的有陕西、河南；南方地区在两湖、两广地区、江苏、四川、贵州等地都发现了玻璃耳珰。玻璃耳珰在西汉中期以前只有少量出土，西汉晚期开始大量流行，东汉之后逐渐衰落。魏晋时期发现的玻璃制品很少，耳珰也寥寥无几，需要说明的是战国时期的甘肃永昌沙井文化[6]和塔尔坡

秦墓[7]中也曾发现过耳珰形玻璃器，但是这类玻璃器长度一般在 4 厘米及以上，腰径也较粗，与汉代的玻璃耳珰有本质的区别。

关于玻璃耳珰的类型，《洛阳烧沟汉墓》[8]、《上孙家寨汉晋墓》[9]、《内蒙古中南部汉墓》[10]等报告及傅举有[11]、李芽[12]、熊昭明[13]等学者都根据出土材料进行过简单的类型学划分，但是上述分类或因出土资料所限，致使耳珰的分类不够全面，或只是单纯目的的分类，并没有与之相关的分析。因此本文在前人研究的基础上，结合耳珰基本形态及其使用情况，把考古出土的玻璃耳珰划分为三型：

A 型　整体呈亚腰腰鼓形，有大小两端头，中间穿孔。通长在 1—2.5 厘米之间，小端径长 0.55—1.4 厘米，大端径长 1—1.8 厘米，珰腰径长约 0.5 厘米。A 型又根据珰腰的不同，分为 A I 式和 A II 式。

I 式　珰腰为束腰形，一端大一端小或两端等大（图一）。这类耳珰最早发现在西汉早期的江苏仪征[14]、辽宁抚顺莲花堡[15]和广西贵县汉墓[16]中。西汉中期以后，除了咸阳、洛阳外，在北方和南方地区也有所发现，玻璃耳珰的使用范围较前期有所扩大，但是总体来说数量依然不多。到东汉时期，这类

图一　A I 式玻璃耳珰（贵州清镇 M18 出土）

考古与文物研究

表一 玻璃耳珰统计表

时代	北方地区						中原地区		南方地区						
	吉林	辽宁	内蒙古	甘肃	青海	宁夏	陕西	河南	湖北	湖南	江苏	四川	贵州	广东	广西
西汉早		抚顺 B1									仪征 A I 2				贵县 A II 1
西汉中					上孙家寨 B5				当阳 A I 3						
西汉晚		辽阳 B2 直筒 1	凉城 C2 纳林套海 B4 三段地 C6	白银黄湾 A I 2	上孙家寨 B2	固原 A I 2	咸阳 A I 2	洛阳烧沟 A I 1, C2		长沙 17					贵县 1
王莽				白银黄湾 A I 6	上孙家寨 B1, C1	固原 A I 2	西安 A I 1	洛阳烧沟 C4							
东汉早	老河深 B7		沙金套海 B1, C1 召湾 A I 2	武威 13	西宁陶家寨 A I 5		西安 A I 2	洛阳西郊 A I 洛阳烧沟 A I 7 陕县 A I 9	宜昌 A I 4 荆门 A I 1	零陵 A I 2 资兴 A I 2 长沙 29		荥经 A I 1	清镇 18	广州 2	贵县 A I 2 平乐 A1 贵港 A I 5
东汉中				酒泉 8	上孙家寨 A I 3	固原 A II 2	西安 A I 21	洛阳西郊 A I 6 洛阳烧沟 A I 3 宝丰 A I 1	宜昌 A I 1 随州 A I 2 郧县 A I 2	资兴 A I 4 益阳 A3					
东汉晚			召湾 A I 2		上孙家寨 A I 2		西安 A I 3	陕县 A I 5	宜昌 A I 1 房县 A I 5 当阳 A I 5 郧县 A I 7	资兴 A I 1		达成铁路 A3, A III 成都 A1 巴东 A I 5 三台 A II 1	黔西 5 （A II, A I）	乐昌 A I 4	合浦 A II 1 贵县 A II 1 昭平 A I 2
魏晋					上孙家寨 A II 32				三峡宝塔河 A I 1				清镇 A I 3		贵县 A II 1

耳珰遍布南北，数量也大量增加。除西安、洛阳两地发现较多外，在今天北方的内蒙古、甘肃、青海、宁夏，南方的湖南、湖北、广东，西南的四川、贵州等地普遍有所发现。东汉以后，只有个别地区有所发现，而且数量较少。

Ⅱ式　珰腰为直筒状，一端大，一端小（图二）。这类玻璃耳珰最早出现在青海上孙家寨的东汉中期墓中[17]，东汉晚期在四川达成铁路南充东站[18]、三台郪江崖墓[19]、贵州黔西的汉墓中[20]有所发现，最晚发现于上孙家寨的魏晋时期墓葬中[21]。从形制上来看 AⅡ型耳珰与 AⅠ型耳珰相似，唯一不同的是珰腰的区别，而 AⅡ型耳珰出现时间较晚，集中在东汉中期及以后。因此 AⅡ型耳珰很可能是由 AⅠ型耳珰发展演变而来。

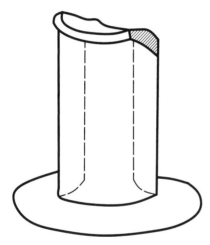

图二　AⅡ式玻璃耳珰（南充东站出土）

B 型　只有一端，珰身为柱状，且有一纵贯全身的穿孔，珰身直径大多在 0.5 厘米左右，外形类似今天女性所戴的耳钉（图三、四）。这类玻璃耳珰最早在西汉时期的内蒙古纳林套海墓地[22]、青海上孙家寨汉墓[23]中可见，最晚发现于吉林老河深[24]、内蒙古沙金套海[25]等地的东汉早期墓中，此后便消失不见。根据出土情况可知，这类玻璃耳珰主要流行于西汉到东汉早期的北方地区，且出土玻璃耳珰的墓葬中还有同样形态的骨质耳珰出现，可见此类耳珰应该是北方地区独有的特色。

图三　B 型玻璃耳珰（上孙家寨甲 M127 出土）

图四　B 型玻璃耳珰（榆树老河深 M111）

C 型　细腰，有两端，一端凸出呈半球状，一端凸出呈尖锥状，珰身无穿孔，一般长约 2—2.5 厘米之间（图五）。这类玻璃耳珰主要存在于内蒙古、青海、洛阳等地的西汉晚期到东汉早期墓葬中。它与 B

图五　C 型玻璃耳珰（凉城北营子出土）

型耳珰流行时间大致相当，有时候也与其出现在同一墓地之中，也是北方地区人们偏爱的类型之一。洛阳发现的 C 型玻璃耳珰属于西汉晚期，虽然数量较少，但是考虑到玻璃制品生产不易，其产品可能就来源于当地。洛阳当时是经济、文化较为发达的地区，手工业制作也较为先进，因此也可能存在玻璃作坊。另外这一地区也是各种文化的交汇地，且与北方地区临近，因此内蒙古和青海发现的这类玻璃耳珰可能来源于边地与中原地区的贸易或移民。

根据目前所见资料，汉代的玻璃耳珰主要以浅蓝、深蓝色为主，也有个别绿色的。本文搜集到汉代的玻璃耳珰共 344 枚，其中 304 枚可以确定其出土的大致时间，这其中又只有 202 枚能够进行具体的类型学分析。通过对这些玻璃耳珰的分析可知，A I 式耳珰约占 76%，A II 式耳珰约占 4.5%，B 型耳珰约占 11.5%，C 型耳珰约占 8%，可见有大小两端头、亚腰的 A 型耳珰是当时比较流行的类型。另外，本文统计了 69 件有尺寸描述的耳珰，其中玻璃耳珰 62 件，其他材质的耳珰 7 件，得知汉代耳珰的长度一般在 1—2.6 厘米之间（图六），长度小于 2 厘米的约占 68%，长度大于 2 厘米的约占 27.5%，可见考古出土的玻璃耳珰大多都较为短小，这样的尺寸轻巧美观，更加适合穿耳佩戴。其中，数量最多的为 A I 式玻璃耳珰，共 55 件，占总数的 88.7%。其大端的端径长度普遍在 1—1.6 厘米之间，小端的端径长普遍在 0.7—1.1 厘米之间，珰腰径长 0.5 厘米

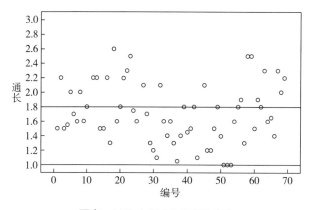

图六　汉代玻璃耳珰长度散点图

左右。根据民族学的考察可知，这类耳珰直接穿耳佩戴，大端向前，小端藏于耳后[26]。小端比珰腰略大，这样既不容易脱落也方便穿戴。大端作为耳珰直接对外展示的一面，一般不会超过耳珰整体的长度。

综合以上类型学和统计学的分析，可以看出玻璃耳珰在不同时期是有所变化的，本文根据其变化情况将玻璃耳珰的发展大致分为西汉与东汉两个时期。

西汉早中期发现的玻璃耳珰数量有限，南北方都有少量分布，这应该是玻璃耳珰的形成时期。西汉晚期至新莽时期，北方和中原地区的玻璃耳珰得到了很大发展，不仅数量增多，而且分布范围也有所扩大，而南方地区的耳珰数量依然稀少。另外从材质上来看，西汉至新莽时期除了大量的玻璃耳珰外，还存在着较多的玉质、水晶质、骨质和玛瑙质的耳珰，显示出耳珰的选材正处于探索阶段。玉质、水晶和玛瑙质的耳珰主要出土于有一定身份的墓葬，如西安龙首原出土玉质耳珰的 M312 墓主人可能为中下层的官吏[27]。甘肃白银黄湾 M1 出土水晶耳珰 1 件，墓主人被推测为县令级别的官吏[28]。从形制方面来看，这一时期的玻璃耳珰有 A I、B、C 三种类型，A I 式耳珰数量最多，在南北地区都有发现，而 B、C 型耳珰数量较少，主要分布在中原和北方地区。另外，对于 A 型耳珰来说，这一时期大小两端的径长差一般在 0.5—0.8 厘米之间。

从东汉时期开始，玻璃耳珰不仅遍及南北各地区，而且数量也大大增加，玻璃耳珰进入快速发展时期。这一时期北方地区发现的玻璃耳珰数量与前期相比有所下降，东北地区已不见耳珰的踪迹，中原地区依然发现较多。与西汉时期相比，南方地区发现的玻璃耳珰不仅数量增加，而且范围扩大。就材质来说，东汉时期发现的耳珰除了少数玛瑙质和煤精质的外基本全是玻璃质，这显示了耳珰取材的统一性。另外，东汉晚期男性墓中出土的玻璃耳珰大多与其他材质的珠饰一起出土，其功能已经发生了转变，可能作为串饰的一部分来使用。从形制方

面来看，这一时期 A I 式耳珰比前期有了更大的发展，主要表现为向南方地区的大量扩散。同时 A II 式耳珰开始出现在青海、宁夏、四川和贵州等地。这一时期，A 型玻璃耳珰的两端径差都集中在 0.2—0.5 厘米之间，与前期相比大为减少，这应当是当时的工匠对于耳珰审美标准不断调整所得的最终结果。另外，前期流行的 B、C 型耳珰在这一时期基本不见。魏晋及以后，玻璃耳珰的发现寥寥无几，零散的出土可能是东汉时期传世品的遗存，玻璃耳珰的制作突然中断可能与当时政局的动荡有关。

二 玻璃耳珰的使用情况分析

1. 玻璃耳珰的坠饰系附与穿戴

古代文献中有许多关于耳珰及其坠饰的记载。《史记·李斯列传》："傅玑之珥。"索隐："傅玑者，以玑傅著于珥。"东汉应劭《风俗演义》："耳珠曰珰。"又许慎《说文解字》曰："珰，华饰也。"汉代乐府诗《孔雀东南飞》中也有"腰若流纨素，耳著明月珰"。由此可知，耳珰是耳部的装饰品，其下悬坠物被称为"玑"，耳珰和玑珠合起来被称为"珥"。文献中所提到的耳珰及其坠饰在考古发现中也有所印证。通过梳理考古材料发现，汉代的玻璃耳珰形制较为复杂，并不是所有的耳珰都悬坠有玑珠，而且文献中也没有提到玑珠的悬挂方式，因此本文结合类型学分析，从 A、B、C 三种形制出发来具体探讨汉代玻璃耳珰的穿戴方式。由于 A I 与 A II 式耳珰基本形态一样，都是亚腰有两端头，其二者珰腰的差别并不会影响穿戴方式，可归为一类。

A 型耳珰为亚腰腰鼓形，珰身一般有纵贯的穿孔，有的下面悬有坠饰。孙机认为这种耳珰下面系坠饰的方法有两种。一种是丝线穿过珰身穿孔直接系坠饰。朝鲜平壤乐浪东汉墓中出土的玻璃耳珰就是采用这种方法悬挂坠饰[29]（图七、八）。在广西罗泊湾汉墓 M1 中出土了亚腰形玻璃耳珰，其下坠一颗串珠，鸡射岭 M18 出土的这类耳珰下坠一小环[30]。湖北宜昌包金头汉墓 M14 中玻璃耳珰和玉珠也放在一起[31]。这些玻璃耳珰中间均有穿孔，因此

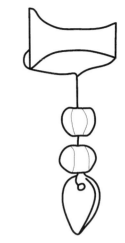

图七　乐浪东汉墓出土玻璃耳珰

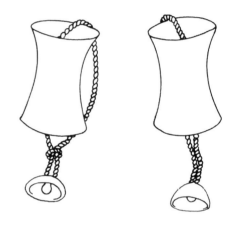

图八　乐浪东汉墓出土玻璃耳珰

坠饰应该都是用丝线系在穿孔中联结。另外一种方法是把所悬坠饰系在耳珰的珰腰（图九）。尼雅遗址就出土了珰腰悬挂坠饰的铜耳珰（图一〇），虽然其形制是钉形耳珰，但是悬挂坠饰的方法在这种亚腰形耳珰上也可以实现。因为这类耳珰两端大，中间细，这就保证了悬挂坠饰的丝线不会轻易滑落。除孙机所提到的以上两种方法外，笔者认为还有一种组合方式是把玑珠直接嵌在耳珰的喇叭形凹口处。有的玻璃耳珰两端头并非齐平，一端或者两端口都向内凹入形成喇叭状，这样圆形的珠子就可以直接嵌在凹口处，它们之间通过中间穿孔用丝线连接。在俄罗斯罗斯托夫就出土了这样结构的金耳饰[32]（图一一）。此外，洛阳西郊汉墓中发现的这类玻璃

图九　坠饰悬于珰腰

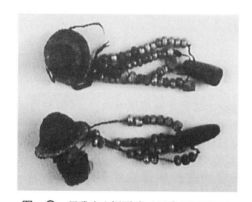

图一〇　尼雅出土铜耳珰（尼雅 95MNⅠM5）

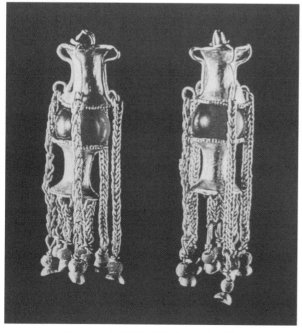

图一一　俄罗斯罗斯托夫出土金耳饰

耳珰基本都是单独存在，并未发现相关的坠饰，由此可见这种束腰两端齐平的玻璃耳珰也可以单独穿戴[33]。这种耳珰单独穿戴的方法如今在我国西南地区的少数民族中仍然可以看到（图一二）。

图一二　苗族耳珰

B 型玻璃耳珰大致呈钉形，中间一般纵穿一孔，下面通常也悬有坠饰。尼雅遗址的 95MNⅠM5 出土了一对耳珰，编号为 M5：26，"上部为铜制伞形，下坠四串玻璃珠，每串 13 颗，内夹一小方形金属饰件，最下面坠一黑色石制梯形小饰件。耳饰总长 3.2 厘米，铜饰长为 2 厘米"[34]。吉林榆树老河深汉墓 M116 墓主人的两耳部位发现了金耳饰，其中一耳饰中插有一个骨质钉形耳珰。老河深汉墓中发现了丰富的骨质和玻璃耳珰，其中以珰身未穿孔的骨质耳珰居多，许多耳珰上都挂有耳饰[35]。直到今天，云南德昂族使用的钉形耳珰也是采用这种方式来悬挂饰物[36]（图一三）。以上发现的耳珰珰身无穿孔，因此采用这种方式悬挂坠饰。而对于考古出土的大多数玻璃质钉形耳珰来说，珰身一般都有穿孔，当然也可以利用珰身来悬挂坠饰，但是其穿孔应该也有一定的实用性。参考亚腰形玻璃耳珰对于穿孔的利用方式，笔者认为玻璃质的钉形耳珰也可以通过珰身穿孔来悬挂坠饰。此外，在上孙家寨 M127 中发现的此类玻璃耳珰单独存在，并无坠饰，可见钉形玻璃耳珰也可以单独穿戴。

图一三 德昂族钉形耳珰

C 型玻璃耳珰无穿孔。洛阳烧沟汉墓中出土的所有玻璃耳珰是单独存在，并未发现相关坠饰[37]。洛阳西郊汉墓以及内蒙古鄂尔多斯三段地墓葬 M2 出土的这类骨质和玻璃质耳珰也是单独存在，由此可以推断，这类玻璃耳珰应该都是不加坠饰，单独作为耳饰穿戴。

此外，许多学者根据文献记载认为，汉代的皇室女性成员戴耳珰时不直接穿耳佩戴，都配合长簪一起使用，称为"簪珥"，但是这种解释对于玻璃耳珰并不适用。《后汉书·舆服志》中描述汉代两千石及两千石以上的夫人在佩戴耳饰时使用了"簪珥"一词。"太皇太后皇太后入庙服……簪珥，耳珰垂珠，簪以玳瑁为擿，长一尺，端为华胜。……诸簪珥皆同制，其擿有等级焉。"[38]《仓颉篇》曾提到："耳珰垂珠者曰珥。"可知这里的"珥"就指的是耳珰。这些贵族妇女习惯使用的簪长约一尺左右，被称为"擿"。可见她们的耳珰的确与簪配合使用。又刘熙《释名·释首饰》曰："（耳珰）本出于蛮夷所为也，蛮夷妇女轻淫好走，故以此琅珰垂之也，今中国人效之尔。"[39]可知耳珰除了装饰作用外，还用于警示以自重。上层贵族所穿的庙服是出入于非常严肃场合的正式服饰，要求所穿之人慢步正行，身体不摇不晃，而悬于两耳旁的簪珥就起到了很好的警示作用。然而，考古发现的玻璃耳珰并非如此。根据出土资料可知，玻璃耳珰的使用者多为富有之人。这些玻璃耳珰一般都位于墓主人两耳旁，或与其他物品放置一起，但是并未发现簪一类的装饰品，也就无法使用"簪珥"的装饰方法。另外，内蒙古中南部地区的一些中上层贵族的汉墓中也发现了不

少的玻璃耳珰，同时期的其他墓葬也存在带有弯钩的金银耳饰，可见这种穿耳佩饰的习俗在当地是存在的。对于这一地区的民族来说，汉代皇家礼仪可能并不适用，因此也就不会存在佩戴"簪珥"。综合来看，玻璃耳珰应该是直接穿耳佩戴，且大多为中下层人群所使用，而文献中提到的两千石及以上夫人们一般不会使用玻璃耳珰。

2. 玻璃耳珰与墓主人性别

耳珰一般是古代妇女使用的耳饰，这在各种文献都都可以看到，因此许多学者认为玻璃耳珰的使用也是如此。然而通过对汉墓中发现的玻璃耳珰梳理，笔者发现事实并非如此。本文统计了 30 座出土玻璃耳珰且可以确定墓主性别的汉墓，发现其中有 19 个女性、17 个男性墓主都使用了玻璃耳珰。女性使用的玻璃耳珰大多发现于头部或头侧，只有上孙家寨 M90 出土的玻璃耳珰位于女性墓主人的肩部[40]，资兴 M405 出土的 1 枚与戒指、手镯等放在一起[41]。综合来看，这些玻璃耳珰应当是被女性墓主当做耳饰来使用，就算不穿戴于耳上，也和戒指、手镯等饰品放在一起被珍藏。

使用玻璃耳珰的男性墓中，西宁陶家寨 M1[42]、上孙家寨 M127[43]的玻璃耳珰出土于墓主人腹侧，资兴 M287、M302[44]、宝丰廖旗营 M9[45]的玻璃耳珰与珍贵珠饰、铜镜等其他随葬品放于别处。这些男性墓中出土于腹侧或者与其他随葬品放置在一起的玻璃耳珰其功能可能发生了改变，不再像女性那样被当作耳饰来穿戴，而是把它们与其他珠饰一起做成串饰，或者直接装饰在衣服上。这样的情况在南方地区的其他汉墓中还可以看到。湖南零陵东门外 M1出土了玻璃质和琥珀质的耳珰各一个，它们与 55 颗其他珠饰放在一起[46]。广西合浦寮尾盐堆 M1 出土的玛瑙耳珰[47]、广州汉墓 M4013、M4014[48]出土的耳珰都与其他珠饰组合成了串饰。另外，榆树老河深 M36[49]、黔西 M13[50]、西汉雁湖 M16[51]、西安理工 M9[52]等墓出土的玻璃耳珰都位于男性墓主人头部。在吉林榆树老河深汉墓中，"死者不分男女佩戴项珠、耳饰，插耳瑱。耳饰都置于死者头部的两

侧，多者两只、少者一个，有金银铜质，种类繁多，是富有特征的一种文化遗物。耳瑱联于耳饰端部卷形叶中，插入死者耳内"[53]。老河深 M36 同样如此，可以认为是当地民族的风俗习惯。黔西 M13 出土的玻璃耳珰按其位置推测位于墓主头部，其手部位置还有两只素面银手环。此墓为竖穴土坑积炭墓，然而这一时期的其他各地已普遍流行砖室墓，由以上可以推测墓主人可能是当地的少数民族，而其使用耳珰和手环应当与当地习俗有关。西汉雁湖 M16、西安理工 M9 的男性墓主人也佩戴了耳珰，两墓随葬品较为丰富，与一般平民墓葬有明显区别，可能为较为富有之人或一般官吏。两墓中虽然没有显示出任何异域文化的特色，但是长安作为当时的都城肯定有不少其他民族的人常住或做官，鉴于老河深汉墓中男性也存在戴耳饰的情况，推测这两墓的主人可能来自北方地区，虽然他们基本完全汉化，但是依然保留了佩戴耳饰的习俗。

三　小结

玻璃耳珰作为我国早期玻璃制品的一类，让我们管窥到秦汉时期我国成熟的玻璃制造技术。从考古发现可知，玻璃耳珰在不同时期、不同地区的分布和使用是有所变化的。在北方偏远地区玻璃耳珰被当为一种珍贵的饰品在中上层贵族中使用，在中原和南方地区，相对于昂贵的金银、玛瑙、水晶耳珰，普通民众和下层官吏也更加倾向于选择色泽漂亮且相对容易获得的玻璃耳珰作为装饰。通过分析可知，并不是所有的耳珰都悬挂坠饰，坠饰的系附方式与耳珰的造型结构密切相关。另外，玻璃耳珰并不只限于女性使用，边疆其他民族的男性也使用其作为耳饰或其他装饰。玻璃耳珰作为古代耳珰的一种类型，虽然东汉以后不再流行，但是耳珰作为一种装饰品并没有消失，在唐代的石窟寺壁画中我们依然能看到耳珰的影子，甚至今天的西南地区少数民族耳饰中，耳珰依然作为一种传统的装饰品而存在。

注释：

[1] 叶舒宪：《珥蛇与珥玉：玉耳饰起源的神话背景——四重证据法的玉文化发生研究》，《百色学院学报》2012 年第 1 期。

[2] 江西省文物考古研究所、江西省新干县博物馆：《江西新干大洋洲商墓发掘简报》，《文物》1991 年第 10 期。

[3] 傅举有：《佩华光之环璜，珥照夜之明珰》，《历史文物》2000 年第 6 期。

[4] 李青会、董俊卿等：《浅议中国出土的汉代玻璃耳珰》，《广西民族大学学报》（自然科学版）2011 年第 1 期。

[5] 孙机：《汉代物质文化资料图说》，上海古籍出版社 2012 年，第 282、284 页。

[6] 蒲朝绂：《永昌三角城与蛤蟆墩沙井文化遗存》，《考古学报》1990 年第 2 期。

[7] 咸阳市文物考古研究所：《塔儿坡秦墓》，三秦出版社 1998 年，第 178 页。

[8] 洛阳区考古发掘队：《洛阳烧沟汉墓》，科学出版社 1959 年，第 210 页。

[9] 青海省文物考古研究所：《上孙家寨汉晋墓》，文物出版社 1999 年，第 164 页。

[10] 魏坚：《内蒙古中南部汉代墓葬》，中国大百科全书出版社 1998 年，第 248 页。

[11] 傅举有：《佩华光之环璜，珥照夜之明珰》，《历史文物》2000 年第 6 期。

[12] 李芽：《汉魏耳珰考》，《南都学坛》2012 年第 1 期。

[13] 熊昭明、李青会：《广西出土汉代玻璃的考古学与科技研究》，文物出版社 2011 年，第 64 页。

[14] 张敏、孙庆飞、李民昌：《仪征张集团山西汉墓》，《考古学报》1992 年第 4 期。

[15] 王增新：《辽宁抚顺市莲花堡遗址发掘简报》，《考古》1964 年第 6 期。

[16] 黄启善：《广西汉代玻璃初探》，干福熹主编：《中国古玻璃研究——1984 年北京国际玻璃学术讨论会论文集》，中国建筑工业出版社 1986 年，第 76 页。

[17] 青海省文物考古研究所：《上孙家寨汉晋墓》，文物出版社 1999 年，第 234 页。

［18］莫洪贵、覃海泉：《四川达成铁路南充东站考古发掘报告》，《四川文物》2003 年第 2 期。

［19］四川省文物考古研究院等：《三台郪江崖墓》，文物出版社 2007 年。

［20］唐文元、谭用中、张以容：《贵州黔西县汉墓发掘简报》，《文物》1972 年第 11 期。

［21］青海省文物考古研究所：《上孙家寨汉晋墓》，文物出版社 1999 年，第 83 页。

［22］魏坚：《内蒙古中南部汉代墓葬》，中国大百科全书出版社 1998 年，第 49 页。

［23］青海省文物考古研究所：《上孙家寨汉晋墓》，文物出版社 1999 年，第 234 页。

［24］吉林省文物考古研究所：《榆树老河深》，文物出版社 1987 年，第 30 页。

［25］魏坚：《内蒙古中南部汉代墓葬》，中国大百科全书出版社 1998 年，第 108、112 页。

［26］广西地区的苗族今天依旧使用这类型的耳珰。

［27］西安市文物保护考古所：《西安龙首原汉墓》，西北大学出版社 1999 年，第 150—153 页。

［28］杜永强、陈辅泰：《甘肃省白银市平川区黄湾汉代木椁墓清理简报》，《形象史学研究》2013 年，第 237—255 页。

［29］傅举有：《佩华光之环璜，珥照夜之明珰》，《历史文物》2000 年第 6 期。

［30］熊昭明、李青会：《广西出土汉代玻璃器的考古学与科技研究》，文物出版社 2011 年，第 65 页。

［31］林春：《湖北宜昌前坪包金头东汉、三国墓》，《考古》1990 年第 9 期。

［32］关善明：《中国古代玻璃》，香港中文大学文物馆 2001 年，第 39 页。

［33］陈久恒、叶小燕：《洛阳西郊汉墓发掘报告》，《考古学报》1963 年第 2 期。

［34］干福熹：《丝绸之路上的古代玻璃研究》，复旦大学出版社 2007 年，第 105 页。

［35］吉林省文物考古研究所：《榆树老河深》，文物出版社 1987 年，第 38、60 页。

［36］王强、董岳：《云南德昂族钉形银耳珰设计研究》，《装饰》2016 年第 5 期。

［37］洛阳区考古发掘队：《洛阳烧沟汉墓》，科学出版社 1959 年，第 67 页。

［38］〔南宋〕徐天麟：《东汉会要·后夫人服》，中华书局 1985 年。

［39］〔东汉〕刘熙：《释名·释首饰》，中华书局 1985 年，第 74 页。

［40］青海省文物考古研究所：《上孙家寨汉晋墓》，文物出版社 1999 年，第 30 页。

［41］傅举有：《湖南资兴东汉墓》，《考古学报》1984 年第 1 期。

［42］青海省文物考古研究所：《青海西宁陶家寨汉墓发掘简报》，《文物》2019 年第 9 期。

［43］青海省文物考古研究所：《上孙家寨汉晋墓》，文物出版社 1993 年，第 13—21 页。

［44］傅举有：《湖南资兴东汉墓》，《考古学报》1984 年第 1 期。

［45］李锋等：《河南宝丰县廖旗营墓地东汉画像石墓》，《考古》2016 年第 3 期。

［46］周世荣：《湖南零陵东门外汉墓清理简报》，《考古通讯》1957 年第 1 期。

［47］广西文物考古研究所等：《广西合浦寮尾东汉三国墓发掘报告》，《考古学报》2012 年第 4 期。

［48］广州市文物管理委员会等：《广州汉墓》，文物出版社 1981 年，图版 114。

［49］吉林省文物考古研究所：《榆树老河深》，文物出版社 1987 年，第 159 页。

［50］唐文元、谭用中、张以容：《贵州黔西县汉墓发掘简报》，《文物》1972 年第 11 期。

［51］西安市文物保护考古所：《西安东汉墓》（上、下），文物出版社 2009 年，第 1051 页。

［52］西安市文物保护考古所：《西安东汉墓》（上、下），文物出版社 2009 年，第 1050 页。

［53］吉林省文物考古研究所：《榆树老河深》，文物出版社 1987 年，第 108 页。

草鞋山遗址保护与利用对策简析

王清爽　窦莉君（南京博物院古代建筑研究所）

内容摘要： 草鞋山遗址是一处具有代表性的新石器时代重要文化遗址，其厚达10.5米的文化层叠压层次清晰，是长江下游太湖流域古代文化的标尺。草鞋山遗址有着重要的文物价值和社会价值，但现遗址本身已经受到了一定程度的破坏，并仍然存在着潜在的威胁，亟须进行保护规划的编制与实施工作。草鞋山遗址的保护和利用，应该是从文物价值的了解与现状问题的具体分析出发，制定切实可行的对策，实现文物本体安全的保护和文化历史信息的有效传达。

关键词： 草鞋山遗址　文物价值　现状问题　保护利用对策

一　引言

草鞋山遗址，位于江苏省苏州市工业园区，地处太湖流域，是一处具有代表性的新石器时代重要古文化遗址。遗址分布范围（图一）东起东港河，西至司马泾河，北起阳澄湖大道，南至面店河，总面积约19.9公顷，囊括马家浜文化、崧泽文化、良渚文化、春秋时期吴越文化等多个文明时期的文化遗存。

自1956年发现后，草鞋山遗址共进行过8次（1972—1973年2次、1992—1995年4次，2008年、2009年各1次）勘探调查与考古发掘，合计发掘面积约3240平方米（表一）。遗址的文化堆积深厚，最厚处达10.5米，可分为10个文化层。历次发掘，共发现马家浜文化、崧泽文化、良渚文化等时期的墓葬200余座，马家浜文化水田74块，还有房址、水井、灰坑等各类遗迹，出土器物千余件。

草鞋山遗址有着极其重要的文物价值和社会价值，1957年便被公布为江苏省文物保护单位，至2013年公布为全国重点文物保护单位。遗址现状保存状况良好，但尚存在着一定程度的人为破

表一　草鞋山遗址历次考古发掘工作简表

时间	发掘单位	发掘面积（平方米）	主要发掘成果
1972.10—1973.01	南京博物院	550	马家浜墓葬、房址，崧泽墓葬，良渚墓葬
1973.04—07	南京博物院、南京大学	500	
1992—1995	南京博物院（主持）	1400	马家浜水田
2008	苏州博物馆	488.5	马家浜墓葬、水田、房址
2009.09—12	苏州市考古研究所	300	崧泽、良渚墓葬，各时期古井

坏、自然方面的不利影响以及保护、管理、研究等工作的不足，亟须进行相应的保护规划的编制和实施工作对遗址实施切实的保护与合理有效利用。而保护与利用对策的制定，则应建立于对文物价值的充分认识和现状问题的具体分析基础之上。

二　文物价值评估

（一）历史价值

草鞋山遗址包含若干时代的文化叠压层，马家浜文化、崧泽文化、良渚文化、吴越文化等，文化层清晰，是长江下游太湖流域古代文化的标尺；遗址内不同文化时期的墓葬，展现了各不相同的埋葬习俗和制度，是研究原始社会发展规律以及私有制阶级起源过程的生动例证；遗址发现的马家浜时期水田，是世界上最早的带有灌溉系统的水稻田，填补了人工栽培农业没有作物区的考古空白，为史前农业研究开辟了新的途径；各种居住、耕作、蓄养、墓葬等生存遗迹的发现，是研究人类生产力和生活方

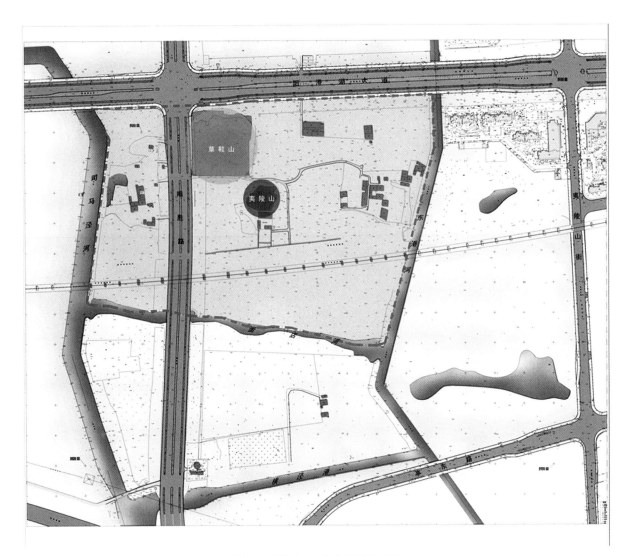

图一　草鞋山遗址分布范围示意图

式发展的重要依据；良渚大墓出土的大型玉琮、玉璧，首次在史前墓葬中出现，解决了争论不休的琮、璧年代问题。

（二）科学价值

考古学价值——确定了太湖地区史前文化发展序列，丰富了对马家浜、良渚文化时期的认识；古生物学价值——遗址出土的大量动物遗骨，为新石器时代古生物学的研究提供了标本；古气候学价值——依据出土动物遗骨、碳化作物的物种鉴定结论，可以推断新石器时期草鞋山地区的地理、环境、气候特点；农业科学价值——遗址中大面积的水田分布，展现了马家浜文化时期的水稻栽培的种植、灌溉方式，出土的马家浜时期炭化谷粒，是长江下游目前发现的最早的粳稻，为稻作种植历史的研究提供时间佐证；纺织科学价值——出土碳化纺织品残片，是目前所知中国年代最早的纺织品实物，为纺织科学发展研究提供了纺织材料与工艺例证。

（三）艺术价值

水稻田遗迹形态自然、灵动，具有人造艺术景观价值；出土陶器、石器、玉器等，器形生动，纹饰优美，具有较高的艺术价值。

（四）社会价值

草鞋山遗址是苏州工业园区的一处重要文化遗

产，是经济和工业时代中一处古老的文明家园，是密集的建成区中一块有内涵的绿地，是当地的一张文化名片，是地方荣誉感产生的历史渊源。

（五）文化价值

满足人们不断增长的精神文明的需求；普及以水稻为特征的稻作文化的历史和知识；为公众提供了解史前文化的实例和场所；为民族文化寻找精神归宿；提高稻作民族的历史认同感。

三　现状问题分析

（一）本体现状

遗址范围内有两个土墩，一名草鞋山[1]（图二），一名夷陵山[2]（图三）。草鞋山，原高10.5米，由于20世纪70—90年代砖瓦厂取土、唯胜路铺设、自然水土流失等原因，现仅存高约1米的台地；夷陵山，原高15.23米，受到居民生产生活、自然水

图二　草鞋山现状

图三　夷陵山现状

土流失等方面的影响，高度逐年降低，现尚遗留高六七米的土丘；马家浜水田分布区，现均埋藏于地下，文化层覆土深度0—0.6米。

2008年，原陵南村民房拆迁，拆迁后的渣土在遗址表面原地堆积，原遗址内河道被填埋，整体地势抬升；2008年，京沪高铁高架桥建设，在遗址本体开挖墩坑12个，形成建设破坏；2009年，东港河驳岸拓宽工程，河道取直对遗址东南边缘造成了一定破坏。

遗址内现人工种植树木较多，包括唯胜路两侧行道树、草鞋山与夷陵山表面树木、新种植苗木等，高度在3—8米不等，其植物根系对遗址文化层造成破坏和不利影响。

作为新石器时代的古文化遗址，由于历史地势变迁、城市建设等原因，遗址所处的历史环境已被破坏不复存在。现遗址东部与西部均尚存少量待拆迁陵南村民房，北部有移动通信发射塔一座，中部有重元寺祖庭一座，南部有京沪高铁高架桥穿过，西部有唯胜路纵贯对遗址形成交通上的切割。东北部空地现养殖家禽；四周沿河区域多种植蔬菜；草鞋山表面垃圾堆积。

（二）周边现状

遗址周边东、南、西三面为河道——东港河、面店河、司马泾河，北侧为道路——阳澄湖大道，面店河再向南240余米为横泾港河。面店河淤塞、污染、藻类滋生，其他河道水质尚好。唯胜路西侧多种植草皮，局部有垃圾堆积；东侧尚现存待拆迁民房一栋，生态果园一处，唯亭3号污水提泵站一所，信号发射塔两座。

东港河以东、阳澄湖大道以北均为建成住宅区，司马泾河西南为规划地铁停车场站，横泾港河南侧为空地、东南侧为工业厂区。整体建设环境稳定。

（三）管理利用现状

草鞋山遗址现管理机构明确——苏州阳澄湖半岛旅游度假区管委会，但管理队伍尚未成立，具体的规章制度、基础管理设施等尚未建设。遗址现定性为遗址公园，处于待建状态，草鞋山与夷陵山交

界处立有"草鞋山遗址公园"标识牌与简要介绍说明牌（图四），无其他遗址信息展示利用内容。

图四 草鞋山遗址公园标识牌

现针对草鞋山遗址的主要研究成果有 1996 年 11 月由日本文化财科学会实行委员会召开的以"探究稻作起源——以中国草鞋山遗址为例的古代水田稻作"为议题的国际学术研讨会，并形成了会议论文集，以及数篇针对遗址墓葬与稻作文化所撰写的学术研究论文。但历次考古的发掘报告尚未正式整理完成出版。

（四）问题总结与分析

草鞋山遗址现存主要问题主要集中在人为因素的破坏、自然因素的不利影响、保护管理研究的不足三个方面。

1. 人为因素破坏

（1）村镇建设：遗址上原陵南村的建设以及后期的拆迁与土地平整，都对遗址的真实性与完整性产生了不利影响，使得遗址原地形地貌发生改变。

（2）基础设施建设：唯胜路的铺设、京沪高铁高架桥的建设、东港河驳岸的拓宽、移动通信塔的架设等，导致了部分遗址本体的缺失和真实信息的掩埋。

（3）绿化种植：唯胜路两侧行道树的种植以及局部不合理植被种植，威胁遗址本体安全。

（4）居民生产：砖厂取土对草鞋山山体的破坏，对遗址造成了不可逆转的损害，居民在遗址范围内的养殖、种植等活动，不仅威胁文物本体安全也对遗址风貌带来了不利影响。

（5）居民生活：居民生活所造成的垃圾堆积、污水排放等，破坏遗址风貌。

2. 自然因素影响

自然植被生长与水土流失等对地形地貌产生一定影响。

3. 保护、管理、研究等工作不足

保护工作方面，文物档案尚待完善，未制定针对遗址的保护措施。管理利用工作方面，尚未成立专门的管理队伍，尚未建设管理规章制度与管理设施，尚无与遗址内涵相关的展示及利用。研究工作方面，未形成并出版完整的考古报告；有关遗址的内涵分布、构成规律、文化源流等方面问题尚待进一步揭露和研究。

四 保护利用对策简析

保护和利用对策的制定针对价值评估与现状评估结论，坚持"保护为主、抢救第一、合理利用、加强管理"的十六字方针，以求正确、有效地保护遗址安全，科学、合理地展示遗址信息。并且，落实遗址公园的建设，提供良好的城市人文景观，提升城市环境。

基本对策包括：（1）制定保护范围和建设控制地带的保护、使用要求和管理规定；（2）制定遗址保护措施，确保文物安全；（3）提出环境规划要求，优化遗址存在环境；（4）提出展示利用建议，建立以保护为中心，集考古、展示、教育、游憩为一体的遗址公园，结合现状周边交通环境与规划，合理组织交通流线，设计功能布局；（5）提出管理规划要求，为遗址保护日常工作及遗址公园的正常运营提供保障；（6）提出考古工作建议，推进考古与综合研究，深入发掘与阐释草鞋山遗址的遗产价值。其中，（1）—（3）解决遗址存在的人为与自然方面的破坏问题，（4）—（6）弥补保护、管理、研究等方面工作的不足。

（一）保护对策

1. 整体保护规划

草鞋山遗址的整体保护规划，以遗址公园的建设为依托，范围包括保护范围与建设控制地带。公园共划分三个功能区域——遗址本体保护展示区、历史文化展示体验区、生态绿化保护区（图五）。遗址本体保护展示区包含考古遗址现场保护与遗址模拟复原展示，历史文化展示体验区包含遗址博物馆与文化互动体验，生态绿化保护区包含生态绿化与生态停车场（图六）。

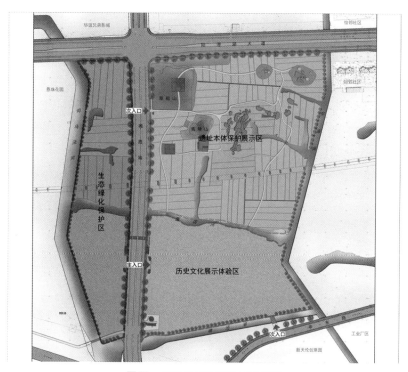

图五　遗址公园功能分区示意图

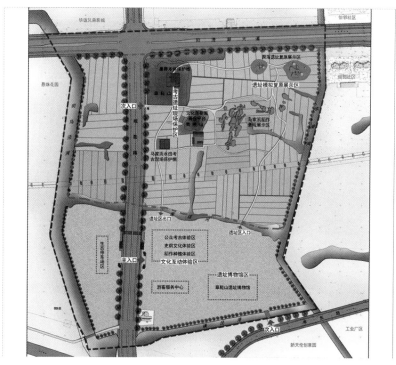

图六　保护规划总示意图

2. 保护区划调整

根据《苏政办发〔2017〕45 号——省政府办公厅关于公布江苏省第七批省级以上文物保护单位保护范围及建设控制地带的通知》，草鞋山遗址保护范围：东起东港河以西，西至司马泾河（原西港河）以东，北起阳澄湖大道南侧，南至面店河北岸；建设控制地带：东起东港河东岸，西至司马泾河（原西港河）西岸，北起阳澄湖大道北侧，南至横泾港南岸。

由于现状地形环境的改变，横泾港驳岸取直，建设控制地带的南侧边界已与现状地形不匹配。故以现状地形为依据调整保护区划，文字描述不变（图七）。

3. 管理规定制定

主要制定管理规定如下，旨在保障文物本体安全，又对周边风貌形成一定的约束。

（1）保护范围

1）不得进行对遗址安全性和完整性有影响的活动；

2）必须保证遗址上方覆土层厚度不小于扰土限制值 30 厘米，宜保证大于 50 厘米；

3）不得实施与保护和展示工程之外的其他建设工程或者爆破、钻探、挖掘等作业，如因特殊情况需要时，必须在充分保障遗址安全性的前提下，报经省人民政府批准，在批准前应当征得国务院文物行政部门同意；

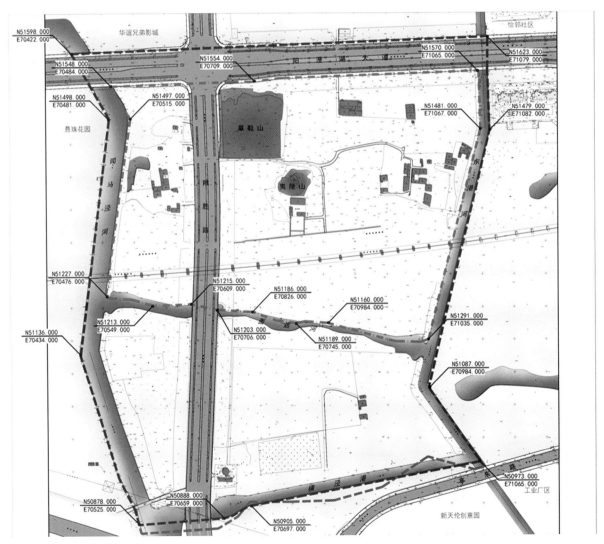

图七　保护区划示意图

4）任何工程施工作业应向上级文物主管部门报批通过后方可实施，施工之前必须经过考古勘探；

5）保护和展示设施不得伤害文物本体，并必须遵循可逆性和可识别性原则；

6）保护和展示设施的建设须退让铁路线路安全保护区；

7）不得铺设宽度大于 2 米的道路，现穿越遗址的唯胜路，路幅不得再进行拓宽；

8）不得种植根深植被，保证满足扰土限制要求；

9）不得进行与遗址保护和价值展示无关的活动；

10）不得进行任何污染环境的活动；

11）电线、电缆的敷设应埋地设置；

12）保证安全监控工作，24 小时监控。

（2）建设控制地带

1）建筑功能应以辅助遗址公园展示利用的功能为主，原则上不应设置与遗址内涵展示利用无关的功能；

2）建筑限高 12 米，建筑密度不得超过 5%，容积率不得超过 0.06，宜采用弱化或消隐自身体积的形式；

3）任何建设工程应征得文物主管部门同意，项目实施之前必须经过考古勘探；

4）不得铺设宽度大于 3.5 米的道路，现范围内的唯胜路，路幅不得再进行拓宽；

5）应保持与保护范围内环境风貌相协调，慎用根深植被；

6）不得进行任何污染环境的活动，规范垃圾处理行为；

7）电线、电缆的敷设应埋地设置。

4. 本体保护措施（图八）

措施从遗址存在环境、本体安全、管理保障制度与配套设施等多方面制定：

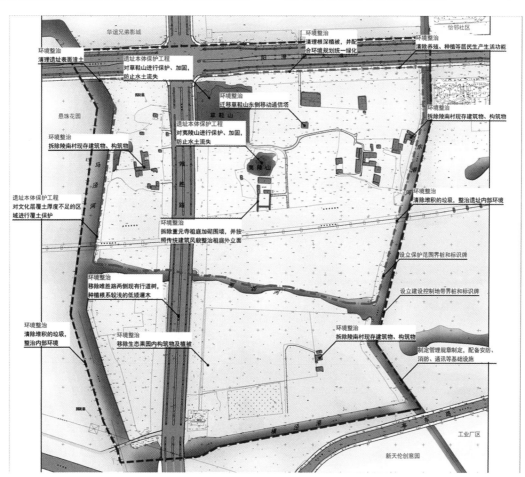

图八　保护措施示意图

（1）实施环境整治工程，整治遗址内部及周边环境；

（2）实施专项保护工程，对文化层覆土厚度不足的区域进行覆土保护，对草鞋山、夷陵山进行保护、加固，防止水土流失；

（3）制定管理规章制度，配备安防、消防、通讯等基础设施；

（4）实施安全防护工程，建立安全防御、监控体系，由专业的安全防护工程设计单位进行有针对性的设计、施工；

（5）设立保护范围与建设控制地带的界桩和标识牌。

5. 环境改善措施

遗址本体及周边环境的改善措施主要分为环境整治、环境保护、生态保护、景观保护四个方面内容。

环境整治，清理遗址现状存在的建筑物、构筑物、垃圾等各种不利因素；环境保护，根据相应的环境质量国家标准提出环境空气污染物二级浓度限值，声音环境质量室外 4 类、室内 1 类控制标准等要求；生态保护，采取合理绿化、水系数据等措施，并提出生态控制要求；景观保护，恢复原现代稻作景观肌理，制定绿化植被选择建议。

（二）利用对策

1. 展示建议

遗址的展示以不损害文物本体、遵循完整性和真实性、正确全面地传达历史信息、注重遗址信息表达的可识别性为原则。旨在能清晰地表达和展示草鞋山遗址的主要文化内涵，体现草鞋山遗址墓葬、稻作、居住等文化特色，借助环境设计的手法，尽可能多地传达出相关历史文化信息。

（1）展示方式

展示分为静态展示与动态展示。静态展示包括博物馆陈列展示、遗址模拟复原展示、考古遗址现场展示；动态展示包括文化互动体验展示。

（2）功能分区（图九）

展示区域集中在唯胜路与东港河之间的区域，以

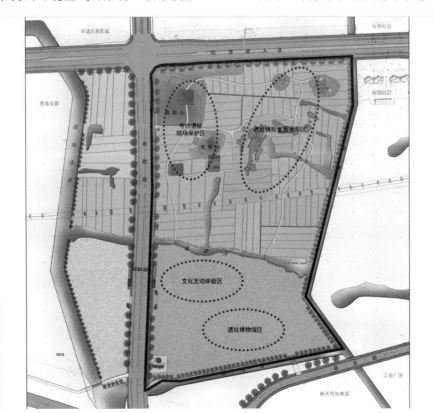

图九　展示功能分区示意图

面店河为界分为南北两部分。南部——历史文化展示体验区，包括遗址博物馆区与文化互动体验区；北部——遗址本体保护展示区，包括考古遗址现场保护区与遗址模拟复原展示区。

（3）展示主题、布局（图一○）

展示围绕草鞋山遗址从马家浜到良渚时期的新石器时代文明和马家浜文化时期的稻作文明两大主题。

遗址本体保护展示区包括：考古遗址现场保护区——墓葬本体展示、马家浜水田考古现场展示、文化层断面展示；遗址模拟复原展示区——马家浜稻作景观展示、聚落遗址复原展示。历史文化展示体验区包括：遗址博物馆区——草鞋山遗址博物馆；文化互动体验区——公众考古体验、史前文化体验、稻作种植体验。

展示路线为：遗址博物馆区→遗址模拟复原展示区→考古遗址现场保护区→文化互动体验区。

1）遗址博物馆区

展示草鞋山遗址文化、相关器物、研究资料。

通过场馆内的多媒体与实物展示手段，向游客展示介绍草鞋山遗址及其相关文化，让人形成系统的初步了解。

2）遗址模拟复原展示区

马家浜稻作景观展示，模拟复原马家浜时期的稻作景观与相应设施，在遗址本体上方，根据遗址的现实结构布局，划分水田的区块、结构，实现远古与现代的对接；聚落遗址复原展示，模拟马家浜、崧泽时期的房址、灰坑、水井以及各时期墓葬等居住与墓葬要素的分布，利用材料的界定、构成，解释构成状况，进行对遗址的深入探索与沟通。

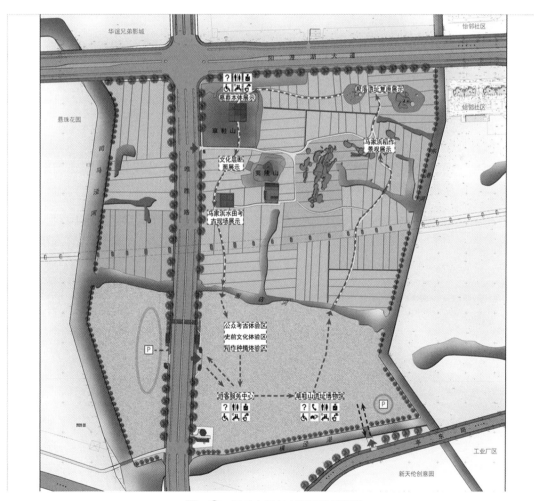

图一○　展示主题与主要流线示意图

3）考古遗址现场保护区

通过考古遗址现场的直观展示，让游客对草鞋山遗址形成进一步的认知。

墓葬本体保护展示，展示草鞋山多个文化层叠压的墓葬文化，直观展示从马家浜到良渚文化时期的埋葬方式演变；马家浜水田考古现场保护展示，展示马家浜水田组成与分布形式，分别以水井和水塘为水源的两种灌溉系统；文化层断面保护，利用夷陵山既有的山体断面优势，铺设栈道，近距离展示文化层断面的叠压关系。

4）文化互动体验区

模拟、复原考古现场、原始生活、稻作体验等为现实场景，使得游客在参观完毕后，有一场切身的体验，加深感受与印象。

2.管理优化

草鞋山遗址的有效保护与利用，须成立专门的管理队伍。具体要求主要包括：①遗址公园在编人员应满足遗址公园各项业务和管理工作的正常开展；②有关安全保卫与后勤保障人员可采用外包服务，由专业安防与后勤公司提供人员负责具体事务；③管理部门须制定针对草鞋山遗址的管理办法，使保护利用工作有章可循；④管理范围不得小于遗址公园范围，即保护范围与建设控制地带范围的总

和。争取在人员管理、制度制定、管理范围等各个方面全面覆盖遗址的保护工作。

3.研究拓展

鉴于现遗址研究工作的不足，管理部门应组织历次发掘单位编制出版《草鞋山遗址考古发掘报告》；配备专业保管与研究人员，提供工作场所，为进一步工作中的文物的研究、修复等项目，提供有利条件；联合其他学术及研究机构，进一步研究、发掘草鞋山遗址文化内涵。

五 结语

草鞋山遗址是环太湖流域新石器时代古遗址的一颗明珠，其发现和发掘无论在考古还是在文化、社会方面的价值都不言而喻。但在过去的几十年中，由于社会经济的发展、城市建设工作的飞速进行、保护工作的滞后、环境气候的影响，遗址本身已经受到了一定程度的破坏，并仍然存在着潜在的威胁。希望在本次《草鞋山遗址保护规划》的顺利制定与批复工作完成之后，切实的保护利用工作可以得到有效的实施。自此，草鞋山遗址作为苏州工业园区的一张熠熠生辉的文化名片，将吸引更多的老百姓走进遗址公园，亲身了解和领略到新石器时代祖先的精神与智慧，并将其传承下去。引用习近平总书记的一句话："保护文物功在当代、利在千秋。"

注释：

[1] 草鞋山，据清代沈藻之撰《元和唯亭志》记载"形如草履"，当地流传民谣说："苏州城外草鞋山，山上有只玉草鞋，福佑人间通仓天，要能得到胜神仙。"

[2] 夷陵山，相传为吴王夷昧墓，故称"夷陵山"。

胡尘暗中原

——试析苏州乐桥出土的井藏钱币

周官清　孙明利（苏州市考古研究所）

内容摘要：2011 年 6 月，苏州干将路乐桥西南堍建设施工中发现一口砖井，井中出土汉至北宋钱币近 2 吨。本文从多方面确定了井藏钱币的年代，结合国内出现的大量钱币埋藏情况，基本确定此次井藏钱币与南宋初年金兵毁苏州城有关，可能是坊市商户紧急避难的行为，见证了苏州城社会动荡的一幕。

关键词：乐桥　水井　钱币　窖藏

2011 年 6 月，苏州市干将路乐桥西南堍建设施工中发现一口砖井，井中出土大量汉至北宋钱币近 2 吨[1]。从已公布资料来看，此次井藏钱币出土数量为苏州地区历年最多的一次。这批井藏钱币的出土让我们看到北宋钱币的丰富，但更多的是一系列的疑问。本文将根据此次考古发掘情况，作一个初步的探讨。

一　井藏钱币的年代

发掘简报将水井年代定为宋代，是可信的。这可以从水井的建造以及井内出土物的年代来判定。钱币出土于一口井中，编号 J1。井口距地表约 4 米，井身呈直筒形，直径约 80 厘米。上部残缺，为砖瓦等建筑废弃材料所覆盖，现残深 2.2 米，井底平，青砖铺成，井底中间有 30 厘米见方未铺砖。水井井壁用青砖首尾相连砌成，平面呈八角形。

这种青砖错缝竖砌井壁的做法，可见于唐宋时期的水井。如上海青龙镇遗址发现唐代水井 J21（图一），是上海地区发现保存最好的一口唐代水井，井壁用小青砖错缝竖砌，对接处用榫卯套合[2]。另外该遗址还发现一处古井，为宋代水井（图二），同样为青砖错缝竖砌而成[3]。建于宋代熙宁七年（1074）的福建闽侯云林院八角井，有"井王"之称，其外围亦八角。

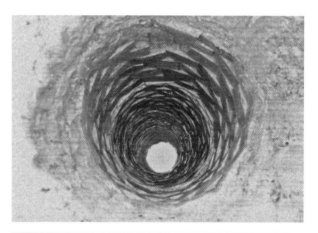

图一　上海青龙镇遗址出土唐井（J21）

图二　上海青龙镇遗址出土宋井

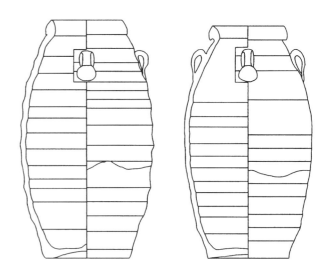

图三　乐桥井出土韩瓶

太仓博物馆藏一石制井圈，呈八棱形，最大直径 70 厘米，口径 30 厘米，高 43 厘米。井圈刻铭有"元丰五年岁次壬戌二月十日"字样[4]。

乐桥 J1 井壁的砌法表明该井的建造时间可能在唐宋时期。

井内除钱币外，还出土有釉陶四系罐。J1 底部共出土 4 个釉陶四系罐，形制基本相同（图三）。主要特征为尖圆唇，敛口，卷沿，束颈，溜肩，鼓腹，凹圜底，通体凹弦纹，肩部贴塑 4 个牛鼻形系。此类器物陶胎呈褐色，肩部施釉，下腹往往无釉。外形粗拙、小口鼓腹、遍饰瓦楞状弦纹、平底、有系等为其主要特征。在江南一带水井或墓葬中常有出土，民间或称之韩瓶[5]。高新天认为，韩瓶是由经瓶、天威军官瓶发展演变而来，其出现年代最早也只是宋代。但是从上海一带出土的此类器物来看，其年代可能一直上溯到唐代。上海青浦寺前村唐墓出土过釉陶双耳罐（M1∶3），直口，圆唇外卷，直颈，斜折肩，筒腹微鼓，平底双耳。高 24 厘米，口径 11 厘米，底径 10 厘米（图四左）。年代为唐永泰二年（766）至唐乾符四年（877）[6]。

上海青浦重固福泉山唐墓出土青瓷瓶（QFM7∶1），其实也是此类釉陶罐，仅肩部施青釉，肩部对称四系，腹部见数道瓦楞痕[7]（图四右）。

至宋代，此类器物开始变得修长，口部趋小。上海嘉定北宋嘉祐七年乐善居士赵铸夫妇墓中出土四系釉陶罐，JM2∶1，小口圆唇，溜肩，深腹微鼓，平底内凹。高 21.5、口径 9、底径 10 厘米[8]（图五）。马桥遗址、福泉山遗址等出土宋墓中，也常见此类四系罐[9]（图六）。

元代任仁发家族墓[10]也出土此类四系罐，罐体已经变得修长（图七）。

从目前出土此类釉陶器来看，大致有三种类型，一为四系，一为双系，还有一型为无系。该类器物一般俗称"韩瓶"，但唐与北宋年间也有所出土，所以称之"罐"或"瓶"比较恰当。

从器形上看，乐桥出土四系罐与马桥遗址四系罐形制比较接近，且不似元代四系罐体形修长，所以，可基本确定其年代为宋代。

钱币能直接表明其铸造和使用年代，尤其从年号钱开始发行以来。此次出土钱币种类很多，均为方孔圆钱，有 47 种面文，分属于汉代、北朝、隋

图四 上海唐墓出土双耳罐、瓶

图五 嘉定北宋嘉祐七年（1062）赵铸夫妇墓
出土釉陶瓶和釉陶罐

代、唐代、五代十国和北宋六个历史时期，北宋钱币占绝大多数（图八、九）。经统计，这批钱里面发行年代最晚的是"崇宁重宝"钱。公元 1102 年，宋徽宗改年号为崇宁，也大致从本年起，开始铸造"崇宁重宝"。所以，井藏钱币的年代不会早于 1102年。宋代是中国钱币史上最复杂的时期，大致每个年号都有铸钱，所以，井藏年代当在崇宁之后不久。

综合水井形制、四系罐以及钱币年代，我们认为此次井藏钱币事件发生在北宋崇宁元年之后，即 1102 年后，但是也不会相隔太久，否则崇宁之后出现的钱币也当出现在其中。

二 井藏钱币的性质

发掘者将这批钱币的出土认为是"井藏钱币"，基本是没有问题的。

据目前公布的资料，国内有大量的批量钱币出土记录。从出土时的埋藏情形来看，大致可分 4 类：

1. 罐瓮藏。即将钱存放于陶罐、陶瓮、铁锅[11]内存放。

罐瓮藏钱一般数量较少，多属于普通居民存钱行为，当事人后发生变故而遗忘。这类藏钱经常发生，坊间经常流传此类发现，但由于数量较少，不易引起大众注意。河南临汝[12]发现两瓮藏钱币，重量在半吨左右，已属较大数量之发现。

2. 窖坑藏。将钱币等放置在事先挖好的窖穴内，并加以掩埋。

四川雅安[13]、蒲江[14]、河南辉县[15]以及东北，均发现钱币窖藏。尤其吉林一带，发现大量金代窖藏钱币。据不完全统计，1980—1984 年的短短五年中，出土金代窖藏钱币三十余处，总重七千斤。这三十余处窖藏钱币，仅仅是见之于报道或被各级文物单位所收藏的。如果加上历年失散的，估计总数突破一万斤[16]。

从发现的情况来看，窖坑多为长方形土坑，但也有砖砌窖坑，1983 年 1 月中旬，河南省息县原临河公社郑寨大队熊庄生产队一农民在挖本大队学校的围沟中，发现了一个宋代钱窖，清理出钱币一千三百余斤。钱窖底部和周围都用砖头砌成[17]。

一般来看，此类窖坑藏钱数量多于罐瓮内藏钱。

此类窖坑藏钱与青铜器窖藏、金银器窖藏一类基本相同。

3. 水井藏，乐桥水井出土钱币即为这类形式的藏钱。从目前的资料来看，水井藏钱较少。

4. 江河藏，如"张献忠江口沉银"。2017 年 5 月 18 日，四川省文物考古研究院联合北京大学考古文博学院等单位，在北京大学举行报告会，对2016—2017 年度在彭山江口沉银遗址水下考古发掘的首批成果进行了系统全面的报告。彭山区江口镇岷江河道内 2 万余平方米面积 3 个多月的发掘，首批发掘出包括张献忠大西国册封妃嫔的金册，西王赏功金币、银币和大顺通宝铜币，铭刻大西国国号的

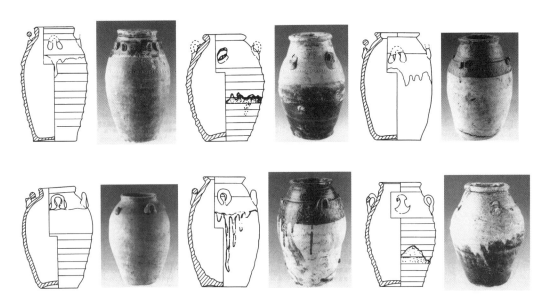

图六 闵行马桥遗址宋代墓葬出土韩瓶

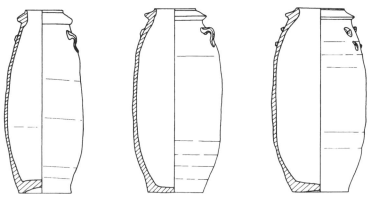

图七 青浦任仁发家族墓出土韩瓶

银锭等在内的文物 3 万余件，实证确认了"张献忠江口沉银"的传说。

还有一类，民间多有"藏宝"传说，不外乎藏在名山大川一类，且多有"藏宝图"，盖多为民间传说，未有实证发生，暂不列入。

从这四类来看，第一类罐瓮藏钱是一种民间储存钱币的常规行为，是为有计划预谋地进行，因后期突发变故而产生的遗失行为。第二类窖藏埋藏，是一种较为常见的、有预谋的埋藏方式，其中往往有突遇风险而紧急埋藏财物的情况，尤其吉林一带发现大量金代钱币窖藏，这与宋金辽时期长年战争，战线互有进退有关，地方官署或民间商业机构不得

已将不易携带钱币埋入地下，尽量避免财产损失。后两类则为面临紧急突发事件而采取的一种处理手段，为非常规行为。因为水井和江河内的钱币会面临锈蚀、冲走等风险，是不得已而为之的手段，类似于毁弃行为。

三 乐桥井藏钱币背后的社会背景

从上面的分析来看，1102 年之后的某个时间，在苏州乐桥地区发生了危及生命财产的较大事件，导致以类似于毁弃的方式处理如此大批量的钱币。这其中最大的一次政治事件就是建炎四年（1129）的"金兵入城"。此次金兵入城基本将苏州城夷为平地。

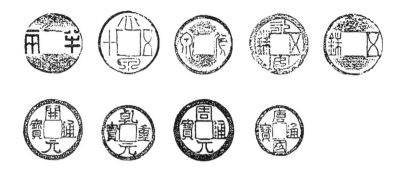

图八　乐桥井出土汉至五代十国时期铜钱

0　　2　　4 厘米

图九　乐桥井出土北宋时期铜钱

金兵入城发生在"靖康之耻"之后，在宋高宗建炎四年。北宋灭亡之后，钦宗之弟赵构即位，改元建炎，史称南宋。建炎年间，金兵继续南进，宋高宗一路南逃，经扬州南渡镇江，逃平江，再逃杭州，直至海上。金兵一路攻至明州，在海上被宋军水师击败，退回明州。金兵由于战线太长，无力支撑，至建炎四年二月，开始北撤，沿路明州、临安、平江各城均遭其掳掠一空，并纵火焚城。二月二十五日，平江城破，金兵入城，造成大量人口死亡以及房屋建筑的焚毁[18]。

《续资治通鉴》载，金兵入城，"劫掠官府民居、子女金帛、廪府积聚"，"子女既尽，又纵火燔城，烟焰见百余里，五日乃灭"[19]。

范成大《吴郡志》亦载："至建炎之祸，一切扫地，至举城无区宅能存，数百千年未之有也。"[20]据称郡南觉报小寺和子城天王堂为仅存建筑，可见毁灭之烈。

据王謇《宋平江城坊考》记载：

> 至今访古，城市自桥梁题刻以地下隐僻获免而外，凡地面上几无一碑一刻之遗。北禅寺门左一井阑题绍兴三十年纪元者，已为城中至古器物。毁灭之酷，盖若是其烈也![21]

金兵退去，南宋政府收复失地，并逐步修葺或重建府署。现存苏州碑刻博物馆之《平江图》，王謇考定为南宋绍定二年（1229）由平江知州李寿明主持绘制而成[22]。此时也正是平江新城全面竣工之期。从1130年金兵焚城到1229年全面重建竣工，恰好100年时间。从中也可见此次城破导致平江几近全毁，重建城市的时间才会长达百年之久。

乐桥井藏钱币当是主导者在遭遇建炎金兵入城，为避免财产损失而采取的权宜之计。那么主导藏钱事件是何人，我们稍作分析。

首先，此次井藏钱币在重量和数量上都称得上罕见。此次井藏钱币约有2吨，光从重量上来看，目前全国范围内发现重量仅次于湖北黄石西塞山南宋钱窖[23]以及陕西华县南宋铜钱窖藏[24]。另外，此次出土钱币有47种，大小重量不一。我们根据其中38种宋代钱币的尺寸、重量，统计出每枚钱币平均在3.7克，计算钱币总数约54万枚。《宋史·食货志》："（宣和）四年，榷货务建议，古有斗米斤盐之说，熙、丰以前，米石不过六七百，时盐价斤为钱六七十。"[25]这是熙宁、元丰之前米人致的价钱。《宋史·职官志》记载官员俸禄时有"每斗（米）折钱三十文"[26]的记载。这个可以用作当时货币比较真实的购买力。以此观之，54万枚钱币也是比较可观的。这批钱币应当不是普通家庭和个人所有的。

其次，从出土位置来看，乐桥古井位于苏州城中心位置。从《平江图》可见，乐桥位于南北向主干道和东西向主干道交界处，是最中心的位置。王謇撰《平江城坊考》，就是以该中心将苏州古城分为四个区域，分别为西南隅、西北隅、东南隅与东北隅。卷一"西南隅"提到的第一座桥就是乐桥。乐桥周边为坊市，范成大在《吴郡志》中即以乐桥为中心，将坊市分为乐桥东南、乐桥东北、乐桥西南和乐桥西北四区予以记述，合计六十五坊。乐桥东南侧有丽景楼，"花月、丽景皆淳熙十二年郡守邱宓建，雄盛甲于诸楼"[27]。在丽景楼东南，则为子城之所在。古井处在城市和坊市中心，大量的钱币很有可能和坊市商户有关。

四 余论

苏州吴中区旺山近年也出土过一次较大数量的钱币窖藏，据称重量也有数吨之多，主要为北宋年间钱币。很有可能也与此次金兵入城有关。因尚未有资料披露发表，权记在此。

宋代李弥逊有一首诗[28]，描述了北宋亡国，宋高宗一路南逃的场景。平民为避战乱，而舍家南渡，舟车劳顿，妻离子散、兄弟隔绝者比比皆是。诗文首句"胡尘暗中原"高度概括了当年金军南下战乱的情景，从中亦可得见当年城破之状。

注释：

[1] 苏州市考古研究所：《苏州乐桥宋代井藏铜钱发掘简报》，《苏州文博论丛》2013年总第4辑，文物出版社2013年。

[2] 上海博物馆编：《千年古港——上海青龙镇遗址考古精粹》，上海书画出版社2017年，第13页。

[3] 笔者于2017年4月参观青龙镇遗址隆平寺塔基现场，承发掘者王建文现场告知。

［4］太仓博物馆编：《太仓历代碑刻》，文物出版社 2016 年，第 3 页。

［5］高新天：《韩瓶新考》，《东南文化》2005 年第 6 期。

［6］上海博物馆编著：《上海唐宋元墓》，科学出版社 2014，第 10 页。

［7］上海博物馆编著：《上海唐宋元墓》，科学出版社 2014 年，第 31 页。

［8］上海博物馆编著：《上海唐宋元墓》，科学出版社 2014 年，第 43—50 页。

［9］上海博物馆编著：《上海唐宋元墓》，科学出版社 2014 年，第 117—124 页、第 134 页。

［10］上海博物馆编著：《上海唐宋元墓》，科学出版社 2014 年，第 142—189 页。

［11］方正县文物管理所所长李瑞堂介绍，考古人员闻讯赶到现场勘查发现，铜钱的穿绳都已经腐烂，六耳铁锅也从中间裂开。部分铜钱板结在一起，但品相完好。擦去表面锈蚀后，就会露出黄铜本色。经过认定，六耳铁锅为辽金时期军队做饭的炊具。经文物管理人员清理，共清出铜钱 300 多斤，数量在万枚以上，95% 以上均为宋代钱币。见 http：//news. 163. com/09/0703/09/5D9OAPHC0001124J. ht-ml，2009 年 7 月 3 日。

［12］李献奇、侯鸿钧：《临汝县出土一批金代窖藏铜钱》，《中原文物》1984 年第 3 期。1969 年 11 月上旬，在临汝县城关东北佛山寺西约200 米的地方，距地表近 2 米深处，发现两瓮窖藏铜钱。铜钱总重 510 公斤，上迄西汉，下至金代，前后十五个朝代，共 170 种。

［13］陈德润、陈小陶：《四川雅安出土宋代窖藏铁钱》，《中国钱币》1990 年第 4 期。1988 年 10 月上旬，雅安市东大街供销社商场基建工地出土一铁钱窖藏，内含两宋铁钱一吨多，年代为北宋太宗太平兴国年间至南宋理宗端平年间。1989 年，雅安市名山县百丈乡朱坝村发现一浅土窖，共挖出两宋铁钱一百多斤。

［14］陈志勇：《四川蒲江惠民监遗址出土宋窖藏铁钱》，《中国钱币》1993 年第 4 期。1989 年 4 月 29 日，四川蒲江县大兴乡水口村发现一处宋代窖藏铁钱。该窖藏在宋代铸造铁钱的惠民监遗址范围内，出土窖藏的圆形土坑直径 50，深 40，坑口原离地表 100 厘米。窖藏宋代铁钱 25 公斤，2800 多枚。最早的是北宋初的宋元通宝，最晚的是南宋理宗端平通宝。

［15］张新斌、蔡海玉：《辉县金代窖藏铜钱及其相关问题》，《中原文物》1991 年第 4 期。

［16］黄一义：《吉林金代窖藏铜钱的几个问题》，《中国钱币》1985 年第 4 期。

［17］石建国、张泽松：《息县发现宋代窖藏钱币》，《考古》1987 年第 8 期。1983 年 1 月中旬，河南省息县原临河公社郑寨大队熊庄生产队发现一个宋代钱窖，清理出铜钱一千三百余斤。钱窖底部和周围都用砖头砌成。

［18］王国平主编：《苏州史稿》，古吴轩出版社 2009 年，第 131 页。

［19］〔清〕毕沅：《续资治通鉴》卷一百七《宋纪》，上海古籍出版社 1986 年，第 577 页。

［20］〔宋〕范成大：《吴郡志》卷三《城郭》，江苏古籍出版社 1999 年，第 26 页。

［21］王謇撰、张维明整理：《宋平江城坊考》，江苏古籍出版社 1999 年，原序第 1 页。

［22］王謇撰、张维明整理：《宋平江城坊考》，江苏古籍出版社 1999 年，原序第 1 页。

［23］晏行文、杜洁：《黄石西塞山南宋窖藏中庆历重宝铜钱版别考识及其它》，《湖北钱币专刊》2001 年总第 2 期。

［24］刘安红、李红燕等：《陕西华县南宋铜钱窖藏》，《中国国家博物馆馆刊》2015 年第 10 期。

［25］《宋史》卷一百八十二《食货志》，中华书局 1977 年，第 13 册 4451 页。

［26］《宋史·职官志》卷一百二十五，中华书局 1977 年，第 9 册第 2788 页。

［27］〔宋〕范成大：《吴郡志》卷六《官宇》，江苏古籍出版社 1999 年，第 66 页。

［28］〔宋〕李弥逊：《自毗陵与兄弟避地南来约为连江之归中涂各于事留遂成独往念兹离乱易于隔绝作诗以寄之》："胡尘暗中原，大驾巡江都。春风遂南渡，百辟咸奔趋。衣冠困陵暴，川陆纷舟舆。微生本萍寄，宁复安吾庐。褰裳犯深险，颠仆妻与孥。怀恩痛未报，无路先貔貙。岩穴多遗贤，天网固亦疏。骅骝俱捐弃，未数十驾驽。"

苏州古城门"巫门"位置考辨

高逸凡（南京大学历史学院）

内容摘要：苏州古城历史悠久，其各城门之名也大多是古来相沿，而方志中有载的"巫门"之名更是汉已有之。但自从唐末《吴地记》将其视为平门的别称后，历代方志皆遵而不改，以至于今。本文考察了比《吴地记》年代更早的《越绝书》、《后汉书·郡国志》等史料，辩明巫门与平门非属一门，且平门在北而巫门在东。此后更通过史料的梳理和历史语音的研究，证明"巫门"之名很有可能在唐代之前就已发生了讹变，经历代相传最终演变成了今天的"蟹门"。

关键词：巫门　平门　东门　蟹门　原始史料

苏州古城建城历史悠久，传说其始建者是春秋时期的伍子胥，当时"造筑大城，周回四十七里。陆门八，以象天八风。水门八，以法地八聪。"[1]后世虽城门实际数量代有变化，但"吴郡八门"的历史记忆却一直传承至今，其间、娄、胥、齐四门更是名称、方位古今相沿不改；蛇门、匠门（相门）虽久已不存，但其名列八门一向也没有什么异议。然而对于八门中剩下的两门，历代记载却是说法不一，有谓平门、巫门者[2]，有谓平门、盘门者[3]，亦有谓盘门、封（蟹）门者[4]。其中"巫门"之名自唐末的《吴地记》以来，一向被认为是平门的别称：

"平门北面，有水陆通毗陵……东北三里有殷贤臣申公巫咸坟，亦号巫门。西北二里有吴偏将军孙武坟。"[5]北宋朱长文《吴郡图经续记》沿用了这一说法："或曰平门者，故为巫门，巫咸所葬也。"[6]南宋范成大《吴郡志》在此基础上又提出了新的理由："平门，一名巫门，巫咸所葬。'巫'、'平'字画相近。"[7]明王鏊《姑苏志》又沿范志："平门，一名巫门……一云巫咸所葬，故又号巫门。或谓'平、

'巫'字画近耳。"[8]清季《（同治）苏州府志》备列上述故说，其导源仍是唐末《吴地记》[9]。如此相沿至今，"巫门系平门别称或旧称"几乎已经成为定论：

"步嘉又按：平门又称巫门，然《越绝书》中'平'、'巫'二门混称。"[10]

然而，正是这里提到的《越绝书》，才是最早记载包括"巫门"在内的"吴大城"八门之名的原始史料。"巫门"与"平门"究竟是否一门别称，也应当在仔细研读了《越绝书》卷二《越绝外传记吴地传》之后，才能做出合理的判断。

《越绝书》成书于东汉，又名《越绝》《越录》《越记》，其"绝"字据历史语言学家的考证，当即是古越语中"记事"之意[11]。作为记载早期吴越历史的最重要的典籍之一，《越绝书》与《吴越春秋》并称为早期吴越地方史料的双璧。然而与《吴越春秋》以及其他涉及早期吴越史事的中原史料所不同的是，《越绝书》中还记载了东汉初年[12]吴越地区许多重要的地理情况，如城池、官署、冢墓、城址、水田、塘陂、湖山、水陆道路等，集中见于外传中的《记吴地传》和《记地传》两卷。这些内容的存在，使得《越绝书》区别于单纯记述春秋战国时代吴越史事的其他史料，而具有了一定的方志性质，为我们研究两汉时代吴越地方的历史地理研究提供了重要的原始史料。

在《记吴地传》中出现的当时的"吴大城"城门之名一共为数有八，分别是平门、齐门、娄门、匠门、巫门、蛇门、胥门、阊门，与传说亦相合。文中巫门和平门各有条目述及，互不干犯，实在应作两处城门看才合乎情理：

"巫门外棚溪渎中连乡大丘者，吴故神巫所葬

也，去县十五里。"[13]

"邑中径从阊门到娄门，九里七十二步，陆道广二十三步。平门到蛇门，十里七十五步，陆道广三十三步。"[14]

按照文中的记载，平门应系吴大城北垣的重要城门，不仅被当作记录城邑南北通衢长度的地标，还是吴邑故通江水道的起点：

"吴古故水道，出平门，上郭池，入渎，出巢湖……入大江，奏广陵。"[15]

平门既已如此知名，《记吴地传》在以其作为地标记述其他地点的位置时，又有什么必要再特地用一个来路不明的"别称"来相称呢？事实上，"巫门"在文中作为地标出现的次数比平门还要多些，可见巫门应当是大城另一方向上的重要城门：

"巫门外麋湖西城，越宋王城也。"

"巫门外冢者，阖庐冰室也。"

"巫门外大冢，吴王客齐孙武冢也，去县十里。"[16]

虽然《记吴地传》并未明言巫门是吴大城哪个方向上的城门，但文中其实是留有线索的。上引原文称有一"麋湖西城"在巫门外，此外还有一"麋湖城"，"去县五十里"[17]。既如此，则"麋湖"亦合在巫门外。关于"麋湖"，《记吴地传》还有一处提及：

"吴东徐亭东西南北通溪者，越荆王所置，与麋湖相通也。"[18]

由此可见，"麋湖"此湖应当位于吴大城的东面，那么按理推之巫门也应当是吴大城面东的一处城门。除此之外，还有一条早于唐《吴地记》的史料可以说明"巫门在东"，司马彪《郡国志》吴郡"吴本国"下注引《皇览》曰：

"县东门外孙武冢。"[19]

而据上引《记吴地传》原文，"孙武冢"正是位于巫门外，这样一来，巫门在东，为汉时吴县东门这一事实就很清楚了。平门在北而巫门在东，巫门与平门并非一门别称，巫门也非平门旧称。到了唐时陆广微的笔下，不仅误把巫门平门混为一谈，

还把"孙武冢"也一同搬到了平门外"西北二里"，后世相沿愈失其真，可谓一谬千里。然而由此亦可推知，在《吴地记》成书的唐末，"巫门"之名在吴人的实际生活中应已湮没不闻，所以其作者才有可能根据巫咸的传说，或"'巫'、'平'字画相近"，而将"巫门"视作平门的别称。

那么，原本吴大城东垣上的巫门到哪里去了呢？按《吴地记》，吴东城除娄、匠二门外，还有不在八门之数的葑门、赤门、鲂鱮门（在东南角）三门[20]。三门之中，只有葑门在更早的史料中有所记载，《史记·伍子胥列传》"而抉吾眼县吴东门之上"一句下，张守节《史记正义》注曰：

"东门，鳝门，谓鲟门也，今名葑门。"[21]

可见在《史记正义》成书的盛唐时期，苏州城东门的名称已是"葑门"。而"鳝门""鲟门"之名，似为民间俗称，《史记·吴太伯世家》伍子胥同一语下，《正义》注曰：

"《吴俗传》云：'子胥亡后，越从松江北开渠至横山东北，筑城伐吴……子胥乃与越军梦，令从东南入破吴……子胥作涛，荡罗城东，开入灭吴。至今犹号曰示浦，门曰鳝鲟'。是从东门入灭吴也。"[22]

子胥之魂导越军从东门入吴之事，东汉赵晔的《吴越春秋》已有叙述，但没有作涛荡城之类的神怪故事，也没有提到"鳝鲟门"之名，唯言"东门"而已[23]。《吴俗传》今已不存，其书系何人何时所作也无从查考，但从文中使用"罗城"这样的字眼来看，其成书年代应不早于唐朝。

也就是说，到了盛唐之时，苏州城的东门已名曰"葑门"，民间俗称为"鳝鲟门"，而东汉时吴县东门的"巫门"之名至此虽早已失传，但其门址很可能就在此时的葑门或曰鳝鲟门。

以字音观之，"鳝音普姑反"[24]，中古拟音作"pʰu"[25]；"鲟音覆浮反"[26]，中古拟音作"biəu"[27]。前者中古韵母属模韵，后者中古韵母属尤韵；二者声母均属双唇音，前者属滂母，后者属并母。而

"巫"字微夫切[28]，中古拟音作"mǐu"[29]韵母属虞韵，声母属明母。在隋至中唐的诗韵中，虞、模二韵总是同用[30]，尤韵也与模韵接近[31]；而并、明二母同为双唇浊音[32]，在日本汉字从隋唐时代中国引入的"汉音"中，阴声韵明母字的声母甚至就读作塞音的并母[33]。这就表明，盛唐时苏州东门的俗称"鳠鲟门"，无论是"鳠"字还是"鲟"字，在当时的字音上与"巫门"的"巫"字都还是很接近的。

至于"葑门"的"葑"字，虽然在本音[34]上与"巫"相去甚远，但吴人似乎从来也没有按照本音来念它。北宋朱长文不明"葑"字之意，强行与地在吴兴的封山和"葑土撠结，可以种植"的意思相附会，但捱末也只得加一句"其事或然"[35]。到了南宋，范成大在《吴郡志》中道出了实情："葑门……今俗或讹呼富门。"[36]"富"字中古音方副切[37]，拟音作"pǐəu"[38]，韵属尤韵，声属帮母，其韵同于盛唐时期"鳠鲟门"的"鲟"字，其声则同于"葑"，但亦与"鳠"同属双唇清音。可以说，范成大时代吴人口中的"富门"就是对盛唐时期苏州东门俗名"鳠鲟门"发音的继承，而与"葑"的正牌读音"封"关系不大。直至今日，苏州方言仍称"葑门"为"夫门"[39]，可见民间俗称的生命力。巧的是，在今苏州方言中，"巫"与"夫"的标准读音几乎只有声调上的差别，其"巫"为阳平而"夫"为阴平[40]，这也是笔者开始反思"巫门"真身的最初契机。

其实，苏州百姓古来就一直擅长将各类拗口难读的地名，讹读为发音相近而又通俗易懂的俗名，如将"养育巷"读作"羊肉巷"，"小口晖桥"作"小石灰桥"，"专诸巷"作"穿珠巷"，"游马坡巷"作"油抹布巷"，"宜多宾巷"作"泥土皮巷"，等等不一而足[41]。同以城门为例，《越绝书》、《吴地记》里就已出现的"匠门"，在宋代讹为"将门"[42]，甚至反以"匠门"为讹[43]，时至今日，又讹为了"相门"。既然意思诡异的"墙门"[44]可以讹为意思通俗的"将门"，那么意思更加不祥的"无门"[45]被讹为字音相近、意思通俗的"鳠门"，自然也在情理之中：

"顾野王云'鳠鱼一名江豚，欲风则涌'也。"[46]

总而言之，"平门一称巫门"、"平门旧称巫门"这一类记述，均始于唐末《吴地记》作者的附会，并没有更早的史料可资佐证。考诸东汉《越绝书》、西晋《郡国志》等更为原始的史料可知，巫门在东而平门在北，二者并非一门别名。两宋以来历代方志不察，其误相沿至今，实在不可不正其本而清其源。

东汉时代的吴东门"巫门"其名，很可能在唐以前就已讹为了"鳠门"、"鲟门"或"鳠鲟门"之类的民间俗称，这导致唐代苏州东门出现了书面上的新名"葑门"，也使得"巫门"在唐末的《吴地记》中被附会成了平门的别称。到了宋代，"葑门"之名在民间俗称的强势影响下，继续被"讹读"为"富门"，而这一读法也一直延续到了今天。

注释：

[1]〔东汉〕赵晔：《吴越春秋》卷四《阖闾内传》，江苏古籍出版社1999年，第31页。

[2]如《越绝书》卷第二《越绝外传记吴地传》，其中有载的吴大城门名除记为"春申君所造"的"楚门"之外，正是阊、娄、平、蛇、胥、巫、齐、匠八门，参见李步嘉校释：《越绝书校释》，中华书局2013年，第28—30页、第35页、第37页。

[3]如〔唐〕题陆广微撰：《吴地记》，江苏古籍出版社1999年，第15页。

[4]如〔北宋〕朱长文：《吴郡图经续记》，江苏古籍出版社1999年，第12页。

[5]〔唐〕题陆广微撰：《吴地记》，江苏古籍出版社1999年，第31页。此文出于正文"吴县"内容前的"阖闾城"内容中，当属唐人原

文，非宋人补缀，参见李芸鑫：《〈吴地记〉四库提要辨析及源流、版本考》，《江苏地方志》2015 年第 6 期。

[6]〔北宋〕朱长文：《吴郡图经续记》，江苏古籍出版社 1999 年，第 11 页。

[7]〔南宋〕范成大：《吴郡志》，江苏古籍出版社 1999 年，第 24 页。

[8]〔明〕王鏊：《姑苏志》，（影印）正德元年刻本，（台北）学生书局 1986 年，第 225 页。

[9] 参见〔清〕李铭皖、冯桂芬：《苏州府志》，（影印）光绪九年刻本，《中国地方志集成：江苏府县志辑⑦》，江苏古籍出版社 1991 年，第 150 页。

[10] 李步嘉校释：《越绝书校释》卷第二《越绝外传记吴地传》校释第三八条，中华书局 2013 年，第 50 页。

[11] 参见郑张尚芳：《勾践〈维甲令〉中之古越语的解读》，《郑张尚芳语言学论文集》，中华书局 2012 年，第 661—662 页。

[12] "勾践徙琅邪到建武二十八年，凡五百六十七年。"李步嘉校释：《越绝书校释》卷第二《越绝外传记吴地传》，中华书局 2012 年，第 42 页。

[13] 李步嘉校释：《越绝书校释》卷第二《越绝外传记吴地传》，中华书局 2012 年，第 34 页。

[14] 李步嘉校释：《越绝书校释》卷第二《越绝外传记吴地传》，中华书局 2012 年，第 32 页。

[15] 李步嘉校释：《越绝书校释》卷第二《越绝外传记吴地传》，中华书局 2012 年，第 32 页。

[16] 李步嘉校释：《越绝书校释》卷第二《越绝外传记吴地传》，中华书局 2012 年，第 33—34 页。

[17] 李步嘉校释：《越绝书校释》卷第二《越绝外传记吴地传》，中华书局 2012 年，第 35 页。

[18] 李步嘉校释：《越绝书校释》卷第二《越绝外传记吴地传》，中华书局 2012 年，第 35 页。

[19]〔南朝宋〕范晔：《后汉书》志第二十二《郡国四》，中华书局点校本，中华书局 1965 年，第 3490 页。

[20] 参见〔唐〕题陆广微撰：《吴地记》，江苏古籍出版社 1999 年，第 25—26 页。

[21]〔西汉〕司马迁：《史记》卷六十六《伍子胥列传》，中华书局点校本，中华书局 1959 年，第 2180 页。

[22]〔西汉〕司马迁：《史记》卷三十一《吴太伯世家》，中华书局点校本，中华书局 1959 年，第 1473 页。

[23] 参见〔东汉〕赵晔：《吴越春秋》卷十《勾践伐吴外传》，江苏古籍出版社 1999 年，第 167 页。

[24]〔西汉〕司马迁：《史记》卷六十六《伍子胥列传》，中华书局 1959 年，第 2180 页。

[25] 参见郭锡良：《汉字古音手册》，"普胡切"拟音（"胡""姑"中古音同韵同呼同等），商务印书馆 2010 年，第 169 页。

[26]〔西汉〕司马迁：《史记》卷六十六《伍子胥列传》，中华书局 1959 年，第 2180 页。

[27] 参见郭锡良：《汉字古音手册》，"缚谋切"拟音（并母尤韵开口三等，与"鯆"同音），商务印书馆 2010 年，第 173 页。

[28] 参见赵振铎校：《集韵校本》，上海辞书出版社 2012 年，第 164 页。

[29] 郭锡良：《汉字古音手册》，商务印书馆 2010 年，第 145 页。

[30] 参见王力：《汉语语音史》，商务印书馆 2010 年，第 245 页。

[31] 尤韵属侯部，模韵属模部，在王力的拟音方案中，侯、模二部韵尾相同，参见王力：《汉语语音史》，商务印书馆 2010 年，第 196 页、第 199 页。

[32] 前者塞音，后者鼻音。

[33] 如"武""巫"汉音为ブ（bu），"马""麻"汉音为バ（ba）等。

[34] 帮母锺韵合口三等平声，拟音作"pǐwoŋ"，郭锡良：《汉字古音手册》，商务印书馆 2010 年，第 430 页。

[35] 参见〔北宋〕朱长文：《吴郡图经续记》，江苏古籍出版社 1999 年，第 12 页。

[36]〔南宋〕范成大：《吴郡志》，江苏古籍出版社 1999 年，第 24 页。

[37] 赵振铎校：《集韵校本》，上海辞书出版社 2012 年，第 1267 页。

[38] 郭锡良：《汉字古音手册》，商务印书馆 2010 年，第 175 页。

[39] 苏州方言"夫"、"富"连读时同音。

[40] 其实是浊声母和清声母的区别："巫（v²²³）"字声母浊（听感近似普通话"扶"字），"夫（fv⁴⁴）"字声母清（听感近似普通话"夫"字）（字音见汪平：《苏州方言研究》，中华书局 2011 年，第 150 页），但吴语浊声母皆阳调，清声母皆阴调；且苏州方音浊擦音奉母在起首字读若阳调的清擦音非母，即 v 读若阳调的 f，所以"巫"、"夫"二字的清浊对立主要就体现为阴平和阳平的声调对立，参见

汪平：《苏州方言研究》，中华书局 2011 年，第 21—22 页。

〔41〕参见汪平：《苏州方言研究》，中华书局 2011 年，第 102—103 页。

〔42〕"将""匠"声母清浊有别，至今吴语苏州方言亦然。

〔43〕参见〔北宋〕朱长文：《吴郡图经续记》，江苏古籍出版社 1999 年，第 12 页。

〔44〕苏州方言"匠""墙"连读时同调。

〔45〕"巫""无"中古同音，参见赵振铎校：《集韵校本》，上海辞书出版社 2012 年，第 164 页。今苏州方言中此二字亦同音，参见汪平：《苏州方言研究》，中华书局 2011 年，第 150 页。

〔46〕〔西汉〕司马迁：《史记》卷六十六《伍子胥列传》，中华书局 1959 年，第 2180 页。

图像资料所见东汉市场形制考

钱彦惠（浙江农林大学）

内容摘要：通过对七块四川画像砖和一幅壁画资料中市场形象的分析，结合对相关文献的考证，可知东汉时期市场由旗亭、阛、阓、隧、廛等建筑要素构成。由于市场规模大小的不同，各要素在大小与形象上又有差别。

关键词：东汉　画像砖　壁画　市场

汉代市场中有旗亭、阛、阓、隧、廛等。这些形象在相关画像资料中已有反映，对此刘志远、曹婉如曾进行过论述[1]。本文中，笔者试结合相关文献记载与已发现的画像资料，对汉代的市井形制进行简要论述，有不当之处敬请方家指正。

为了加强对商业活动的监督与管理，汉政府在城内划出了专门的区域作为商品交易的场所，并设置了完善的市场机构。相关文献中对这一时期市场形象多有论及，兹抄录如下：

材料一：

《史记·三代世表第一》褚先生言：

臣为郎时，与方士考功会旗亭下。

裴骃《集解》：

《西京赋》曰："旗亭五里。"薛综曰："旗亭，市楼也。立旗于上，故取名焉。"[2]

材料二：

《三辅黄图》引《庙记》云："长安市有九，各方二百六十六步。六市在道西，三市在道东。凡四里为一市。致九州之人在突门。夹横桥大道，市楼皆重屋。"又云："旗亭楼，在杜门大道南"。又有柳市、东市、西市，当市楼有令署，以察商贾货财买卖贸易之事，三辅都尉掌之[3]。"

又引《西京赋》云：

郭开九市，通阛带阓，旗亭五重，俯察百隧。[4]

材料三：
《后汉书·班固传》引《西都赋》载：

内则街衢洞达，闾阎且千，九市开场，货别隧分，人不得顾，车不得旋，阛城溢郭，傍流百廛，红尘四合，烟云相连。[5]

一

通过对相关画像砖（壁画）资料及相关考古报告等资料的查阅，笔者共找到与汉代市场有关的画像砖7块，壁画1幅。这些图像中的市场形象为探索东汉时期市井形象和市肆商贸活动情况提供了依据。

砖一，1930年四川广汉县周村出土[6]，收藏于四川省博物馆（图一）。

图一　广汉县出土的市场画像砖
（图片采自《四川汉代画像砖》，第24页，图二三）

该画像砖高28、宽48厘米，呈长方形，左上残缺。砖中描绘了市井的部分场面，左边有门垣，即为阙，其上有隶书题记"东市门"三字，图像分上下两部分，上部有四人，两两一组。左边两人之间有一较高的台子。柜台内的人手执一物，相对一人身体前倾，手中也执一物，两人应在交易；右边二人之间有一低矮的几案，案上摆有货物，两人相互攀谈亦呈交易状；下部市门内侧有一灶，灶上有釜炊之器。一人在灶前操作，并回首与人呼应。其右侧有二人，应在交易；最右边为一市楼，其隶书题名为"市（楼）"，楼顶栖一凤鸟，这种鸟在四川画像砖的建筑图像中多有发现。楼上悬大鼓，楼下二人相对而坐；右边一人头戴高冠，应为市吏。

砖二，四川新都市集画像砖（图二）。

图二　四川新都县出土"市集"画像砖
（图片采自《四川汉代画像砖》，第 22 页，图二一）

该画像砖出土于四川新都县，收藏于新都县文物保管所，长 49、宽 28 厘米[7]。整幅画面可分为上、中、下三排，共十一组画像：

上排左侧有隶书题记"北市门"三字，右侧有"南市门"三字与之对称。两处题记间有三组画像：左侧靠近"北市门"题记处为一木构商肆，肆内靠边处置灶，上有釜、案、壶等，其附近有二人，一坐肆内，一坐肆外，作盛、取食物状；中为一人持棒跪于案上，身微向前倾，与立于案前的伸手接物者面谈交易；右侧靠"南市门"处也为一木构商肆，其内坐三人，右边二人对坐，中坐者托一圆形物，与最右者交谈。

中排的左侧为一廛房。一人手持物，躬身迈步向房外走；右侧为一屋，一人手持环柄刀形物，脸

向门外，迈步欲出，这两处应为存放货物的廛房。廛间有两组画像：左为一人席地而坐，身前置物，身后撑伞，俯身伸手丁前，与相对席坐者对语。二人之间置一圆盆形物，一小童席地坐于二人不远处；右为二人相对立于市，都呈持物状，相互交语，可能是物物交换之状。

下排从左至右有四组画像：一组为一人立于筐后，平伸左手，露出二指，好似在招呼迎面的来者。来者右手持一物并向外伸出，漫步前来与之相应；一组为一人立于笼状物前（其内可能为禽类），一手指向其内的禽畜，并面向笼后的卖者问话；一组为二人相对而立，一人提物，一人提秤称物；最后一组为一人坐于肆内，低头俯身，伸手递物给席坐于肆外的人。

砖三，酒肆图（图三）。

该画像砖长 50、高 28.4 厘米，出土于新都县，收藏于成都市新都区文管所[8]。图案上方为一杆栏式建筑，可能是粮仓[9]。画面正中一女子左手扶着缸沿，右手拿有一圆形器物在缸里作舀取状；缸的右边有一男子，身体前驱；缸前有一似"卢"[10]者。"卢"下有酒瓮三个，前面站立一人，与站在缸右边男子谈话。画面左侧上部是一推独轮车者，车上载有一方形圆口酒器。左下一人正挑着酒坛，向外走去。笔者将其与砖四、砖五售酒图联系起来考虑，该图应是酿酒运酒图，这是售酒不可缺少的环节。

图三　四川新都县出土酿酒、售酒图
（图片采自《四川汉代画像砖》，第 16 页，图一五）

砖四，沽酒图（图四）。

该画像砖出土于四川新都新龙乡，收藏于新都县文物保管所，砖长42、宽34厘米[11]。

图像右侧为一酒肆，肆内设炉台，炉台上置酒器；其下放有两个酒瓮，亭枋上还悬瓮两个。台后立一售酒人，正为立于肆前的一沽酒者盛酒。沽酒者身后有一推独轮车者，手按车把，回首向酒肆处观望，可能是刚送完酒。左上侧为二童在追逐戏耍。

图四 四川新都新龙乡出土"沽酒"图
（图片采自《四川汉代画像砖》，第17页，图一六）

砖五，羊尊酒肆图（图五）。

该画像砖1986年在成都彭县升平乡征集所得，收藏于四川省博物馆，长42.5、宽25.3厘米[12]。图案左侧酒肆为一座具有汉代风格四阿顶的木构建筑，肆内设有一木构炉台，旁有·大尊，再远处还置酒瓮两个。酒肆后侧还有一高台木案，上置一方形酒器和两个盛酒的羊尊；炉台下与炉前各置酒瓮两个。

图五 成都彭州市升平乡征集"羊尊酒肆画像砖"
（图片采自《汉代农业画像砖石》，第132页，图C22）

台后立一售酒人，肆外一人身体前倾，似与售酒者交谈，应是沽酒者。沽酒者身后，还有一人向肆内看，也应为购酒人。再后还有一肩挑两酒坛者，当为送酒者或购酒者。右下为一手推独轮车者，上置一羊镶，可能是运酒者。

由砖三、砖四和砖五可知，整个酒肆市场应由酿酒者、售酒者、卖酒者、运酒者等构成。这三个画像砖图案再现了当时小酒肆作坊生产与销售的情景。

砖六，成都市郊出土的市场画像砖（图六）。

该画像砖1965年出土于四川成都市郊新繁附近。成都西郊土桥出土有同模所制画像砖[13]。《四川汉代画像砖》中亦有著录[14]。其高39、宽47厘米，略呈方形。四周有市墙，东、西、北三方设门，每门有三个门道。上边市门内有"北市门"的隶书题记，左边市门内有"东市门"的隶书题记（但按方位推测当为"西市门"之误）三字。市内有十字形道路，中央是五脊重檐的市楼一座，楼上悬鼓，楼下正中有门。四隧人物很多：左隧五人，上排有三人，中间一人站立，其他二人坐于摊前。这形象地反映出路上摊贩营业的场景。下排二人向市楼走去；右隧可见七人。上排四人，两两相对互交谈，左边二人长服着地，右边二人之间有一独轮车。下

图六 成都西郊曾家包出土的"市井"画像砖
（图片采自《四川汉代画像砖与汉代社会》，第59页，图五六）

排三人，右边一人似身佩一长物，另一手持一物。右边二人则背向市楼而行；北隧内有四人，上面两人相对而坐，中间有陈列物。南边不远处有一小亭子，再南有对席而坐的两人，中间亦有陈列物，这应为路上摊贩摆摊贸易的反映；南隧内有七人，或坐或立，相对交谈。

道路的两侧为布局严谨的列肆，肆被道路分成了四个区，每区有三或四列，为长廊式建筑。左下与右上在三排列肆之外的靠近市墙处，又有纵横交错的市宅。这一宅区依靠市壁和列肆，形成了一个平面如长方形的宅区，其中间另立店房（邸舍）两座。右下的隧内，有纵横交错的长廊，廊外还有人物活动。右上三排列肆之外，亦有纵错横交的房屋，左边平面为方形，其中横列一排建筑，略如日字形，隐约可见有身着长服的人物活动。左上则是四排齐整的列肆。

砖七，四川彭县市井图砖（图七）[15]。

该图砖是由彭县文化馆于 1965 年采集而得，高23.5、残宽31.5厘米，根据砖一广汉出土的市井画像砖推测，其左侧可能是市门，这是四川市井画像图砖常用手法，即用一门代表有阛有阓，靠近市门处有两人各手执一物，向市楼方向走。市楼形象与砖一中相似，为一重檐式建筑，顶上亦栖有一蹲坐的凤鸟，楼上悬有大鼓。楼下有一长梯通向楼上，

一人正作攀梯状。他可能是负责敲打大鼓以通知开闭市的市吏；在靠近市门的上部，有一列肆，肆内堆满物品，一人正在整理。

壁画八，内蒙古和林格尔墓中的"宁市中"壁画（图八）。

该壁画发现于 1972 年内蒙古和林格尔县新店子乡小板申村东汉墓的前室东壁[16]。在"宁城图"壁画的右上角发现有题榜为"宁市中"的市场形象。市场周围有三人，其中左下角一人骑马。由图可知，宁城的市场位于宁城城中，呈四面有围墙的正方形。

图八　内蒙古和林格尔县新店子乡小板申村东汉墓出土的"宁市中"壁画
（图片采自《和林格尔汉墓壁画》，第 137 页）

接下来一部分，笔者拟以这八件图像资料为线索，结合相关文献记载，对东汉时期的市场形制进行解读。

图七　彭县出土的市场画像砖图像
（图片采自《汉代市井考——说东汉市井画像砖》）

二

城市中市场的规划要素是随着商品经济的发展而逐渐完善起来的，是为了方便商品贸易的进行和便于对商人、市场的管理而设置的。四川市场画像砖勾勒的是东汉时地方县邑中的市场形象，它的规模虽不如都市中"市"的大，但却也都具备阛、阓、隧、列肆、廛等市场建筑要素。

1. 阛阓

《三辅黄图》引《西京赋》云：

> 郭开九市，通阛带阓，旗亭五重，俯察百隧。[17]

历代学者对"阛阓"都有过研究。李善注《西京赋》"廓开九市，通阛带阓"云："廓，大也。阛，市营也。阓，中隔门也。"[18]他在注《蜀都赋》时指出："阛，市巷也；阓，市外内门也。"[19]崔豹《古今注》曰："市墙曰阛，市门曰阓。"[20]

汪荣宝在注《法言义疏》"一阓之市，必立之平"中指出：

> 《文选》任彦昇《宣德皇后令》，李（晋人李轨）注引《法言》，作"一巷之市"，是"一阓"之非"一阛"甚明。吴（祕）云"一阓犹一巷也"，得之。古者市皆别为区域，不与人家杂处，市有垣，有门，有楼，其中有巷。市垣谓之阛，市门谓之阓，市楼谓之旗亭，而市巷亦谓之阓。左太冲《蜀都赋》刘渊林注云"阛，市巷也"，是也。一巷之市与一卷之书相比为义，一卷之书，书之至少者；一巷之市，市之至小者。[21]

可见，汪氏认为阛一般指市垣，也可指代市巷。更多文献资料表明，阛为市墙，阓为市门[22]。

从砖一（广汉县）、砖二（新都）、砖六，（新繁县）、砖七（彭县）画像砖图像中，都可看到市场中市门（阓）的形象。

这种阛阓遗迹在秦都雍城和西汉长安城中都有发现。如在秦雍城北部北城墙南面偏东300米处，考古工作人员发现了"市"的遗址。该遗址南北长160米，东西宽180米，周长为680米，面积达28800平方米。经详细勘探，知其是一个近似长方形的全封闭空间，四周围有夯土围墙，西墙长166.5米，南墙长230.4米，东墙长156.米，北墙长180米，宽1.8—2.4米。钻探时于四周围墙中部发现有市门遗址，一般宽21米以上，进深14米左右。墙体两侧均有瓦片堆积，应是夯墙上的覆瓦。四周有围墙基址，围墙内为露天市场，面积3万平方米左右[23]；在汉长安城西北部发现东、西市，四周围墙基址宽约5—6米，两市之内有东西、南北向道路各二条，四条路相交成"井"字形，每面市墙各开两门，合计每市有八个市门[24]。

秦雍城与汉长安城中发现的"市"在形制上基本相似，即在市周围有围墙，四面墙上开门。市门数量依据市规模的大小而不同。有的市门上还有市楼。阛阓的设置使商品交易活动固定在一个封闭空间，这更方便了政府的管理。正如《周礼·地官·司市》所载，"凡市入，则胥执鞭度守门"[25]。汉代张家山·汉简《二年律令·杂律》也明确规定"越邑、里、官、市院垣，若故坏决道出入，及盗启门户，皆赎黥。其垣坏高不盈五尺者，除"[26]。这要求如果不走市门，随便翻越墙垣的话要受到处罚。平时禁止翻越出入市墙，但在执行缉捕罪犯等特殊任务时，翻越市墙的行为可被准许，如张家山汉简中讲"捕罪人及以县官事征召人，所征召、捕越邑、里、官、市院垣，追捕、征者得随迹出入"[27]。

这种封闭的里市制度对后世产生了重要影响。正如白寿彝所讲：

> 按照这一制度，城市建筑布局时，首先要确定政权机构的中心地位，奠定"左祖右社"和坐北朝南格局；然后市、居民区，谓之"里"或"坊"，作为豆腐块式的区域，用以围绕政权机构；再是把居民区与市场分开，即坊市分治[28]。

随着商品经济的发展，这种坊市制度终于在唐末、北宋时期走向崩溃，阛阓的原始功用逐渐消失。

2. 市楼

何清谷校《三辅黄图》时，根据《文选》和《太平寰宇记》卷二十五《长安县》的相关记载，改原作"旗亭重立"为"旗亭五重"，即指市楼连底屋共五层[29]。市楼的大小是由市场的规模而定的，但一般比其他地方要高。其目的除了便于民众观旗以知市场启闭外，还有"俯察百隧"。正如《后汉书·费长房传》载，"费长房者，汝南人也。曾为市掾。市中有老翁卖药，悬一壶于肆头，及市罢，辄跳入壶中。市人莫之见，唯长房于楼上睹之，异焉"[30]。

由于管理市场的机构设在市楼上，并以旗为号指挥市场的启闭，所以又称旗亭。这种制度在两周时已出现，如《周礼·地官》"司市"篇言"市之群吏平肆展成奠贾，上旌于思次以令市"。郑玄注曰："上旌者，以为众望也，见旌则知当市也。思次，若今市亭也。市师，司市也。介次，市亭之属别，小者也。"[31]亭上立旗以达到"见旌则知当市"的效果，把升降旗看作市场开闭的标志。

西汉继承了'举旌当市'的制度，如上所记《史记·三代世表》褚少孙所讲，"臣为郎时，与方士考功会旗亭下"。东汉以后，旗亭上多置鼓，并以"击鼓当市"，这种情况在砖一、砖七中即有反映。

刘庆柱《西安市汉长安城东市和西市遗址》曾对西汉长安城的市楼遗址进行过详细描述。他指出，在东西市之间的横门大街上，北距横门约 160 米处有一个大型汉代建筑群遗址，其范围长、宽各 300 米。主体建筑位于建筑群中央，东西长 147、南北宽 56 米。这一建筑可能就是文献中记载的长安市的"当市观"，或称当市楼、市楼[32]。

3. 列肆

列肆，即市中的"商贾所陈货贿之区"[33]。市吏为方便对市场的管理，多令入市货物按种类、性质，分别排列，贸易即在这些列肆里进行。如《汉简》所记"为肆邪分列疏数"[34]。先秦时，还设有专门管理列肆的官吏，对此《周礼·地官》中有过详细记载：市场上摊架排列一行为肆，每肆有肆长一人，二肆有胥，五肆有司稽，十肆有司虣，每二十肆有贾师一人和胥师一人。"肆长"的职责是"掌其肆之政令。陈其货贿，名相近者相远也，实相近者相尔也，而平正之"。贾公彦疏"各掌其肆之政令"云，"此肆长，谓一肆立一长，使之检校一肆之事，若今行头者也"；疏"陈其货贿，名相近者相远也，实相近者相尔也，而平正之"曰，"此即司市以陈肆辨物而平市之事也"[35]。

这一时期，商列、行肆都有严格的管理，如睡虎地秦简《秦律十八种·金布律》云：

> 贾市居列者及官府之吏，毋敢择行钱、布；择行钱、布者，列伍长弗告，吏循之不谨，皆有罪。[36]

可见，秦市中商贾在列，并有伍的编制，设有"列伍长"，协助市官监督商人的经商活动。商肆占地大小亦有规定，如《银雀山汉简·守法守令》释文七指出的，货物列肆分割的门面长短不一，但却有严格的规定。贵重货物体积小，所受肆门面当不过七尺，货贱者体积大，门面长度不过十尺[37]。

东汉画像砖图像显示，汉代市场中除了晁错所讲的"商贾大者积贮倍息，小者坐列贩卖"[38]，还有一类规模更小的行商。这类小商贩没有专门的列肆以供陈货物，只得在隧中进行摆地摊销售，这在砖一、砖二、砖六中既有反映。

4. 隧

列肆间的通道称为隧。班固《西都赋》有载"九市开场，货别隧分"。薛综注："隧，列肆道也。"[39]言之极明。

成都出土的市场画像砖上，列肆被十字大路分成 4 组，每组均有好几条隧，实际情况可能更多。如汉长安城市场中甚至有"列隧百重"[40]。由砖六可知，列肆的店面均为统一规格向街开门的廊房，每排商店之间有隧。这些隧除了有十字形的交通干道外，还有几条东西向的人行道路，这即为买卖货物的贸易街道。此外，八条南北向的粗线（有的似双线），可能是隧间的小路。

5. 廛

对"廛"的释义，后世各论者不同，主要观点有二：

一是认为，"廛"为空地。郑众注云："廛，市中空地未有肆，城中空地未有宅者。"[41]薛综注《文选》亦有"都邑之空地曰廛"的说法[42]。

一是认为，"廛"为民居之所。郑玄谓"廛，民居区域之称"。贾公彦对上说提出怀疑，他疏证"夫一廛田百亩"及"廛里任国中之地"时云："皆是民之所居区域。又其职有廛布，谓货贿停储邸舍之税，即市屋舍，名之爲廛，不得爲市中空地。"孙诒让案：廛人之廛布及司关之征廛，则指市中之邸舍。无论在里在市，已有宅肆，未有宅肆，其基地通谓之廛。此廛人唯掌市宅，不掌民宅[43]。

郑众、郑玄所处时代相近，两人所考有异，可能在汉代廛这两种解释皆可取。

"市廛"，源自《孟子·公孙丑上》"市廛而不征，法而不廛，则天下之商，皆悦而愿藏于其市矣。"赵岐章句"廛，市宅也"[44]；《礼记·王制》篇中指出"市廛而不税"，郑玄注曰："廛，市物邸舍也。税其舍，不税其物。市，贸易之所也。"[45]可知，汉代应只税其舍，而不税其物。

而正义又云，"廛，谓公家邸舍，使商人停物于中，直税其所舍之处，不税其在市所卖之物。市内空地曰廛，城内空地曰肆。"[46]

《说文解字》曰："廛，一亩半，一家之居也。"四川新繁县出土的市井图砖中，位于东北、东南、西北、西南四角的建筑是堆积货物的店房，其建筑形状各不相同。这种邸店可称为"廛"。

综上所述，通过对上文画像砖中市场细节的描述，结合相关文献记载，足以让我们认识到秦汉时期市场的概貌。这一时期政府对市场有严格的管理，并集中反映在市场的布局、管理和人员设置上。

秦雍城与汉长安城中发现的市场在形制上基本相似，即市的周围设有阛阓。这使商品交易活动固定在了一个封闭的空间。这种布局便利了政府对市场的管理。市内有市楼，其内设有管理市场的机构，设置的目的除了便于民众观旗以知市场启闭外，还有"俯察百隧"。为了方便管理和征税，市场中还设有列肆和廛，并设置了与此相匹配的管理人员体系。从《周礼·地官·司市》的相关记载和秦雍城、汉长安城中发现"市"的形制看，战国秦汉时期的市场实行着严格的"里市"制度。这种封闭的里市制度对后世产生了重要影响，唐景龙元年（707）仍有"诸非州县之所，不得置市"[47]的规定。但是到了唐末、北宋时期，随着坊市制度的解体，这种制度逐渐走向崩溃。

注释：

[1] 刘志远：《汉代市井考——说东汉市井画像砖》，《文物》1973年第3期；曹婉如：《东汉城市局部地图的研究——成都市西郊东汉墓出土市井画像砖》，《自然科学史研究》1985年第2期。

[2]〔西汉〕司马迁：《史记》卷十四《三代世表》，中华书局1982年，第507页。

[3] 何清谷：《三辅黄图校释》卷二《长安九市》，中华书局2005年，第93—95页。

[4] 何清谷：《三辅黄图校释》卷二《长安九市》，中华书局2005年，第97页。

[5]〔南朝宋〕范晔：《后汉书》卷四十上《班固传》，中华书局1965年，第1336页。

[6] 高文：《四川汉代画像砖》，上海人民美术出版社1987年，第24页，图二三。

[7] 高文：《四川汉代画像砖》，上海人民美术出版社1987年，第22页，图二一。

[8] 高文：《四川汉代画像砖》，上海人民美术出版社1987年，第18页，图一六。

[9] 正如《氾胜之书·收种篇》云"取禾种择高大者，斩一节下，把（扎成把也）悬高燥处，苗则不败"。四川地区潮湿，粮食贮藏更需

较好的通风设备，故而粮仓多为一些干栏式建筑。在新都县出土的《舂米》画像砖（见《四川汉代画像砖》第 19、20 页，拓片 28 厘米×39.5 厘米）与彭县出土的《养老》画像砖（拓片 28 厘米×49 厘米，仓房建在台阶之上，房顶上有气窗，以防潮湿）中亦可见。

[10] 汉代以"卢"名卖酒，前人基本认可。但该处的"卢"为何物，却众说纷纭。笔者认为通过对四川汉画像砖所见酒肆图像的分析，认为以"卢"名卖酒之"卢"应为"垆"，是用夯土或土坯砌筑起来安置酒器的台座（也不排除木质台座），与《汉书·司马相如传》颜师古注所言基本一致。

[11] 高文：《四川汉代画像砖》，上海人民美术出版社 1987 年，第 18 页，图一六。

[12] 夏亨廉、林正同：《汉代农业画像砖石》，中国农业出版社 1996 年，第 132 页。

[13] 刘志远：《四川汉代画像砖与汉代社会》，文物出版社 1983 年，第 59 页。

[14] 高文：《四川汉代画像砖》，上海人民美术出版社 1987 年，第 23 页，图二二。

[15] 刘志远：《汉代市井考——说东汉市井画像砖》，《文物》1973 年第 3 期。

[16] 内蒙古自治区文物考古研究所：《和林格尔汉墓壁画》，文物出版社 2007 年，第 137 页。

[17] 《三辅黄图校释》卷二《长安九市》，中华书局 2005 年，第 97 页。

[18] 〔南朝梁〕萧统编、〔唐〕李善注：《文选》，中华书局 1977 年，第 42 页。

[19] 左思《蜀都赋》云，在大城西的小城里市："市廛所会，万商之渊。列肆百重，罗肆巨千。贿货山积，纤丽星繁……阛阓之里，伎巧之家，百室离房，机杼相和，贝锦斐成，濯色江波，黄润比筒，籯金所过。"李善注云："阛，市巷也；阓，市外内门也。贝锦，锦文也。"〔南朝梁〕萧统编、〔唐〕李善注：《文选》卷四，中华书局 1977 年，第 79 页。

[20] 〔南朝梁〕萧统编、〔唐〕李善注：《文选》，中华书局 1977 年，第 42 页。

[21] 汪荣宝撰、陈仲夫点校：《法言义疏》，中华书局 1987 年，第 20 页。

[22] 《说文解字》释"阓"曰"市外门也"。〔东汉〕许慎著、〔宋〕徐铉校订：《说文解字》，中华书局 2011 年，第 248 页。

[23] 韩伟、焦南峰：《秦都雍城考古发掘研究综述》，《考古与文物》1988 年第 5、6 期。

[24] 汉长安城工作队：《汉长安城东市和西市遗址》，《中国考古学年鉴 1987 年》，文物出版社 1988 年。

[25] 《周礼正义》卷二十七《地官·司市》，中华书局 1987 年，第 1061 页。

[26] 彭浩、陈伟、〔日〕工藤元南主编：《二年律令与奏谳书：张家山二四七号汉墓出土法律文献释读》，上海古籍出版社 2007 年，第 119 页。

[27] 《二年律令与奏谳书：张家山二四七号汉墓出土法律文献释读》，第 120 页。

[28] 白寿彝主编：《中国通史》第 4 卷《中古时代》，上海人民出版社 1995 年。

[29] 《三辅黄图校释》卷二《长安九市》，中华书局 2005 年，第 97 页。

[30] 〔东汉〕班固：《汉书》卷八十二下《方术列传》，中华书局 1962 年，第 2743 页。

[31] 〔东汉〕郑玄注、〔唐〕贾公彦疏：《周礼注疏》，中华书局 2010 年，第 519 页。

[32] 西安市文物局、西安市汉长安城遗址保管所：《汉长安城桂宫——2 号建筑遗址（南区）保护工程报告》，文物出版社 2012 年，第 31—38 页。

[33] 〔东汉〕郑玄注：《周礼·地官·肆长》载"肆长各掌其肆之政令，陈其货贿. 名相近者相远也，买相近者相迻也，而平正之。敛其总布，掌其戒禁"；战国的《星经》中指出"列肆二星，在斛西北，主货珍宝金玉等也"，可见，市场中列肆应为陈放货物之所。

[34] 李学勤：《银雀山简〈市法〉讲疏》，甘肃省文物考古研究所编：《秦汉简牍论文集》，甘肃人民出版社，1989 年。

[35] 〔清〕孙诒让：《周礼正义》，中华书局 1987 年，第 1094 页。

[36] 睡虎地秦墓竹简整理小组：《睡虎地秦墓竹简》，文物出版社 2001 年，第 36 页。

[37] 释文七（简 884、885）："……有授肆□□□□固有数矣。市货□贵者，授肆毋过……毋过七尺；下货贱者，授肆毋过十尺，此肆邪市列之数也。诸它货非……"李学勤：《银雀山简〈市法〉讲疏》，甘肃省文物考古研究所编：《秦汉简牍论文集》，甘肃人民出版社，1989 年，第 75 页。

[38] 〔东汉〕班固：《汉书》卷二十四上《食货志上》，中华书局 1962 年，第 1132 页。

[39] 〔南朝宋〕范晔：《后汉书》卷四十上《班固传》，中华书局 1965 年，第 1336、1337 页。

[40] 〔南朝梁〕萧统编、〔唐〕李善注：《文选》卷四，中华书局 1977 年，第 79 页。

［41］〔清〕孙诒让：《周礼正义》，中华书局 1987 年，第 938 页。

［42］〔南朝梁〕萧统编、〔唐〕李善注：《文选》卷二，中华书局 1977 年，第 42 页。

［43］〔清〕孙诒让：《周礼正义》，中华书局 1987 年，第 661、662 页

［44］〔清〕焦循：《孟子正义》卷七，中华书局 1987 年，第 227 页。

［45］〔清〕孙希旦：《礼记集解》卷十三《王制》，中华书局 1989 年，第 355 页。

［46］〔清〕朱彬：《礼记训纂》卷五，中华书局 1996 年，第 190 页。

［47］〔北宋〕王溥：《唐会要》卷八十六"市"，中华书局 1955 年，第 1581 页。

石湖谢家坟元明朱氏家族墓志补正

孙明利（苏州市考古研究所）

内容摘要：2010 年，苏州石湖谢家坟出土汉代至明清时期墓葬多座，其中三座夫妻合葬墓出土多块朱氏家族成员墓志，明确了墓主身份与关系。这批墓志的出土为研究元明苏州朱氏家族提供了重要资料，同时对于研究该时期的阴阳学制度、游士之风、江南士人与社会等也有很大参考价值，可补传统史料之不足。

关键词：墓志　家族　阴阳学　教授　正术　游士　江南

2010 年，苏州石湖谢家坟土墩出土了三座朱氏家族合葬墓，共出墓志六块，均为夫妻墓志。丁一《江苏苏州石湖景区谢家坟朱氏墓地出土墓志的初步考证》（以下简称《考证》）对出土墓志进行了考证[1]。近期我们在整理编写《江苏苏州谢家坟元明朱氏家族墓发掘报告》[2]时，依据《考证》原文，结合墓志实物、照片、拓片等，对出土墓志进行了重新识读，订正了多处错讹文字，同时补充了朱权墓志的资料。本文结合其他文献资料，在《考证》基础上稍作补证，主要涉及朱氏世系、阴阳学官制度、元代江南士人与社会等方面。

一　墓志释读

六块墓志分别为元朱道宁与妻施守真、明朱权与妻吴氏以及朱安与妻陈氏墓志，订正之处不一一赘述，仅将全文录入。朱道宁圹志内容如下（图一）。

故常州/路阴阳/教授朱/君圹志/

先 考 讳 道 宁，字秀之，世居袁州之宜春。大父镇，父□，/皆仕于宋。先 考 读书之暇，好地理学，尝游江淮间， 乐 /平江土风之美，□□居焉。延祐七年，集贤院□□□/士毅

图一　朱道宁圹志

知其所学之懿□举于院，移文司天监，授平江/路阴阳学正，升常州路阴阳教授，未久即辞归。至治/三年正月九日正冠服而坐，命诸孤来前，曰："吾将逝/矣，第欲见一二故人。"未及 得 报而卒，呜呼痛哉！先人/生宋景定四年二月三

日，□年□六十有一。娶施氏。三子：/权、栋、格。女曰以宁，婿周顺孙。孙男一人，女四人。卜以/是年三月六日葬吴县灵岩乡新郭之原，实先人所/自营者。惟不肖孤等未能一□□子职而遽尔见背，/呜呼痛哉！孤子权泣血谨志。/

施守真圹志内容如下（图二）。

先妣讳守真，姓施□□为平江人，考/讳道宁，号谷云，妣□氏。先妣生于至/元二十一年五月□□，年二十有五/归我先人，而先□妣□□□至正十二年/十一月丙申以□□□六十有九。子/三人，曰：权、栋、格□□□曰以宁，配周/顺孙，先卒。孙男□一□□人□，□女□四人。卜以是/年十二月壬寅□□□吴县灵岩乡/新郭之

图二　施守真圹志

原。呜呼□□□哀子朱权志。/

朱权墓志内容如下（图三、四）。

沛国朱翁讳拳，字□□，自号云岫老人，卒于建文/辛巳年□月廿□□□木□人，前尝自为所藏之/志曰：□□先江□西□□宜□春人，曾祖考讳仁，祖考讳肃，/考讳道□宁□，字秀□之□，明书经，精天文地理之学，挟术/游江湖间，为□常□州路阴阳教□授□，迁平江路，乐姑苏/风俗之美，乃□籍而家焉，遂为吴县人。吾少侍吾/父时，若邵□虞公文献、黄公梅粟、冯公常山，文章/伟人，多获称炙，以承其教诲。若李黄山、王本垒、周/伯温，又皆时与之游。故吾获□于缙绅间，由是自/励于学。性□愚直，不能随俗烟，□取贵富仍守家□以宙□□□于富道者所/荐为平江路阴阳学/□□吴□□□□□□□□/□郎四川成都府/□□□□□□□□□□□□□/男二塸基塸早卒□□□□□□□□□□□□寅

图三　朱权墓志志盖

九月廿八日/□□□□□□□□□□□□□茔也子卒之日□□□□□□□□□□□后四年老人卒/□□□□□□□□□□□如男命以葬里/□□□□□□□□□□□贻我铭□全此。

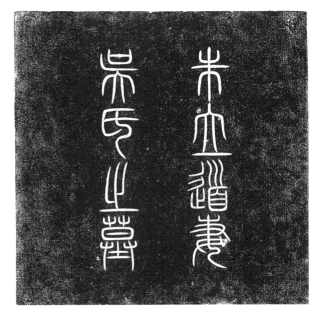

图五　吴妙福墓志志盖

图四　朱权墓志

朱权妻吴氏墓志内容如下（图五、六）。

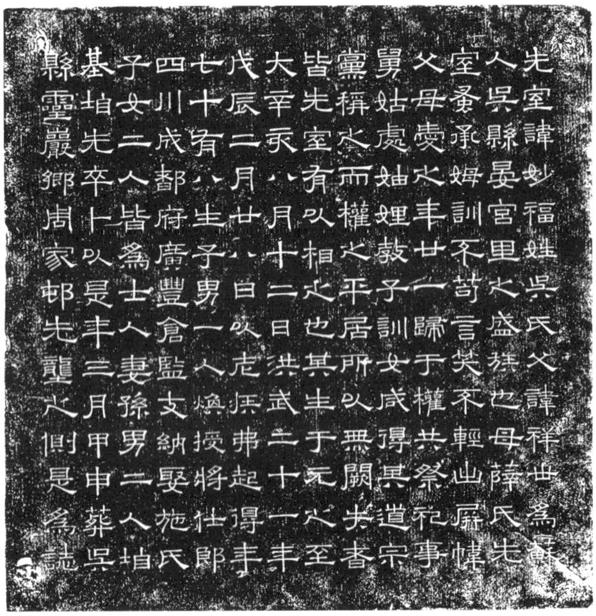

朱立道妻/吴氏之墓/

先室讳妙福，姓吴氏，父讳祥，世为苏/人，吴县晏宫里之盛族也。母薛氏。先/室蚤承姆训，不苟言笑，不轻出屏帏，/父母爱之。年廿一归于权。共祭祀，事/舅姑，处妯娌，教子训女，咸得其道，宗/党称之。而权之平居所以无阙失者，/皆先室有以相之也。其生于元之至/大辛亥八月十二日，洪武二十一年/戊辰二月廿八日以老疾弗起，得年/七十有八。生子男一人：焕，授将仕郎、/四川成都府广丰仓监支纳，娶施氏，/子女二人，皆为士人妻。孙男二人：垍、/基，垍先卒。卜以是年三月甲申葬吴/县灵岩乡周家邨先垄之侧。是为志。/

朱安墓志铭内容如下（图七）。

图六　吴妙福墓志

苏州府阴阳学正术致仕朱公墓志铭/
□□□□□□□□□致□□□公□志铭/□□□□□□□□□□□□□□礼□郎□□□/□□□□□□奉□□谦□大夫□太□□□□□/□□公讳安□□基号恒齐姓朱氏世家江西宜春……/吴中乐其风土之美遂家拎馆炬异焉其致仕……/□□□其往来书翰至今犹存秀之子云岫

庚戌正月初二日卒扵……/日安厝扵吴县灵岩乡
一都周家村先茔之原……/睢老且□其可辞乎乃
叙□□之……/世家江西□来吴□□阴阳□□扵
儒聊以其生……/官……/山陵……/……/……
乐……/

朱安妻陈氏圹志内容如下（图八、九）。

先室陈氏圹志/

呜呼！先室陈氏善清，世为苏之名族。元
总管杭/州路事侯之之曾孙，翰林学士辅之之
孙，/国朝洪武中知瑞金县事子昭之女，妣儒人
高氏/生。先室十有五年即以归吾，为朱氏家
妇。时吾/祖阴阳学正，吾父四川庚仓使咸归老
丘园，动/遵古道，家法严肃，视先室相吾奉尊
抚下，与夫/丞尝中馈之类，不失矩度，尝曰朱
氏有妇矣。越/十有一年，吾任阴阳正术，先室
理家政，课僮奴，/生产作业，每每有方，吾得
优游于官而无内顾/之忧者，先室之力也。前六
七月，吾子钰甫生一/子曰海，先室喜谓吾曰：
"今得此孙，后有所望矣。"/孰谓未几先室竟疾
而卒，实正统二年十一月/戊戌也，年止五十有

图七　朱安墓志铭

□□先□……/国朝□四川成都司庚归老扵家子
即公质貌环伟……/除授苏州府阴阳学正术永乐
初将营/山陵征至京师历□/北京□□之雄秀日
给鞍马太常膳饮荣及三载□……/赐赍而归永乐
间尝摄本府经历司事又□昆山等县……/集而人
不扰上□而下怀之真存心爱物□扵……/材木以
给之贫不能嫁娶者出财物使成……/之宜开茔域
安厝之而不受其报此人所□能……/之趣配陈氏
先卒子一人钰尝任本郡……/孙曰铠公生于洪武

图八　陈善清圹志志盖

九。呜呼悲哉！卜明年三月/壬寅葬吴县一都晏官里之先茔。尚念先室生/平与吾同心戮力，纂承家业，而今而后不获抱/抚孙，曾享其寿养，岂非命耶？然吾居官弗克走/谒名公大儒以铭其墓，姑述先室世系、官爵、存/殁大概，纳诸圹云。　　　　　夫朱安识

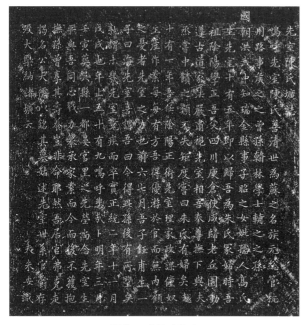

图九　陈善清圹志

二　朱氏家族世系补订

从墓志可知，朱家世居袁州之宜春，自朱道宁时移居平江即元时苏州。朱氏家族为阴阳学世家，朱道宁、朱权、朱安则均从事阴阳学，分别担任教授、正术等职。《考证》一文对墓志中的朱氏世系做了初步梳理，其中，对朱垍、朱基的身份认定存在错误。《考证》表一中，将朱垍、朱基作为朱焕之孙，朱安身份认定也不清楚，特补订如下：

1. 朱垍、朱基实为朱焕之子。

吴妙福墓志载"生子男一人焕……娶施氏子女二人……孙男二人垍基垍先卒"，朱权墓志中有"男二垍基垍早 卒 字"，明确了朱焕为朱权吴妙福之子，孙男二人分别为朱垍朱基，这两人则为朱焕之

子，而非朱焕之孙。

2. 朱安即朱基。

关于朱焕身份，朱权墓志提到"……郎四川成都府……"，吴妙福墓志则明确记载朱焕"授将仕郎四川成都府广丰仓监支纳"，朱安墓志中记载"先□国朝□四川成都司庚"，陈善清墓志记载"吾父四川庚仓使"，可知朱安父亲应为朱焕。朱焕有子二人，为朱垍朱基，朱垍早卒，那么朱基则应是朱安。朱安墓志中也有"公讳安□□基号恒齐姓朱氏"，虽有缺字，但朱安即朱基无疑。

综上，我们重新绘制朱氏家族世系图如下（图一〇）。

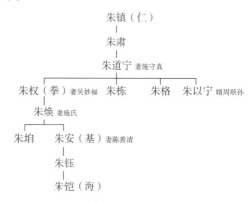

图一〇　朱氏家族世系图

三　大元阴阳学教授朱道宁生平

朱道宁墓志虽仅 200 余字，在交代了墓主生平、世系基本情况之外，还提供了解读当时社会的资料，具有重要的价值。

朱道宁生于宋景定四年（1263），1276 年元军攻陷临安，朱道宁时年 13 岁。延祐七年（1320），授平江路阴阳学正，朱道宁时年 57 岁。升常州路阴阳教授，未久即辞归，元至治三年（1323）正月卒，时年 63 岁。元代官员致仕一般在七十岁[3]，朱道宁任阴阳学教授一职辞归时，尚未到致仕年纪，可能遭遇罢官或者生病。

朱道宁"读书之暇好地理学，尝游江淮间"。"地理"这一概念最早可见于《周易·系辞上》："故能弥纶天地之道，仰以观于天文，俯以察于地理，是故知幽明之故。"[4]孔颖达疏："地有山川原

隰，各有条理，故称理也。"[5]。朱道宁所好的"地理学"当是这种中国古代地理学，涉及各地地理形势、名山大川、行政区划、土贡特色等方面。朱道宁生于南宋末年，当时地理学著作已经大为丰富。唐宋是古代地理学的大发展时期，修史专门编撰《地理志》外，唐代还规定了地方政府修志的上报制度，各地图经开始大量出现[6]。朱道宁爱好地理学与其日后成为阴阳学教授也有很大关系，这也是撰志者为下文叙述朱道宁事迹所埋下的伏笔。

朱道宁"尝游江淮间"，"游"不是游历山水。元代文献中有较多"游"的现象，如"游，足广所闻，以致其道；道成矣，又足致美名厚位。推己有以供乎众，此古今类然。不则没踪乡晨，袭染庸下"[7]。"自宋科废而游士多，自延祐科复而游士少，数年科暂废，而游士复起矣。盖士负其才气，必欲见用于世，不用于科，则欲用于游，此人情之所同"[8]。"自田不井，举选不乡里，而士之有志斯世者，始不得不托于游"[9]。这里的"游"是元代特有的社会现象——游士之风。

这种游士之风与元代一度废止科举制度有关。元灭金、宋后，科举废弃。直到延祐元年才开始恢复，史称"延祐复科"。此时已经距离宋亡36年，距离金亡更达81年。

科举废止后，由吏入官成为汉族士人主要入仕途径[10]。江浙地区一直以来人口繁密，文化发达，逐渐形成了江南士人为求官入仕游京师的风气。这一风气，在元成宗以后的元朝中期逐步形成，一直持续到元末[11]。无独有偶，与朱道宁生活在同一时期的浙江人胡钲，也曾"宦游于燕京"[12]。

与朱道宁所不同的是，胡钲"宦游于燕京"，而朱道宁游历则在"江淮间"。江淮间当指的是长江以北淮河以南的这一广大地理区域（下游），这一区域曾是宋金长期拉锯战的区域，也是元灭金之前金所统辖区域，而不是南宋统辖的长江以南地区。从中大致可见，当时游士活动的区域主要在长江以北。

朱道宁作为生活在元代治下的江南士人，按照元代的等级制度和民族政策，是为南人、儒生，基

本属于社会最底层的人群。一般认为，在元朝治下，全国百姓分为四等人，分别是蒙古人、色目人、汉人、南人。其中南人一般就是指淮河以南最后被元朝征服的南宋境内的各族人民[13]。职业上，有"九儒十丐"职业分类，"鞑法：一官、二吏、三僧、四道、五医、六工、七猎、八民、九儒、十丐，各有所统辖"[14]。儒生地位仅仅高于乞丐而已。

朱道宁作为南宋遗民，面临来自元代科举、吏制以及民族政策的限制，虽出身官宦世家，但终其一生，长期游走于江淮之间以获得际遇。朱道宁的一生，或可代表江南地区广大汉族士人的一生，其墓志则成为江南士人与社会的一个缩影。

四　元代阴阳学的设立与地位

元王元恭《至正四明续志》[15]卷三"阴阳教授司"记载："至大二年（1309）十二月教授朱道宁赍印到路置立，未有公宇。至顺二年（1331），本路将西南隅仓桥东旧蒙古学废屋三间、披一间、门楼一座，开设教授司。至元六年（1340）十二月教授宗道重修。"

按：四明，即元时庆元路，治今浙江宁波市。

《续志》中的阴阳教授朱道宁，虽未记载其生卒年、籍贯，但从其履历与活动年代上，与朱道宁极为吻合，推测即为墓主朱道宁本人。

《续志》记载的庆元路阴阳教授司，一直没有办公地点，22年后才予以解决，而此时朱道宁已经去世8年。朱道宁在庆元路的任职因缺少办公场所而早早收场，墓志中未记这一尴尬经历，可能是撰志者朱权故意为之。延祐七年（1320），司天监授其为平江路阴阳学正才是他的真正任职，尽管此时他已年近花甲。

阴阳，即阴阳学。《考证》一文据《中国古代名物大典》[16]将阴阳学定义为"元明两代地方设立的天文学校"，略有不确。阴阳学与其说是学校，不如说是一个阴阳人即民间巫师的管辖机构。《元史·选举志一》载："世祖至元二十八年夏六月，始置诸路阴阳学。其在腹里、江南，若有通晓阴阳之人，各路官司详加取勘，依儒学、医学之例，每路设教授

训诲之。其有术数精通者，每岁录呈省府，赴都试验，果有异能，则于司天台内许令近侍。""延祐初，令阴阳人依儒、医例，于路府州设教授 员，凡阴阳人皆管辖之，而上属于太史焉。"据此，阴阳学在元代当属于职官系统[17]，教授、学正则为各级教官，负责阴阳人的训诲与管辖。设置"阴阳学"的目的就是对阴阳人进行控制，方便统治。张同铸[18]等对阴阳学设立原因曾有关专门研究，此不赘述。

阴阳人一般以"家"或"户"计，如元代仅海宁一地"籍于医者三十家，籍于阴阳者三百家"[19]。朱氏家族四代人除朱焕外，均担任阴阳学相关职务，可见元明时期阴阳人家是世代相传的[20]。西安元代医学教授武敬同样出身医学世家[21]。由此推测，蒙古学、儒学等应当也是世代相传。

朱道宁所任阴阳学教授，与蒙古学、医学、儒学等相比，存在等级差别。

一、阴阳学的设立晚于儒学、医学等，教授人数也比较少。据《元史·选举志一》载："世祖至元二十八年夏六月，始置诸路阴阳学。……依儒学、医学之例……"可见，阴阳学的设立晚于儒学和医学，当然也晚于蒙古学的设立。在人数上，《元典章·吏部》卷一记载，元朝初年，全国的阴阳学教授有 73 员。这个数字远少于儒学教授、蒙古学教授、医学教授。当时这三者分别为 876、921 和 232 员[22]。

二、作为阴阳学的教授，其品级往往低于其他学教授。据《元典章》记载，阴阳学教授为从九品，不入流[23]。各路儒学教授，则为从八品或正九品，而蒙古学教授的等级比儒学教授还要高一品级[24]。

2008 年，西安南郊韦曲镇皇子坡村发现两座元代墓葬，M42 为医学教授武敬墓。据墓志记载，志主人武敬逝于元皇庆壬子年（1312），终年 67 岁，身份为元延安路医学教授，出身于儒医世家[25]。从逝世时间看，吴敬、朱道宁相隔 11 年先后逝世，两人基本生活在同一时期。但不论从墓葬规模还是从随葬器物看，医学教授武敬墓均要比阴阳学教授朱道宁墓葬等级更高。

三、作为学署，阴阳学得不到重视，缺少办公场地和学产，甚至将其他学署的废旧房屋改造后作为其办公场地，相当寒酸。《至正四明续志》所载庆元路设立阴阳教授司一事即为例证。无独有偶，镇江"阴阳学"同样缺少办公场地，一直依附于三皇庙，甚至连书籍和学产也没有[26]。

五　朱权其人

从墓志来看，朱权具有很鲜明的个性。

一是他不仅可能撰写了其父其墓其妻三人的墓志，连他本人的墓志都是出自他的手笔。朱道宁墓志结尾为"孤子权泣血谨志"。施守真墓志结尾为"哀子朱权志"，其妻吴妙福墓志也是用他的口吻所写。尤其在朱权本人墓志中，"前尝自为所藏之志曰……吾少侍吾父时"等字样，显然墓志在其去世之前已由本人撰毕。

二是朱权可能高寿而卒。

朱权墓志残缺，只可知其卒年为建文辛巳年（1401），缺其生年。其父母朱道宁、施守真在 1309年结婚，朱氏当于其后出生。另朱氏之妻吴妙福生于元至大辛亥年（1311），若朱权生年与其相仿，卒年当在九十左右。

三是朱权交游广泛，且以其"阴阳家"职业为荣。

朱权年幼时曾受过虞文献、黄梅粟、冯常山等人教诲，李黄山、王本垒、周伯温等人影响了朱权的品格的形成。这些皆为其父朱道宁之交游往来之人。另外明代王行撰《半轩集》[27]卷三《云岫辞》序云："吴朱立道氏以阴阳家相攸之术，遨游士大夫间，人之敬爱之者多矣。番阳周公伯琦，由侍御史谢事侨居吴，尤相与善。间以小篆法大书云岫二字，贻之。立道即以之自号屡来，求撼其说……"相攸，有查看，选择善地之意，当为阴阳风水先生相宅之意。此处序中介绍了朱立道氏，吴人，阴阳家，号云岫。这与墓主朱权身份均吻合，应是此人无疑。此处记载明确了朱权字号的由来。其中"遨游士大夫间，人之敬爱之者多矣"也显示出朱权交游的广泛。

注释:

[1] 丁一:《江苏苏州石湖景区谢家坟朱氏墓地出土墓志的初步考证》,《东南文化》2014 年第 4 期。

[2] 苏州市考古研究所:《江苏苏州谢家坟元明朱氏家族墓发掘报告》,《东南文化》待刊。

[3] 《元史》中有较多记载官员致仕的材料,《元史·列传第四十七·王磐等》:"前代用人,二十从政,七十致仕,所以资其材力,闵其衰老,养其廉耻之心也。"

[4] 《周易正义》,见《十三经注疏》,中华书局 1980 年,第 65 页。

[5] 《周易正义》,见《十三经注疏》,中华书局 1980 年,第 65 页,注疏部分。

[6] 《新唐书·百官志》:"凡图经,非州县增废,五年乃修,岁与版籍偕上。"

[7] 李修生主编:《全元文》,凤凰出版社 2004 年,第 1 册第 530 页。

[8] 〔北宋〕刘铣:《桂隐文集》卷二《送欧阳可玉序》,文渊阁四库全书本。

[9] 李修生主编:《全元文》,凤凰出版社 2004 年,第 11 册第 185 页。

[10] 许凡:《元代吏制研究》,劳动人事出版社 1987 年,第 16—18 页。

[11] 申万里:《理想、尊严与生存挣扎:元代江南士人与社会综合研究》,中华书局 2012 年,第 77—117 页。

[12] 任江:《元〈处士胡堂墓志〉考述》,《东南文化》2014 年第 4 期。

[13] 元朝政府并没有为人等的划分颁布过专门的法令。但却反映在国家法律制度以及涉及权利和义务方面的诸多不平等规定中,《元史》、《元典章》等记载处处可见,此不赘述。

[14] 〔元〕郑思肖:《心史·大义略卷》。

[15] 〔元〕王元恭:《至正四明续志》卷三,《宋元方志丛刊》第 7 册,中华书局 1990 年,第 6472 页。

[16] 《中国古代名物大典》(上、下),济南出版社 1993 年,第 1639 页。

[17] 张同铸:《论元朝职官系统中的"阴阳学"机构》,《理论导刊》2014 年第 2 期。

[18] 张同铸:《论元朝职官系统中的"阴阳学"机构》,《理论导刊》2014 年第 2 期。

[19] 〔元〕黄潘:《金华黄先生文集》卷十五。

[20] 张同铸:《论元朝职官系统中的"阴阳学"机构》,《理论导刊》2014 年第 2 期。

[21] 段毅:《元代医学教授武敬墓志考略》,《碑林集刊》总第二十辑(2014),三秦出版社 2015 年版。

[22] 《元典章·吏部》卷一。

[23] 《元典章·吏部》卷一。

[24] 《元史》,上海古籍出版社影印武英殿《二十五史》,1986 年,第 271 页。据《元史·百官志》载,"儒学教授一员,秩九品","蒙古教授一员,正九品","今蒙古字教授拟比儒学教授例高一等"。

[25] 陕西省考古研究院:《西安南郊皇子坡村元代墓葬发掘简报》,《考古与文物》2014 年第 3 期;段毅:《元代医学教授武敬墓志考略》,《碑林集刊》总第二十辑(2014),三秦出版社 2015 年版。

[26] 〔元〕俞希鲁编撰,杨积庆、贾秀英等校点:《至顺镇江志》,《江苏地方文献丛书》,江苏古籍出版社 1999 年,第 451—452 页。

[27] 〔明〕王行:《半轩集》卷一《云岫辞》序,《景印文渊阁四库全书》第 1231 册。

司马南叔匜再释

付　强（上海三唐美术馆）

内容摘要： 山东莒县出土的西周晚期司马南叔匜铭文"姬"上一字，张天恩先生认为尚不能确释，推测其地望在山东周代莒国势力范围内。我们认为这个字当释为"樊"，其地望在今河南济源县西南。南叔为姬姓，和周王室属于同姓宗亲关系，结合近年考古发现的随州叶家山文峰塔曾侯墓地出土的青铜器铭文和以往金文中出现的和南有关系的铜器，我们对西周南宫氏的后裔进行了系统梳理。

关键词： 马南叔匜　樊　南宫氏后裔　姬姓

最近出版的《青铜器与山东古国学术研讨会论文集》中收录了张天恩先生的一篇文章，题目是《司马南叔匜小议》[1]，笔者读后受益匪浅。对于铭文中的一些问题的理解与张先生不同，此前关于此匜笔者曾写过一篇小文章，现在结合张先生的这篇文章对这件青铜匜再进行一点讨论（图一、二）。

图一　司马南叔匜

匜的时代属于西周晚期，对此大家的意见是一致的。铭文比较简单，隶写出来是："司马南叔作姬縢匜，子子孙孙永宝用亯。"司马南叔，司马是职官名称，根据《周礼》所记，司马是管理军事的，职务为周王室六卿之一，地位甚高。南叔，为氏，是

图二　司马南叔匜铭文

西周早期南宫括的后裔，姬姓，具体来说是南宫括三儿子的后裔，南宫可以简称南，所以排行老三称为"南叔"，司马南叔已经是西周晚期南叔的后裔。

姬上一字作"🔲"形，此字何琳仪先生隶定为"嫚"，认为𢽎从"网"，会双手举网之意。由于声化的趋势，此字似应读若"网"，疑即字书之"掆"，"冈"从"网"声，故"𢽎"可能是"掆"之初文。《集韵》："掆，举也。或作抗、扛。"这与"𢽎"像双手举网义本相因[2]。陈剑先生认为"🔲"其左下到底是从"虍"还是从"女"难以断定，研究者或直接分析为从"女"[3]。我们认为此字按照字形应隶定为"嫚"，𢽎从"网"从"双手"，会双手举网之意。最近公布的清华简《楚居》中，"樊郢"之"樊"作有如下几种字形（图三）：

图三　清华简《楚居》中的"樊"字
1. 出自简5　2. 出自简8　3. 出自简10

程燕先生和李守奎先生对于楚文字中一种省简的"樊"字和金文中的"樊"字都作了系统的梳理[4]，楚简中省简的"樊"字目前已经出现了四次，其字形和辞例如下（释文用宽式）：

（1）包山简130反：须左司马之〔图〕（返）行，将以问之。

（2）天星观简：〔图〕（返）菌，享荐祇一佩玉环。

（3）上博简 容成氏41：于是乎〔图〕（叛）宗鹿（离）族残群，焉服。

（4）上博简 昭王与龚之脾：〔图〕（返）逃宝，王命龚之脾毋现。

上揭楚简中的"〔图〕"字释为"樊"皆文从字顺。由楚文字中"樊"字的确定，我们再回头看甲骨文中的"〔图〕"字，"〔图〕"从"网"从"〔图〕"，与楚文字中的"〔图〕"所从完全相同，"樊"字所从之"爻"是由"网"符变形而来，而"〔图〕"为"樊"之声符"〔图〕"的变形[5]。

根据清华简《楚居》中"樊"字的写法，可以把甲骨文中从"网"从"〔图〕"的"〔图〕"字考释为"樊"[6]，同理〔图〕字（双手由在网下变为在网上下）也应该释为"樊"。所以"〔图〕"就应当隶定为"爨"。再根据媵器铭文的文例看，姬字上一字的〔图〕应为国名，所以综合考虑此字最合理的解释就是樊国的"樊"字。

樊国的历史和地望文献失载，樊君夫妇墓的发现为考证这一问题提供了一丝线索。于豪亮先生结合文献记载认为其地望在今襄阳樊城与古樊阳（今新蔡北）[7]，陈槃和黄盛璋先生认为其地望在今汉水北岸的古樊城[8]。徐少华先生认为以上诸说证之早期文献皆不可信，仲山甫是西周宣王时期的辅弼大臣，《诗经·大雅·蒸民》专门对其进行歌颂，其封地在东都畿内的樊阳，即今河南济源县西南，《左传》《国语》《潜夫论》及服虔、杜预都说得很清楚，后世的《通志》《诗地理考》《读史方舆纪要》《春秋大事表》《大清一统志》等均沿用这一说法[9]。我们认为徐先生的这个看法是可信的。

司马南叔匜铭的大意讲的是司马南叔为出嫁于樊国的姬姓女儿做了这件陪嫁的青铜匜，希望子孙可以长久使用它。根据同姓不婚的原则，我们可以明白樊国当为非姬姓国。关于樊国的国姓，学术界争论很大，陈槃先生根据樊君鬲铭文认为樊国当为"芈"姓[10]，与楚国同姓，黄盛璋先生同意这个看法[11]。于豪亮先生认为樊国为"嬴"姓[12]。陈昭容先生认为对于樊国的国姓，特别值得注意的是现藏于上海博物馆的樊氏孙仲鬲鼎铭文："唯正月初吉乙亥，樊季氏孙仲鬲董用其吉金自作石池。"仲鬲自称樊氏季孙，自是樊国的后裔无疑，从女性称名惯例来看"樊氏孙仲鬲"应是一位女性，鬲为樊姓[13]。对于陈先生的这一分析我们认为应该是可信的。

司马南叔匜出土于山东省莒县东前集村，张天恩先生认为这里就是司马南叔女儿所嫁的夫家所在地。这是由于张先生不认识〔图〕字而做的推论，所以后面张先生根据山东莒县对于这件青铜器的其他理解和研究都是靠不住的。我们说一件青铜器出土于哪里，情况是很复杂的，并不一定就是铜器原来的所在地，对于这一点大家是非常容易理解的。

2014年春，黄凤春、胡刚发表《说西周金文中的"南公"》一文，介绍了叶家山墓地 M111 出土的一件方座簋（M111：67）。簋内底有铭文9字："𢀉乍（作）刺（烈）考南公宝尊彝。""𢀉"这个人名亦见于 M111 出土的两件带盖圈足簋（M111：59、

M111：60），铭文作："曾侯狨乍（作）宝尊彝。"两篇铭文中的人名应该是同一个字，故其作器者应该是同一位曾侯，其名为"狨"，这是继"曾侯谏"之后公布的第二位有私名的曾侯。狨簋铭文明确提到"烈考南公"，说明曾侯狨与西周曾国公室都是"南公"的后裔[14]。

2009年，湖北随州文峰塔的建筑工地上出土了一批青铜器，其中有十件编钟的残片。里面有八枚曾侯与的编钟，铭文讲到了曾国的始封情况。曾侯与说，伯适上帝，左右文武，挞殷之命，抚定天下，王命南公营宅南土，管理南方的淮夷。从铭文可以看出，南公就是曾国的始封君，曾国的始封年代在武王时期。另一件曾侯与编钟铭文里面讲到"余稷之玄孙"，我们知道这个南宫不但与周王室同姓，还是后稷的后裔，所以学者明确指出曾国的始封君就是文王的小儿子武王的弟弟南公括[15]。

南宫括留居王室，西周有很多南宫的铜器就是其后裔制作的。南宫括的长子南伯受封于湖北叶家山的曾国，成为第一代曾侯，叶家山M111曾侯狨方座簋铭文有"狨作列考南公宝尊彝"，西周曾侯的铜器就是南伯后裔制作的。南宫括的二儿子南仲留居王室，见于南宫乎钟铭文"亚祖公仲"。《尚书·顾命》提到"南宫毛"，《诗·常武》有"王命卿士，南仲太祖"，这些都是南仲的后裔。南宫括的三儿子南叔留居王，做司马，西周晚期的司马南叔匜是南叔的后裔制作的。南宫括的四儿子南季留居王室，作司寇的副手。西周中期的南季鼎铭文说"隹（唯）五月既生霸庚午，白（伯）俗父右南季，王易（锡）赤市（韍）、么（玄）衣、滯屯（纯）、（銮）旅（旗），曰：用又（左）右俗父（司）（寇），南季（拜）（稽）首，对（扬）王休，用乍（作）宝鼎，（其）万年子子孙孙永用"，显示这件青铜器南季后裔制作的[16]。

大盂鼎铭文中的"南公"与叶家山M111簋铭中的"南公"应为一人。其主要依据如下：首先，二者年代相当。"大盂鼎"的年代为康王时期，叶家山西周墓葬的年代大体也在成、康、昭时期。值得注意的是，南公与盂的关系是祖孙关系，而南公与曾侯狨的关系是父子关系，这样曾侯狨应比盂高一辈。这又牵涉到了曾侯狨与盂究竟是父子关系还是叔侄关系的问题。根据叶家山西周墓葬的初步分期，曾侯谏墓要早于曾侯狨墓，曾侯狨的年代可能到了昭王之世。而盂却要早于曾侯狨。因此我们认为，曾侯狨与盂应该不是父子关系，可能是叔侄关系。也就是说，盂当是南公的另一支，极有可能盂父与曾侯谏和曾侯狨是兄弟关系，而曾侯谏和曾侯狨可能是兄终弟及的关系[17]。其可能世系应如下：

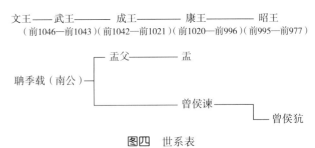

图四　世系表

附记：文章在修改过程中，审稿专家提出了许多宝贵意见，谨致谢忱。

注释：

[1] 张天恩：《司马南叔匜小议》，《青铜器与山东古国学术研讨会论文集》，上海古籍出版社2017年，第92—95页。

[2] 何琳仪：《莒县出土东周铜器铭文汇释》，《文史》2000年第1辑。

[3] 陈剑：《楚简"罘"字试释》，《简帛》第4辑，上海古籍出版社2009年。

[4] 程燕：《说樊》，《中国文字学报》（第五辑），商务印书馆2014年，第146—149页；李守奎：《〈楚居〉中的樊字及出土楚文献中与樊相关文例的释读》，《文物》2011年第3期。

［5］周忠兵：《莒太史申鼎铭之"樊仲"考》，《吉林大学社会科学学报》2014 年第 1 期。

［6］付强：《据清华简释甲骨金文中的"樊"字》，《鼎甲杯甲骨文字有奖辨识大赛论文集》，中州古籍出版社 2015 年，第 37—42 页。

［7］于豪亮：《论息国和樊国的铜器》，《江汉考古》1980 年第 2 期。

［8］陈槃：《春秋大事表列国爵姓及存灭表撰异》第 3 册第 276 页"樊"条，历史语言研究所集刊之五十二，台北 1969 年；黄盛璋：《朴君述鼎国别、年代及其相关问题》，《江汉考古》1987 年 1 期。

［9］徐少华：《樊国铜器及其历史地理新探》，《考古》1995 年第 4 期。

［10］陈槃：《春秋大事表列国爵姓及存灭表撰异》第 3 册第 276 页"樊"条，历史语言研究所集刊之五十二，台北 1969 年。

［11］黄盛璋：《朴君述鼎国别、年代及其相关问题》，《江汉考古》1987 年第 1 期。

［12］于豪亮：《论息国和樊国的铜器》，《江汉考古》1980 年第 2 期。

［13］陈昭容：《两周婚姻关系中的"媵"与"媵器"》，《中央研究院历史语言研究所集刊》第 77 本第 2 份，2006 年。

［14］黄凤春、胡刚：《说西周金文中的"南公"——兼论随州叶家山西周曾国墓地的族属》，《江汉考古》2014 年第 2 期。

［15］李学勤：《曾侯与编钟铭文前半释读》，《江汉考古》2014 年第 4 期。

［16］张天恩：《司马南叔匜小议》，《青铜器与山东古国学术研讨会论文集》，上海古籍出版社 2017 年，第 92—95 页。

［17］黄凤春、胡刚：《说西周金文中的"南公"——兼论随州叶家山西周曾国墓地的族属》，《江汉考古》2014 年第 2 期。

宜侯夨簋与吴国青铜器

许 洁 钱公麟（苏州博物馆）

内容摘要：本文探讨了宜侯夨簋出土遗存的性质和年代，并对宁镇地区周代遗存青铜器的铭文和出土遗存的性质作综合梳理，以便加深对吴文化的认识和研究。

关键词：宜侯夨簋 青铜器 吴国

重温唐兰先生《宜侯夨簋考释》[1]一文，感触颇深。一些吴文化研究学者常常引用唐先生文章中的一句话"它是吴国最早的铜器，而且是在吴地发现的"，从此吴国青铜器被发现证实了，而宜侯夨簋亦成为吴国青铜器的典范，凡在宁镇地区出土的周代青铜器统统冠名为吴国青铜器，如《镇江出土吴国青铜器》一书。但研究者却忽视唐兰先生这句话的前文："这个古墓是偶然发现的，不仅铭器遭受损坏，出土情况也不清楚。同出的两个盉、两个觥等，可能是同时的，但那个附耳的盘，有蟠虺纹，只能是春秋早期。有人主张这是两个墓葬的混淆，也有人主张这是春秋时的墓葬，保存着西周初期流传下来的古器，关于这一点还有待判明。"唐兰先生提出了同出器物有时间先后，这是判断遗存性质和年代必须注意的问题。

今天重读《江苏丹徒县烟墩山出土的古代青铜器》[2]一文，当时的出土情景是："1954 年 6 月期间，丹徒县龙泉乡下聂村农民聂长保的儿子在烟墩山南麓斜坡上翻山芋地'垄沟'时，无意间在地表下三分之一公尺的土里掘出了一只鼎，他就小心地扩大挖的范围，在三分之二公尺的深度，共掘得铜器十二件，计：鼎一，鬲一，簋二（其中一只是有铭的夨簋），大盘一，小盘一，盉一对，牺觥一对，角状器一对，聂长保把这些东西统统交给当地乡区政府，转送丹徒县人民政府送省保管。……调查小组于十月十七日到下聂村实地勘查，在调查中并清理了残

坑和毗连它的两个小坑。"四个月过后的结论是原坑南北宽 1.2、东西长 1.3、深 0.44 米。在三分之一公尺发现的一只鼎和三分之二公尺发现的 12 件青铜器的关系是什么呢？我们看到，附耳蟠蚪纹的盘包含在三分之二公尺深度出土的 12 件青铜器中，和宜侯夨簋同出，可见唐兰先生的担忧是正确的。

《江苏丹徒县烟墩山出土的古代青铜器》是一篇非常客观的有关青铜器发现的报道，也反映了当时对遗存的初步认识。八个月过去后，《文物参考资料》1956 年第 1 期上刊载了《江苏丹徒烟墩山西周墓及附葬坑出土的小器物补充材料》[3]，该文是一篇西周墓的发掘简报。

从当时的历史情况分析，可资比对的材料少，专家学者对宜侯夨簋非常关注，一切以宜侯夨簋为中心，以其为标准，因此将遗存时代定为西周，性质定为墓葬。在早期的考古发掘中，可相比较的材料少，"一器定乾坤"的断代方式直接影响了对以后发现的考古遗存性质的判定。如 1982 年江苏丹徒大港母子墩时代的确定，多处均依"宜侯夨簋"的共存器为标准，所以也定为西周早期偏晚[4]。随着考古发掘工作的深入，研究的视野拓展了，对遗存和遗物有了新的认识。"一器定乾坤"的方法有着较大的缺陷，容易造成误导。如"宜侯夨簋"本身的时代没有问题，但有些人将其作为整个遗存年代的标准器，而其他的同出物都以其为标准。

六十多年来，许多学者对唐兰先生的忠告置若罔闻，这一区域青铜器系统研究的文章不少均以"宜侯夨簋"为标准器，进而把同出器物也作为西周早期的标准器，依此类推进行排比研究，形成了宁镇地区青铜器文化的研究系列。

马承源先生《长江下游土墩墓出土青铜器的研

究》[5]一文对宁镇地区的青铜器做了系统研究。在该文形成之前，马承源先生带着一个青铜器研究团队，先后到相关青铜文物的收藏单位进行有针对性的考察、咨询和揣摩，对青铜器的细节加以观察、拍照和绘图，向有关人士咨询，对当时的出土情况进行深入的了解。在调查研究的基础上考证和研究，从而形成了一篇研究文章。宁镇地区出土青铜器最多的遗存，有烟墩山、母子墩、丹阳司徒公社青铜窖藏以及与烟墩山隔江相望的破山口等。这四处遗存是判断宁镇地区青铜遗存年代和性质的关键。马承源先生此文指出了以上四处出土的青铜器在年代方面可商榷的地方，如青铜矛，母子墩的Ⅱ、Ⅲ、Ⅳ式矛和破山口出土青铜器的时代不会早于春秋中期。破山口和母子墩出土的矢镞为春秋战国之际常见，烟墩山出土的龙纹盘属于春秋中期有铭文可据的中原系统的青铜器。当然，这几处出土的宜侯矢簋、伯簋都是西周器。全文对出土青铜器的类型和纹饰作了详尽的比较、分析，尤其对出土的兵器、青铜尊、青铜盘和青铜匜等器物的时代进行分析，证明出土这些青铜器的土墩墓的时代不属于西周，而是属于春秋，乃至春秋中晚期。1987年，马先生就对这些遗存和先贤们有着不同的看法，今天来看，又有大量新的资料来证明马先生的先见之明具有引领作用。如镦、镈都是在东周时期发展起来的，而在烟墩山和母子墩的遗存中都有发现。宁镇地区在江苏六合县和仁东周墓也发现了镦[6]。在丹徒北山顶春秋晚期墓中有镦、镈[7]。同一遗存中共同出土的器物年代相距这么大，墓葬或是窖藏的性质认定需要重新审视。

1962年郭沫若先生在对陕西长安张家坡青铜器群铭文进行考释时提出，器既非作于一时，亦非作于一家，确非墓中殉葬品，而是窖藏[8]。在遗存中出土较多青铜器的情况下，不仅要考虑是墓葬，也可能是属于窖藏性质，拓宽了当时对青铜器遗存性质认定的视野。1976年12月在宁镇地区丹阳县城东面4公里处的司徒公社砖瓦厂发现一批青铜器，有鼎十一，簋七，尊四，盘三，瓿一，共计26件，最

终在调查分析基础上，认为应属于窖藏，时代不晚于春秋早期[9]。

如何来区别墓葬和窖藏？当我们把同一区域内的同一时期的墓葬，如宁镇地区的墓葬、北山顶墓和六合程桥墓，同上述四个遗存烟墩山青铜器群遗存、母子墩青铜器群遗存、丹阳司徒公社青铜器群遗存，以及破山口青铜器群对比一下，就可发现端倪。程桥一、二、三号墓，不仅都是竖穴土坑墓，出土的青铜器都是时尚的，其中一部分有铭文的，如一号墓编钟"攻敔钟终肢之外孙之藏孙"，三号墓匜"吴王之佳子□公□坪之子"[10]。

而北山顶墓出土成套的乐器，如青铜编钟一套12件，邍邗镈钟5件，邍邗纽钟7件[11]。和烟墩山青铜器群、母子墩青铜器群、丹阳司徒公社窖藏、破山口的青铜器群相比较，程桥墓和北山顶墓出土青铜器时代比较一致，和遗存年代也较一致，很时尚。但烟墩山青铜器群等四处的青铜器群不仅时代跨度大，青铜器种类比较杂乱，没有一定的规律，不成体系。埋葬的方式随意，没有递嬗关系，不合礼制。

丹阳司徒公社出土遗存的性质应该是窖藏，而青铜器窖藏的出现，多数是由战乱引起的。历史上，关于楚人东渐，清人顾栋高《春秋大事表》卷四"楚疆域表"按语中曰："楚在春秋吞并诸国凡四十有二……"关于吴国崛起，《左传·成公七年》记载："巫臣请使于吴，晋侯许之。吴子寿梦说之。乃通吴于晋。以两之一卒适吴，舍偏两之一焉。与其射御，教吴乘车，教之战陈，教之叛楚。置其子狐庸焉，使为行人于吴。吴始伐楚、伐巢、伐徐。子重奔命。马陵之会，吴入州来。子重自郑奔命。子重、子反于是乎一岁七奔命。蛮夷属于楚者，吴尽取之，是以始大，通吴于上国。"吴楚之战从此未间断，号称"吴头楚尾"的宁镇地区也成了吴楚拉锯战的前沿阵地，大量的战利品、盗掘品、掠夺品等舶来品作为财富的象征而被埋葬。另一些诸侯小国受到楚国的威逼，纷纷投奔吴国，或联姻、或称臣。吴国则礼遇"他乡之客"，进贡品、馈赠品也随之以另一种形

式出现在宁镇地区的遗存中。所以在吴楚战争的前沿宁镇地区出现"财富类"窖藏，如烟墩山青铜器群、丹阳司徒公社青铜器群及临近的破山口青铜器群。由于战乱等原因，大量的青铜器舶来品作为时代财富的标志"吉金"而被临时仓促埋藏。

母子墩青铜器群是否也是窖藏？首先将青铜器窖藏从墓葬中区分开来，对青铜器遗存有墓葬和非墓葬之分类，后将青铜器窖藏区分为财富类、祭祀类、青铜原料类等。如果我们回到原点，对《江苏丹徒大港母子墩西周铜器墓发掘简报》[12]重温一下，不难看出一二。首先它是人工堆筑的土墩。先是平整基址，应先用长、宽、厚大体为40×35×30厘米的不规则石块，垒砌成一长610、宽320厘米，东西向的长方形石框，内垫60厘米高，其上铺垫一层厚3厘米的草木灰。这就是问题没有交代清楚了，草木灰的形式，应有多种状态，一种为原来就是草木灰，另外是否铺垫了如芦苇、稻草等茎秆植物，两千多年来炭化而成呢？应该说是后者。另在器物底部残存席子的痕迹，说明其上都铺有席子。归纳一下，石框形成之后，内先填土，再有序地铺上成把小捆的芦苇、稻草一类的植物纤维，其上盖席子，形成一个高60厘米的台基，这样祭台就形成了。这些原本是战利品、盗掘品、舶来品的青铜器作为祭品分类放在祭台上，尤其是在其中还发现了残存的一些骨渣和一段长7厘米的肢骨，却不见使用棺椁之类的葬具，这充分说明了这是典型的祭祀台。其中发现的骨殖可以送检，若是人骨就是人祭，若是动物残骨，就是牺牲。所以这里应该是一个东周时期宁镇地区祭祀性质的遗存，可以用之祭天地、山川。所以上面的土堆，为黄褐土，土质较松，厚140厘米，整个土墩封土纯净，未经夯打。其在宁镇地区的出现，丰富了东周时期宁镇地区青铜器遗存的内涵。从而证明了伯簋是一件舶来品，那宜侯夨簋及早于遗存年代的周代青铜器也都应是舶来品，不可能是吴国青铜器。

宁镇地区出土了较多周代青铜器的其他遗存。除上述介绍的三处之外，较为典型的还有六合程桥东周墓地、丹徒青龙山春秋墓、丹徒粮山春秋大墓、丹徒北山顶春秋大墓及丹徒王家山春秋墓等。

六合程桥东周墓地，地处长江之北，在南京市六合区程桥镇程桥中学内，1964年6月24日该校开土方挖出马衔、管状车饰、剑、镞等青铜器。26日函告省文管会，发掘工作从7月18日开始至28日结束，属于抢救性发掘。土层填土已经大部分被挖去，有些土层（出土青铜器）已经挖到墓底，因此墓口面貌已无法了解。葬具都已经腐朽，只有西北部残留一片赭色漆皮，东西0.44、南北0.41米，附近有零星的漆皮分布，漆皮下有人牙八枚，人骨已腐朽。另一组人牙发现于坑中部，共14枚。随葬器物都出在深2.3米左右的坑底。正式清理前挖出的部分器物，根据原始发现人的回忆，大体复原了位置，在图上用虚线画出，以供参考。而最重要的发现是一批青铜器共57件，分食器、乐器、兵器、车马器和工具5类，令人关注的是，编钟9件，形制、花纹皆相同，大小渐次成编。编钟正面均有铭文，多为反文，内容基本相同，最完整的铭文37字。铭曰："隹王正月，初吉丁亥，攻敔中（仲）冬（终）肷之外孙，坪之子戕（臧）孙，择氒（厥）吉金，自乍（作）龢钟，子子孙孙，永保是从。"[13]还有刻纹铜器和一件铁器。虽然此墓被破坏后，进行抢救性清理，对其的认识，当事人根据出土的青铜编钟上的铭文有"攻敔"二字为主要依据，在文章的结语中，认为墓葬时代相当于春秋末期。国别为吴国，墓主身份为贵族，这样在宁镇地区第一座春秋末期的"吴国墓葬"就被确定了。

六合程桥东周二号墓（M2）发现于1968年2月20日，程桥公社长青大队在镇东的陈岗坡地上取土，发现一批青铜器，有鼎、编钟、编镈等，共20余件。1972年1月22日至25日间南京博物院对出土地点进行清理，又出土了剑、戈、矛等青铜兵器和一些残陶器，可知是一座东周墓。由于M2距离M1仅100米，这次清理在原出土地点又向四面扩展，共42平方米的耕土层下，是质地坚硬的黄胶土，墓葬全貌已不甚清楚。根据墓底白泥和器物分布，可知此墓范围近长方形，东西长 5 米，西北宽 4.5 米，墓底离地面 1.3 米，随葬品如鼎、镈、编钟等铜器都出土在墓坑西南部。从发现此墓葬到清理，相距近四年后的结论又是如何呢？关于墓葬的年代，二号墓出土的Ⅱ式鼎、编钟、Ⅱ式剑、戈、矛和小方格纹印纹硬陶小罐，在一号墓中都有出土，于是报告中顺理成章地将时代定为春秋末期，虽未说明国属，但确认是一处值得注意的春秋时代的墓地[14]。

1988 年 1 月 1 日六合程桥中学在建筑施工中于地下发现了一批青铜器，农民工将其中一部分取回家，另一部分砸碎后卖废品收购站。校方得知后积极追缴文物，并电告文保部门，南京市博物馆立即派人赶赴现场，这次发现的铜器地点在 M1 西边仅 80 米，现场被农民工破坏，墓圹与葬式不清。因此处遗存位于程桥一号墓西边 80 米，定为三号墓（M3）。该墓共随葬器物 12 件，青铜器、石器和陶器三类，其中青铜器 9 件，鼎 2 件，甗 1 件，盘一件，并有铭文"工虞大（太）叔□□自乍（作）行盘"。簠一件，有铭文："曾子义行自乍（作）饮簠，子孙其永保用之。"匜一件，有铭文："罗儿□□吴王之佳子□公□坪之子罜（择）氒（厥）吉金自乍（作）盥鈚（匜）。"[15] 还有舟一件，勺一件，剑一件等。虽然 M3 遭到毁坏，受 M1、M2 的影响，文章中肯定其为春秋末期的墓葬，也应当属吴国墓葬，但 M1、M3 又为"吴王外孙"和"吴王之甥"，所以整理执笔者认为此墓是一处特殊的吴国墓地。吴王之甥实际不是吴国之人，而是死后葬于吴国。

事实上，程桥东周墓地都是遭到破坏后于数周或数月甚至若干年后才加以清理和征集文物，所以如何看待这批遗物的性质，必须慎重考证分析，才可下结论。对六合程桥墓的认识也从吴国墓葬变为值得注意的春秋时代的墓地，又有吴王之甥不是吴国之人这样的一个渐进的认识和判断过程。

长江以南的宁镇地区，典型的周代青铜遗存，首选为北山顶春秋大墓、青龙山磨子顶大墓和谏壁粮山二号墓。北山顶墓葬位于北山顶部，海拔 81.6

米，为大港—谏壁之间诸山之冠的最高峰，西面青龙山，北临滔滔长江，该墓封土底部南北长 32.75 米，东西宽 32.25 米，高 5.15 米。墓室长 5.8 米，宽 4.5 米，深 1.35—1.45 米，墓道偏墓室，南北长 5.8 米，宽 2.35 米，呈刀形[16]。

磨子顶大墓，坐落于青龙山顶，海拔 74 米，此墓封土底径长 60 米，残高 8 米，此墓凿山为穴，墓室长 12 米，宽 7 米，深 5.5 米，墓前正中有长方形斜坡墓道，长 13 米，宽 4.3 米，呈"甲"字形[17]。

粮山二号墓位于粮山顶部，海拔 78.3 米，该墓封底径为 14 米，高 4 米，封土堆下为人工建成的斗式石穴，穴口东西长 11.2—12 米，南北宽 6.4—7 米，底部东西长 9.4—9.8 米，南北宽 5.2—5.9 米，深 9 米，呈"口"字形[18]。

这三座墓分别位于北临长江、毗邻相望的北山、青龙山和粮山，墓上都有高大的封土，都有人殉，都出土大量的青铜器等随葬品。这些共同点标志着这些墓主人均有一定的身份和地位，有些学者以此推断它们是春秋各时期的吴王墓，但是这三座墓葬的墓室形制分别为刀形、"甲"字形和"口"字形，而且墓室形制差异较大，丝毫没有一脉相承之感。如果认定墓主是各代吴王，那么任何诸侯国总有其风俗、典章制度，总有一定的相同嬗递规律，其墓形制各异不得不使人疑窦顿生。

出土"余眛矛"的北山顶余眛墓与吴国的关系要如何看待？其实东周时期大墓中出土如"余眛矛"一样的器物也是常见的，并不能说明国属问题。东周时期列国之间相互利用，或联姻通婚，结盟抗争，或兵戈相见，占地掠物。馈赠品、盗掘品、战利品等在诸侯之间的流通十分正常，死后随葬的现象也十分普遍。2015 年 5 月 18 日苏州博物馆举办了"兵与礼——吴王余眛剑特展"及其研讨会。通过对余眛剑铭文的隶定，大家认为"余眛矛"是值得商榷的一件兵器。

对墓主的国属和地位的确定，在青铜大墓中应看其主流，也就是青铜器中的礼乐器而不是兵器。北山顶墓出土的有铭文的遱邟编钟和遱邟鼎都是徐国器，这说明了其墓应为徐国贵族墓，碳十四年代测定为 2355±95 年，树轮校正后为距今 2370 年。越灭吴为公元前 473 年，所以此时正值越国统治时期，是越王礼遇徐国之贵族而葬之，是越国统治下的徐国贵族墓葬。在墓葬中发现了一批越国典型器，如鸠杖、镈于、丁宁等。

王家山东周墓的性质亦可重新探讨。《江苏镇江谏壁王家山东周墓》[19]一文中描述墓坑南北宽约 3 米，东西残宽 6 米，深约 6 米，墓内东部为生土二层台，残长 3 米，宽 3 米，高 1.2 米，生土台以西为一方坑，边长约 3 米，坑内除西南角空敞外，其余地方放置了 13 件瓮，瓮口皆盖一灰陶盆。瓮内多有谷类、鱼骨、蛤壳、牛骨残迹。那么棺椁置于何处？此遗存作为墓葬的可能性不大。

遗存内发现铜器共 102 件，包括容器、杂器、乐器、兵器、车器和车饰、生产工具之类。陶器为瓮、盆、纺轮共 30 件，而且铜器出土的分布有一定的规律，墓坑的二层台北壁有铜盘、铜削及陶纺轮等，另一组遗物在东侧主要是铜器，有戟、矛、镞类等兵器和軎、辖等车器和车饰。

从出土遗物的分布，特别是坑内的 13 件大瓮的分布来看，此处应该为一窖藏，从兵器、乐器的放置可以看出其早期应为一建筑的遗存，可以将它作为具有仓廪性质的建筑遗存去研究。

总之，宁镇地区周代青铜器研究出现的宜侯夨簋的"一器定乾坤"，六合程桥东周墓的"一锤定音"，更有北山顶墓的"先入为主，喧宾夺主"等，这一系列的研究方法是值得商榷的。

当我们重温这些遗存的原始报告时，不由产生了一个疑问：在宁镇地区周代遗存出土的青铜器中到底哪一件是共识的吴国青铜器呢？追根溯源，一切的根源起于宜侯夨簋被发现后对器物的铭文的关注，忽视了对遗存性质、年代的判断，这才形成了当今对江苏吴文化的认识与文献记载所述的格格不入。宜侯夨簋这件西周青铜器在江苏宁镇地区引领了吴国青铜器研究一个甲子。作为一件舶来品，给江苏青铜文化造成的影响，发人深省，耐人寻味。对吴国青铜器再认识，确实要以文献史料作为引领，将各地出土的带有铭文的吴国青铜器作为铺垫，进行深刻研究，使真正的吴国青铜器重放光芒。

注释：

[1] 江苏省文物管理委员会：《江苏丹徒县烟墩山出土的古代青铜器》，《文物参考资料》1955 年 5 月 31 日。

[2] 江苏省文物管理委员会：《江苏丹徒烟墩山西周墓及附葬坑出土的小器物补充材料》，《文物参考资料》1956 年 1 月 31 日。

[3] 肖梦龙：《江苏丹徒大港母子墩西周铜器墓发掘简报》，《文物》1984 年第 5 期。

[4] 马承源：《长江下游土墩墓出土青铜器的研究》，《上海博物馆集刊》1987 年 9 月 30 日。

[5] 吴山菁：《江苏六合县和仁东周墓》，《考古》1977 年第 5 期。

[6] 江苏省丹徒考古队：《江苏丹徒北山顶春秋墓发掘报告》，《东南文化》1988 年 Z1 期。

[7] 郭沫若：《长安县张家坡铜器群铭文汇释》，《考古学报》1962 年第 2 期。

[8] 刘兴、季长隽：《江苏丹阳出土的西周青铜器》，《文物》1980 年第 8 期。

[9] 汪遵国、邹厚本、尤振尧：《江苏六合程桥东周墓》，《考古》1965 年第 3 期。

[10] 南京市博物馆、六合县文教局：《江苏六合程桥东周三号墓》，《东南文化》1991 年第 1 期。

[11] 江苏省丹徒考古队：《江苏丹徒北山顶春秋墓发掘报告》，《东南文化》1988 年 Z1 期。

[12] 肖梦龙：《江苏丹徒大港母子墩西周铜器墓发掘简报》，《文物》1984 年第 5 期。

[13] 汪遵国、邹厚本、尤振尧：《江苏六合程桥东周墓》，《考古》1965 年第 3 期。

[14] 南京博物院：《江苏六合程桥二号东周墓》，《考古》1974 年第 2 期。

［15］南京博物院，六合县文教局：《江苏六合程桥东周三号墓》，《东南文化》1991 年第 1 期。

［16］江苏省丹徒考古队：《江苏丹徒北山顶春秋墓发掘报告》，《东南文化》1988 年 Z1 期。

［17］中国考古学会：《丹徒县青龙山春秋大墓》，《中国考古学年鉴》1988 年。

［18］刘建国：《江苏丹徒粮山春秋石穴墓——兼论吴国的葬制与人殉》，《考古与文物》1987 年第 4 期。

［19］镇江博物馆：《江苏镇江谏壁王家山东周墓》，《文物》1987 年第 12 期。

岳石文化生业与社会研究综述

葛利花（山东大学历史文化学院）

内容摘要： 岳石文化时期，海岱地区生态环境大体适宜，生业经济较为发达，主要表现在形成了以粟、黍旱作农业体系为主，家畜饲养业和渔猎捕捞经济活动为辅的综合型生业经济。手工业在当地龙山文化的基础上有所进步，个别领域或出现专业化生产。岳石文化经济生产领域的发展，为社会发展奠定了坚实的物质基础，整体实力增强，提升对外交流进程，对周边地区考古学文化产生了深远而广泛的影响。

关键词： 岳石文化　生业　社会

生业经济又称生计方式，是指包括农业、家畜饲养、采集、捕捞和渔猎等满足人类基本生存需求的经济活动[1]。近年来动、植物考古方法大量应用到不断涌现的岳石文化遗址研究中，使我们初步认识其以粟、黍旱作农业为主，家畜饲养与渔猎为辅的综合型生业经济。生业经济模式以及有所进步的手工业经济奠定了岳石文化社会发展的基础，但是由于目前缺乏岳石文化生业经济的系统梳理与总结，我们很难全方位、多角度探究岳石文化内涵，复原先民生产和生活方式，更不用说阐释文化发展原因及动力机制。因此，本文将在前人研究基础上，重点搜集近 20 年来有关岳石文化农业、家畜饲养与渔猎材料，系统总结岳石文化生业经济研究成果，在此基础上探讨社会发展进程，以期获得更加客观全面的认识。

一　生业经济

生业经济研究的开展利于全方位、多角度探究某一考古遗址乃至某考古学文化内涵，从而更好地把握各遗址、各考古学文化间的统一性和差异性，以获得更加客观全面的认识。下面拟从岳石文化农业、家畜饲养与渔猎进行阐述。

（一）农业研究

农业是"一整套影响驯化植物生长环境的人类行为，贯穿于植物的整个生命周期"[2]。本文农业是指利用土地资源进行种植生产活动狭义上的农业。考古学文化农业研究，往往包括农作物种类、农业生产工具及粮食储存类遗存等内容。具体而言，就是首先统计海岱地区岳石文化中有相关植物考古工作的遗址，依据各类作物、杂草等比例，尝试分析农作物结构、农业发展状况等问题。其次，统计农业生产工具，其质地、器类、数量及用途需分门别类进行比较，初步认识农业发展水平。最后，对窖藏等与粮食储存或其他相关内容进行分析，以得到对海岱地区岳石文化农业发展水平的宏观印象。

植物考古工作的开展是农业研究的基础，也是研究农业生产及发展水平的直接证据。近年来随着植物考古调查和配合发掘进行的系统采样工作的开展与深入研究，我们对岳石文化农作物有了更为深入的认识。目前已知的海岱地区岳石文化遗址植物遗存数据较多，主要有徐州高皇庙[3]、泗水尹家城[4]、马城子 B 洞[5]、高邮周邶墩[6]、桓台史家[7]、长清仙人台[8]、大嘴子[9]、临淄桐林[10]、潍坊李家埠[11]、章丘马安[12]、烟台庙后[13]、小黑石砣子[14]、双砣子[15]、于家村[16]、济南彭家庄[17]、牟平照格庄[18]、乐陵尹家[19]、临沭东盘[20]、藤花落[21]、宿州杨堡[22]、日照六甲庄[23]、上峪[24]和塘子遗址[25]，植物遗存出土情况见表一。为方便讨论，依照行政区划对植物遗存概况进行分类，农具及动物遗存概况遵守相同分类标准。

系统的野外浮选及植硅体分析工作保证了资料来源的客观性和研究过程的科学性，综上可知，海岱

表一 岳石文化遗址植物遗存出土概况

地区	遗址	方法	植物种类
山东地区	泗水尹家城	肉眼挑拣	莲
	桓台史家	肉眼挑拣	谷物、松柏属
	长清仙人台	肉眼挑拣	H71出土较多草木灰和少量木炭
	临淄桐林	大遗存浮选	粟、黍、稻
	潍坊李家埠	植硅体分析	植硅体多且完整,以水稻扇型和哑铃型为主,粟黍次之,芦苇较多
	章丘马安	大遗存浮选	粟、黍、小麦、大豆、黍亚科、早熟禾亚科、豆科、藜科、苋科、茄科、唇形科、马鞭草科
	章丘城子崖	大遗存浮选	粟、黍;植硅体含量高保存完整,粟黍为主,少量水稻扇型和哑铃型,芦苇植硅体较多
	章丘榆林	植硅体分析	粟、黍
	日照六甲庄	大遗存浮选	稻、小麦、粟、紫苏各1粒,藜科3粒,炭屑数量丰富
	日照上峪	大遗存浮选	粟、黍、稻、豆科、猕猴桃、块根、草种子
	日照塘子	大遗存浮选	粟、黍、稻、豆科、稗属、猕猴桃、杏梅、块根
	烟台庙后	大遗存浮选	粟、黍、水稻、黍亚科、豆科、麻栎属、松属、柳属;还有部分芦苇扇型、莎草科植硅体及硅藻遗存
		大遗存浮选	
	照格庄	植硅体分析、木炭鉴定	粟、黍、小麦、水稻、大豆、大麦、黍亚科、豆科、莎草科、藜科、苋科、唇形科、菊科
		大遗存浮选	
	彭家庄	大遗存浮选	粟、黍、大豆、黍亚科、豆科、藜科,少量莎草科、葫芦科、苋科、马齿苋、牛筋草
	乐陵尹家	大遗存浮选、植硅体分析	粟、黍、水稻、豆科、藜科、黍亚科、黍属等;黍、粟稃壳植硅体最多,水稻扇型、哑铃型和双峰突起型次之,此外还有芦苇扇型、平滑棒型和哑铃型
	临沭东盘	大遗存浮选	样品仅1份,未发现种子果实
辽东半岛	马城子B洞	肉眼挑拣	榛子、核桃坚果
	大连大嘴子	肉眼挑拣	水稻、黍;另一说是水稻和高粱
	小黑石砣子	植硅体分析	植硅体极少,未见农作物,或与遗址破坏程度严重有关;发现较多木炭
	旅顺双砣子	植硅体分析	植硅体丰富,农作物为主,水稻扇型最多,粟黍颖壳次之
	于家村	植硅体分析	炭屑少,植硅体少,芦苇扇型为主,未见农作物
苏皖北部	高皇庙	肉眼挑拣	文化层中夹杂较多炭屑和灰烬,种类未知
	周邶墩	孢粉分析、植硅体分析	水稻、松、水蕨、炭屑
	藤花落	植物大遗存	炭化稻
	宿州杨堡	大遗存浮选	粟、水稻为主,小麦和大豆同时出现,小麦初具规模,黍比重小

注:城子崖植硅体数据是葛利花硕士毕业论文材料,尚未发表。

地区岳石文化时期农作物结构相对稳定,除了延续并强化以粟、黍为主的旱作农业种植方式以外,稻作遗存占有一定比例,但较龙山文化时期减少。部分遗址还出土少量麦类和豆类,与之相伴的还有黍亚科、藜科、黍属等旱田杂草。个别遗址因植物考古工作尚未介入,仅发现一些可食用的野生植物种类,如莲、榛子、核桃等。高邮周邶墩、临淄桐林、潍坊李家埠、旅顺口双砣子、牟平照格庄、乐陵尹家、宿州杨堡、日照六甲庄等遗址均发现稻作遗存，海岱地区几乎均有水稻出土。其中杨堡遗址农作物以粟、水稻为主，可能与当地水热环境适宜，利于水稻生长有关。小麦在遗址中的出土概率较龙山文化时期略有提高，章丘马安、牟平照格庄、宿州杨堡、日照六甲庄遗址均有小麦出土，但数量不多。大豆与小麦情况类似。东盘、于家村、小黑石坨子等遗址未发现农作物，可能与采样位置有关，不排除因遗址地理位置因素而造成先民不从事农业生产的可能性。岳石文化农作物组成结构相对稳定，保证作物产量，减少风险，满足先民生存需求。

海岱地区岳石文化石器、骨器、蚌器和角器等农业生产用具特征显著、区域性明显，铲、镰、刀、锄数量较龙山时代多，新出现方孔石锄和弧面石刀，发现完整的骨梭和双股骨钗，集中体现了当时农业生产水平，对了解岳石文化社会发展程度有重要意义。任相宏[26]、陈雪香[27]曾发表过关于岳石文化农具的研究，后者还对岳石文化出土农具做过简单统计。表二详细总结目前所能见到的岳石文化农业用具，内容较前人有所增改，其中"√"表示有该类器物发现，数量不详。据不完全统计，岳石文化农具种类和数量十分丰富。在整个农业生产过程中，从耕作到收获农具配套设施齐全，这也佐证了其农业生产发展水平较高，先民具有注重农业生产以及改造农具的意识。

其他诸如窖藏或粮食加工场所的面积、数量等方面，也可透视海岱地区岳石文化时期农业发展水平和岳石文化社会组织结构。牟平照格庄遗址[28]发现带斜坡或台阶通道的二联坑和三联坑，泗水尹家城遗址[29]在第二、三、四次发掘中清理的出土大量农业生产工具的窖穴。彭家庄遗址[30]在2008年发掘过程中，发现了一些保存较好的窖穴，H9出土大量的粟黍、黍亚科，还有几粒莎草科、藜科、马齿苋属和牛筋草，黍亚科这一非农作物的大量存在，或可说明岳石文化时期的先民对农作物以外的其他植物认识深入和利用广泛。

（二）家畜饲养和渔猎

动物考古工作是分析家畜饲养及渔猎捕捞经济活动的研究基础，由于目前岳石文化遗址动物遗存发现数量较少，而且系统性动物鉴定工作开展尚不广泛和深入，故将家畜饲养与渔猎捕捞合并讨论。初步统计，目前有明确动物遗存出土信息的遗址有山东地区郝家庄[31]、尹家城[32]、照格庄[33]、仙人台[34]、六甲庄[35]、姑子坪[36]、丁公[37]、上峪[38]和大口遗址[39]，苏皖北部的高皇庙[40]、万北[41]、大伊山[42]和下庙墩遗址[43]，豫东地区的清凉山遗址[44]以及辽东半岛南部的马城子[45]、平安堡[46]和大嘴子遗址[47]（表三）。

从目前资料来看，家畜以猪、狗为主，个别遗址有鸡、牛和羊。从动物埋葬现象来看，先民会有意识地在随葬或埋葬过程中把动物完整的或某个部位放入墓葬中，或是单独埋入坑中，猪数量最多，这不仅是财富或某种亲密关系的象征，而且暗示家猪饲养具有一定规模。大口遗址[48]发现两个分别埋有猪和狗的兽坑，猪兽坑上部填有一层马蹄螺，夹有海蛎壳和小石子；在兽坑西北部还发现一不规则的圆形坑，坑内上下叠压三层石块，上层为一块大石头，中层为三块相对较小的石头，略呈"品"字形排列，下层则铺着一层小石块。猪兽坑中随葬小型螺壳及其存在的特殊石块排列方式，与胶东地区岳石文化时期先民埋葬形式相似，表明了家猪地位的重要性。马城子遗址[49]中将近一半墓葬随葬了猪、狗、鹿、狍的颌骨，还有部分鸡胫骨与股骨等，其中猪下颌骨数量占优势地位。从古人以动物作为祭牲的社会行为可窥探岳石文化社会复杂化和等级分化。部分遗址出土鱼类、蚌类等水产动物遗存以及各种鹿类和小型食肉动物（獾、貉、猫），表明遗址附近存在一定面积的水域、森林或灌木，与遗址所处地理环境有关。从马城子、平安堡、大嘴子、尹家城和照格庄遗址的家畜与野生动物骨骼比重可看出，渔猎经济成分在社会经济中的比重较家畜低，可初步得出渔猎经济在岳石文化时期是家畜饲养业的补充这一认识。家畜饲养业的繁荣也旁证了岳石文化农业发展水平高，能够为其提供充足的饲料。

表二　岳石文化遗址出土农具概览

地区	遗址	石器															骨器									角器			蚌器					木器	牙器	
		砍伐				挖掘翻耕			锄草	收割		脱粒脱壳			碾磨		耕锄	翻土	砍伐	挖掘		播种	收割			翻耕	播种	收割	掘耕	切割	播种	收割		翻土	播种	收割
		斧	锛	凿	砍砸器	镢	铲	耜	锄	刀	镰	杵	臼	锤	磨棒	碾磨器	锄	耒	凿	铲	耜	锥	匕	两刃器	刀	锄	锥	刀	铲	锯	锥	镰	刀	耒	锥	刀
泗水	尹家城	41	50	28		69	116		17	130	7	1	1						1			17	√	√	2	2	√	1	71		√	9	35	1	√	
山东地区	平度 东岳石	3	1	12	4		12			34		3			5	4				5		33		2	6											1
	牟平 照格庄	4	3	5			12			22									1	4	3	31	√		5	1							2			
	青州 郝家庄						√	√		√										√	√	√													√	
	安邱堌堆						√		√																								1			
	邹平丁公							√	√	√										√									1				1			
	桓台史家						3			4	1																									
	沂源 姑子坪	1	4	1			3			1												2	√													
	城子崖						1			1																										
	摩天岭						1																													
	章丘马安						2			3																										
	长岛大口						2			4												2														
	海阳 司马台	1	1	4						1			1																							
	芝水一期	6	8	8			11			20				1								15						4								
	安邱 老峒峪	2					√	1	1	2												1					2									
	火山埠等					√	√			1							√									√	√						1			
	临沂 八块石					√			1								√																			
	沂水西岸								1																											

续表

地区	遗址\器类	石器·砍伐·斧	石器·砍伐·锛	石器·砍伐·锛砸器	石器·挖掘翻耕·镢	石器·挖掘翻耕·铲	石器·锄草·锄	石器·收割·刀	石器·收割·镰	石器·脱粒脱壳·杵	石器·脱粒脱壳·臼	石器·脱粒脱壳·锤	石器·碾磨·磨棒	石器·碾磨·碾磨器	骨器·耕锄·锄	骨器·翻土·耒	骨器·砍伐·锛	骨器·砍伐·凿	骨器·挖掘·铲	骨器·挖掘·耜	骨器·播种·锥	骨器·收割·匕	骨器·收割·两刃器	骨器·收割·刀	角器·翻耕·锄	角器·播种·锥	角器·收割·刀	蚌器·掘耕·铲	蚌器·切割·锯	蚌器·播种·锥	蚌器·收割·镰	蚌器·收割·刀	牙器·翻土·耒	牙器·播种·锥	牙器·收割·刀
山东地区	后明坡	1				√		√																											
	栖霞后炉房							1																											
	乳山冯家	1		1				2																											
	邹平																																		
	好生店						1																												
	王推官庄																																		
	广饶营子		3		4	√		4	3										2			1									1				
	长岛北岛后口							√																											
	潍坊姚官庄							√																											
	乳山小管村																				√					√									
苏皖北部	高邮周邶墩	2	1	1				2																											
	灌云大伊山			1																															
	沭阳万北		1																																
	赣榆下庙墩		1				1	1																											
	藤花落		√					√																											
	徐州高皇庙														√						√			√			√		√		√	√			
	丘湾遗址																	√													√				
豫东	杞县							3																							1				
	鹿台岗	1		1		3		√			1																								
	鹿邑栾台							√													√											√			

续表

地区	遗址	石器 砍伐 斧	石器 砍伐 锛	石器 砍伐 凿	石器 挖掘翻耕 镰	石器 挖掘翻耕 铲	石器 挖掘翻耕 耜	石器 锄草 锄	石器 收割 刀	石器 收割 镰	石器 脱粒脱壳 杵	石器 脱粒脱壳 臼	石器 脱粒脱壳 锤	石器 碾磨 磨棒	石器 碾磨 碾磨器	骨器 耕锄 锄	骨器 翻土 耒	骨器 砍伐 锛	骨器 砍伐 凿	骨器 挖掘 铲	骨器 挖掘 耜	骨器 播种 锥	骨器 收割 匕	骨器 收割 两刃器	骨器 收割 刀	角器 翻耕 锄	角器 播种 锥	角器 收割 刀	蚌器 掘耕 铲	蚌器 切割 锯	蚌器 播种 锥	蚌器 收割 镰	蚌器 收割 刀	木器 翻土 耒	牙器 播种 锥	牙器 收割 刀
豫东	夏邑清凉山								√													√										√				
辽东半岛	大连双砣子	26	11			1			19													8						1				√				√
	小黑石圪子遗址								12																											
	马城子遗址																					8			2								√			
	平安堡遗址																√		√	√		√	√											√		
	大嘴子遗址	90																	√	√		√					5							√	√	√

注：源自《岳石文化农业初探》表一，内容有所增改。

表三　海岱地区岳石文化时期动物遗存出土情况概览表

地区	遗址	动物种类
山东	郝家庄	灰坑出土蚌壳、兽骨
	尹家城	家畜比例超过总数60%，狗、黄牛、绵羊、猪最多；野生动物有黑鲷、蓝点马鲛、玉螺、红螺、毛蚶、大连湾牡蛎、蛤仔、杂色蛤仔、等边浅蛤、文蛤
	照格庄	家养动物有猪、狗、黄牛、绵羊，牛增幅最大，野生鹿类遗存比例降至39.8%。其中鹿类遗存数量占优势。
	仙人台	牛、鹿、鼩鼱科共4件
	六甲庄	灰坑出土2件碎骨
	王推官庄	出土兽骨，种类不详
	姑子坪	大量兽骨，种类不详
	丁公	蚌壳
	上峪	鹿角、蚌壳
	大口	家猪、家狗、马蹄螺、海蛎

续表

地区	遗址	动物种类
苏皖北部	高皇庙	出土大量牛、羊、鹿骨角
	万北	大汶口中期和岳石文化动物遗存难以区分，数量也少，暂且不计
	大伊山	猪牙、鹿角各 3 枚
	下庙墩	发现鱼刺、残龟腹甲、鹿角各 1 件，蚌壳痕迹和牛肢骨数件
豫东	清凉山	螺饰品
辽东半岛	马城子	出土鸡、狗、猪、羊家养动物，猪最多；还出土土鹿、麋、野猪等野生动物遗存
	平安堡	狗、猪、羊 3 种家养动物为主，还有一定东北鼢鼠、貂、马鹿、獾、狍、梅花鹿、羊、蚌壳
	大嘴子	出土各种螺类、鱼类、狗、猫、貉、家猪、狍、海豚、狍、马鹿、狗和猪；古哺乳类动物的 81%，野生动物数量较少

综上所述，在植物遗存分析的基础上，结合农业用具、储存设施、动物遗存等研究成果，进行系统梳理和综合分析，初步认识到岳石文化生业经济是以粟、黍旱作农业为主，家畜饲养与渔猎为辅的综合型生业经济，进而了解岳石文化在其发展过程中生业经济模式的统一性和差异性。岳石文化各区域、各遗址间反映先民生计方式的动植物遗存信息量差异较大，山东地区动、植物以及农业用具遗存最丰富，苏皖北部和辽东半岛地区次之，河南最少。该现象或与山东地处岳石文化核心区有关，遗址分布广泛，发现遗址及相关遗存可能性较大，抑或是与不同地区先民动植物资源利用方式存在差异有关。当然，这也离不开山东地区动、植物考古人员的基础研究工作。岳石文化先民以粟、黍旱作农业为主，兼有一定规模的水稻种植，家畜饲养和渔猎也是必不可少的一部分。农业用具在生产工具中出土概率和数量较高，暗示岳石文化先民重视农业生产，农业发展水平较高。动物遗存信息以辽东半岛地区最为丰富、系统，其他地区因遗址发掘较早，动物鉴定工作尚不深入，提取的动物遗存信息较少。以马城子、平安堡、大嘴子遗址为代表的辽东半岛岳石文化遗址动物组合丰富，包括哺乳动物、鸟类、鱼类、软体动物类等，其中哺乳动物中的家畜是该地区岳石文化时期主要的肉食来源，水生动物资源、各种鹿类和小型食肉动物等野生动物作为肉食资源的补充，也占有相当的比例。总而言之，因地理环境、自然资源的差异以及文化因素的选择，各分区生业经济各部分比重有所不同，但就岳石文化整体发展进程而言，以粟、黍为主的旱作农业体系已经确立，家畜饲养业和渔猎捕捞经济活动辅之，生业经济水平总体较高。

二 社会研究

社会考古研究是考古学研究的重要内容之一，研究领域主要包括社会性质、社会规模、社会结构、行政制度等问题，具体来讲，就是通过考古材料分析特定自然环境和资源条件下的先民经济活动，通过聚落分析当时的社会关系和组织结构，进而探讨

思想信仰等更高层面的内容[50]。由于目前缺乏岳石文化大墓、普通墓地以及大面积城址的发掘材料，尚无能够充分反映当时社会结构的直接材料和足以代表岳石文化最高水平的物质文明成果，考古材料存在局限性。因此本文中的社会研究更着重于介绍经济活动与社会关系，由于上文已重点介绍生业经济，不再赘述，主要介绍手工业经济。

（一）手工业经济

岳石文化手工业门类多样，其中陶器制造、石器工业、铜器冶铸、骨角牙蚌器制造业最具代表性。

陶器制造业，夹砂陶掺杂云母、滑石和蚌壳粉末、粗大砂粒和小石子，羼和料颗粒较为粗大，夹砂陶多是慢轮制作，小器物直接用手捏塑而成，陶胎较厚重，器物规整性较差。泥质陶多快轮制成，造型规整，烧制火候高，硬度大，器表多磨光。彭家庄遗址[51]发现5座由火口、火膛、火道和操作间、窑室组成的形制相同的制陶作坊，陶窑附近多数有大小不一的灰坑。以上现象或表明陶器生产设施与场所固定，有一定规模，可供当时先民长期使用。生产技术及工作场所的稳定也是专业化生产的重要标志。

石器制作技术、程序与龙山文化无大差异，但穿孔更简单粗糙，采用双面琢打而非铤钻或管钻，孔洞大且不甚规整。器型多样，斧、锛、凿、刀、镰等农具在石器工具中比例较高。姑子坪遗址[52]发现一石器作坊，出土大量石制品和半成品以及石片、石核等废料，据发掘者判断石料来源于附近河床，作坊的存在及石料来源唯一性或暗示石器生产专业化。

铜器冶铸较龙山文化时期进步，主要体现在数量增加、材料选择、合金技术发展、铸造技术及生产工艺发达、出现范铸技术及兵器生产专业化等方面[53]。具体表现在铜器材料以青铜为主，也有部分锡青铜、铅青铜、铅锡青铜、红铜以及合金铜器。冶炼技术多样，有锻打成型、单范铸造、合范铸造以及单范浇筑和双面范浇筑等，初步掌握合金技术。岳石文化铜器制造业发展到一个新阶段。

骨角牙蚌器发达，制作精美，在生产工具和生活用具中比例较高。其中，蚌饰穿孔位置多选在厚厚的边缘部位，在蚌壳中部较薄部位磨出刃部，继承龙山文化晚期阶段蚌刀制法。

综上所述，可知岳石文化在农业生产、家畜饲养与渔猎、手工业经济等经济生产领域达到较高水平，为其社会发展奠定了坚实的物质基础，增强岳石文化整体实力，提升其文化交流进程，对周边地区产生了深远而广泛的影响。

（二）社会关系

社会关系主要指考古学文化间的关系以及人群流动，是相互作用关系。由于本文强调岳石文化本身的社会整体实力以及对外交流与影响，故不再阐述其他文化对岳石文化的作用关系。从岳石文化对外交往范围的扩大以及其他文化所包容的岳石文化因素可看到岳石文化先民当时在黄河流域下游地区发挥的重大作用，进而透视社会发展程度。

岳石文化是从海岱龙山文化发展起来的，但岳石文化以更强劲势头向外拓展疆土、施加影响，其影响区域十分广泛，向南越过长江，进入太湖流域，西达豫西，北至燕山，东北方则扩展至辽东半岛北部和朝鲜半岛一带，东夷文化态势强盛。

向北经渤海海峡的庙岛列岛通道，积极在辽东半岛南部施加影响。很多遗址都包含了岳石文化因素，甚至文化面貌也极为相似[54]。双砣子二期、大嘴子二期陶器的陶胎较厚，陶系以夹砂陶为主，泥质陶次之；夹砂陶主要是灰褐陶和红褐陶，泥质陶主要是黑陶和黑皮陶；器表多磨光，有弦纹、刺点纹、滑纹、附加堆纹、乳点纹等，这都是典型的岳石文化面貌特征。其中，双砣子二期器盖、子口罐、平底罐和三足罐均为轮制的制法，以及陶甗腰裆部施加的附加堆纹、直口子母口或敛口罐口部的附加堆纹、罐颈部施加弦纹、三足器形制，半月形或梭形双孔石刀在石器中占一定比例，与胶东地区岳石文化相似。甚至有学者将双砣子中层类型视为岳石文化的地方变体，以此为中介，将岳石文化部分因素传至辽东原始文化中[55]。

岳石文化向南对江淮地区的影响，表现为斗鸡台文化的形成。斗鸡台文化是以安徽江淮地区为中心而分布的夏时期文化，"主要包括三部分因素，即来自中原地区的河南龙山文化因素和二里头文化因素，江淮地区的当地因素，来自山东、苏北的山东龙山文化因素和岳石文化因素"[56]。尊形器、子母口鼓腹罐、舌状三足的泥质罐、浅盘豆、大袋足甗等岳石文化典型器物或是直接输入至江淮地区，抑或是江淮地区改造仿制而成，来源难辨。其他学者也集中探讨了江淮地区夏商文化，认为该地区存在较多岳石文化因素[57]。江淮高邮一带岳石文化遗存的发现，为寻找岳石文化向该地区传播路线提供了线索[58]。

海岱地区与长江下游地域相连，至岳石文化时期，岳石文化与宁镇地区湖熟文化联系密切，有诸多相同之处。二者均有用火烧烤地面和墙壁的行为以及用红烧土块铺垫房基的现象；陶器以夹砂褐陶为主，手制，泥质黑皮陶占一定比例；半月形双孔石刀优势突出等。湖熟文化包含较多岳石文化因素或遗物，马迹山遗址出土的侈口鼓腹夹砂褐陶罐、大口折腹盆、高子口盒、矮圈足尊、蘑菇纽器盖等器类，明显来自岳石文化[59]。结合文化分期和文化因素分析，田名利认为岳石文化经由江淮西部与东部进入宁镇地区，从而使得该地区文化带有岳石文化因素[60]。

横跨冀豫地区的先商文化与岳石文化年代相若，地域相衔，文化交流与融合现象明显[61]。地面式房址与灰坑形制，素面手制陶与磨制石器，石器以石刀、石铲、石斧和石镞为主，体现出二者文化面貌相似性。而且岳石文化典型器物如泥质磨光浅盘豆、侈口束颈平底盉、大口夹砂罐、覆钵状器盖常见于先商文化中，暗示岳石文化在一定程度上影响了先商文化。

郑州早商文化同样受到岳石文化影响。栾丰实[62]从南关外期、二里岗前、后期各时期出发，探究早商文化发展各个阶段中的岳石文化因素（图一）。南关外期下层出土的背部有窄肩的扁平长方形

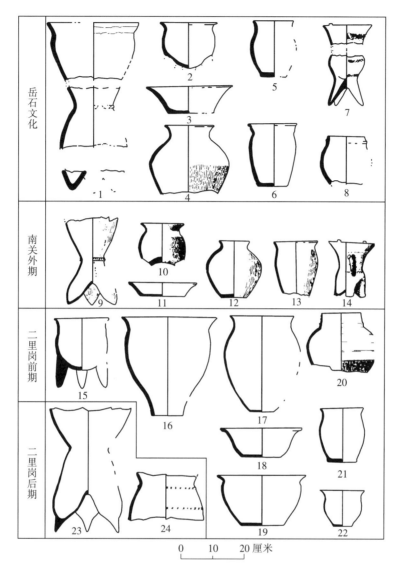

图一 岳石文化与郑州地区早期商文化陶器比较图

（引自《试论岳石文化与郑州地区早期商文化的关系——兼论商族起源问题》图一）

1、9、16、23. 甗　2、15. 鼎　3、11、18、19、22. 盆　4、12. 小口罐　5、6、13、17、21、24. 罐

7、14. 罤　8、20. 直口罐　10. 鬲　　（1. 安邱堌堆遗址　2—5、7—8. 尹家城遗址　6. 栾台遗址

9—14、22. 南关外遗址　15—21、23—24. 二里岗遗址）

石镰、蚌镰以及中层半月形单孔石刀、蚌刀的形制与制法与岳石文化相同；陶质陶色以夹砂褐陶为主，纹饰中以竖行细绳纹、附加堆纹再加按窝纹特征最为显著，器类以甗、大口深腹罐、小口鼓腹罐、平底盆、罤为大宗，与岳石文化相似。岳石文化和二里岗前期在生产工具、器表装饰也有相似之处，窄身宽尾小石镰、对面琢打石器穿孔、蚌刀取材及制法相同；大型陶器外壁多附加若干周泥条，其上多

刻压成索状或加饰"X"、短直条和圆窝等纹饰。此外，还有一定的压印小方格纹、云雷纹、刻划折线纹和网状纹，弦纹间加饰双泥饼、夹砂褐陶表面的篦状刮抹痕迹；鼎、甗、罐和盆是与岳石文化作风近似的器形。到了二里岗后期，在郑州地区岳石文化风格器物只有甗和中口罐，该地区岳石文化影响减弱。

最能显示岳石文化社会实力与对外影响的是二

图二 二里头遗址出土的具有岳石文化因素的陶器
（引自《岳石文化的社会成就与历史地位》图九）
1、2、4. 罐 3. 三足皿 5. 鼎

里头文化。二里头遗址发现地处豫东鲁西的安邱堌堆类型文化因素（图二），但海岱腹地岳石文化却少见二里头文化因素，仅在安邱堌堆类型中发现带有鸡冠状把手的盆、箍状堆纹和粗细中等的绳纹。二里头与岳石文化存在某些共同文化因素：石器以磨制为主，先琢后钻，多两面对钻；半月形双孔石刀、三角形小刀和双翼式镞形制无二。陶胎较厚，颜色变浅且多数不纯，陶器功用性加强；器类组合相似性较强，敛口瓮和缸为储器，炊器以小口深腹罐、罐形锥状足鼎、甗、鬲为主，盛器均见盆、盂、高领罐、器盖等，食器均有豆、簋、圈足盘、碗等，觚形杯作为酒器等。以二里头遗址为例，该遗址各时期均发现与岳石文化典型器物相似的同类器，二里头一期的大口有领罐（原报告称为小尊）、爵，二期的有领小罐、子母口罐、小盂、碟，三期的半月形石刀、鼎、甗、斝、罐、器盖以及四期中的半月形石刀、扁平石铲、单孔石钺和石镞、鼎、爵、罐、盆、碟和器盖等，以上均可反映出岳石文化对二里头文化深远持续的影响[63]。

综上所述，岳石文化在粟黍旱作农业、家畜饲养与渔猎、铜石器制造等手工业生产领域发展水平较高，为其社会发展奠定了坚实的物质基础。而岳石文化整体实力的增加，又加剧其内部社会复杂化进程。以城子崖为代表的岳石文化城墙，基槽加深、分层填土夯实，墙体用集束棍作夯具、版筑夯打，夯层平整分明、夯窝密集清楚，墙高与底宽比例缩小，墙建技术较以往先进，这些都反映了先民良好的规划与协作能力，可作为社会组织形态演进的一个指标。陶、石器专业化生产，社会分工明确。宗教信仰等意识形态媒介多元化，主要表现在彩绘纹样复杂多色的特殊黑陶器，一经触碰、水浸，花纹便模糊不清，或为特殊礼器；卜骨数量较多，偶有卜甲发现；祭祀坑罕见，规模大、结构特殊的史家祭祀坑，出土2件刻字卜骨。种种现象表明，岳石文化包括祭祀礼仪在内的礼制较为复杂，趋于制度化。虽然目前尚未有更加翔实的证据，但我们可以初步推测岳石文化存在社会分层现象。对外，岳石文化则提升其文化交流进程，在海岱龙山文化发展的基础上，积极向外拓展疆土，态势强盛，对周边地区考古学文化产生了深远而广泛的影响。

注释：

[1] a. 〔英〕科林·伦福儒、保罗·巴恩著，中国社会科学院考古研究所译：《考古学：理论、方法与实践》，文物出版社2004年，第271页；b. 吴文婉：《中国北方地区裴李岗时代生业经济研究》，山东大学历史文化学院考古系博士论文，2014年；c.《考古学概论》编写组：《考古学概论》，高等教育出版社2015年，第300页。

[2] David Rindos, Homer Aschmann, Peter Bellwood, et al. 1980. *Symbiosis, Instability, and the Origins and Spread of Agriculture: A New Model [and Comments and Reply]*, Current Anthropology, 21 (6): 751 – 772.

[3] 谢春祝：《徐州高皇庙遗址清理报告》，《考古学报》1958年第4期。

[4] 卢浩泉、周才武：《山东泗水尹家城遗址出土动、植物标本鉴定报告》，载《泗水尹家城》，文物出版社1990年，第350—352页。

[5] 辽宁省文物考古研究所、本溪市博物馆：《马城子——太子河上游洞穴遗存》，文物出版社1994年，第21页。

[6] a. 韩辉友、朱诚：《江苏高邮周邶墩遗址孢粉分析》，载《江苏高邮周邶墩遗址发掘报告》附录一，《考古学报》1997年第4期；b. 萧家仪：《江苏高邮周邶墩遗址古稻类植物硅酸体的分析报告》，载《江苏高邮周邶墩遗址发掘报告》附录二，《考古学报》1997年第4期。

[7] a. 淄博市文物局、淄博市博物馆、桓台县文物管理所：《山东桓台县史家遗址岳石文化木构架祭祀器物坑的发掘》，《考古》1997年第11期；b. 张光明、夏林峰：《山东桓台县史家遗址发掘收获相关问题的探讨》，《管子学刊》1999年第4期。

[8] 山东大学考古系：《山东长清县仙人台遗址发掘简报》，《考古》1998年第9期。

[9] a. 董钻、杨守仁、马鸿图、王景升、朱佩华：《大嘴子等遗址出土炭化谷物籽粒初步鉴别结果》，载《大嘴子——青铜时代遗址1987年发掘报告》附录二，大连出版社2000年，第277页；b. 刘长江：《大嘴子遗址出土炭化作物谷粒的鉴定》，载《大嘴子——青铜时代遗址1987年发掘报告》附录四，大连出版社2000年，第279页。

[10] 宋吉香：《山东桐林遗址出土植物遗存分析》，中国社会科学院研究生院，硕士论文，2007年。

[11] 靳桂云：《山东先秦考古遗址植硅体分析与研究（1997—2003）》，载《海岱地区早期农业和人类学研究》，北科学出版社2008年，第20—40页。

[12] 陈雪香、郭俊峰：《山东章丘马安遗址2008年浮选植物遗存分析》，载《东方考古》第5集，科学出版社2008年，第368—371页。

[13] 靳桂云、王传明、赵敏、王富强、赵娟：《山东烟台庙后遗址植物考古研究》，载《东方考古》第6集，科学出版社2009年，第321—330页。

[14] 靳桂云、栾丰实、张翠敏、王宇：《辽东半岛南部农业考古调查报告——植硅体证据》，载《东方考古》第6集，科学出版社2009年，第306—316页。

[15] 靳桂云、栾丰实、张翠敏、王宇：《辽东半岛南部农业考古调查报告——植硅体证据》，载《东方考古》第6集，科学出版社2009年，第306—316页。

[16] 靳桂云、栾丰实、张翠敏、王宇：《辽东半岛南部农业考古调查报告——植硅体证据》，载《东方考古》第6集，科学出版社2009年，第306—316页。

[17] 吴文婉、郝导华、靳桂云：《济南彭家庄遗址浮选结果初步分析》，载《东方考古》第7集，科学出版社2010年，第358—369页。

[18] a. 靳桂云、赵敏、王传明、王富强、姜国钧、赵娟、徐明江、张博、张凌波：《山东烟台照格庄岳石文化遗址炭化植物遗存研究》，载《东方考古》第6集，科学出版社2009年，第331—343页；b. 王育茜、王富强、赵娟、徐明江、张博、张凌波、靳桂云：《烟台市照格庄遗址2008年度炭化植物遗存分析报告》，载《海岱考古》第七辑，科学出版社2015年，第56—64页。

[19] 郑晓蕖、朱超、王海玉、徐倩倩：《山东乐陵尹家岳石文化遗址植物考古报告》，载《海岱考古》第六辑，科学出版社2013年，第139—150页。

[20] 王海玉、刘延常、靳桂云：《山东省临沭县东盘遗址2009年度炭化植物遗存分析》，载《东方考古》第8集，科学出版社2011年，第357—372页。

[21] a. 南京博物院、连云港市文物管理委员会、连云港市博物馆：《江苏连云港藤花落遗址考古发掘纪要》，《东南文化》2001年第1期；b. 南京博物院、连云港市博物馆：《藤花落——连云港市新石器时代遗址考古发掘报告》，《科学出版社》2014年，第500页。

[22] 程至杰、杨玉璋、袁增箭、张居中、余杰、陈冰白、张辉、宫希成：《安徽宿州杨堡遗址炭化植物遗存研究》，《江汉考古》2016 年第 1 期。

[23] 陈雪香：《山东日照六甲庄遗址 2007 年度浮选植物遗存分析》，载《山东日照市六甲庄遗址 2007 年发掘简报》附录，《考古》2016 年第 11 期。

[24] a. 齐乌云、梁中合、高立兵、贾笑冰、王树芝、王金霞、赵志军：《山东沭河上游史前文化人地关系研究》，《第四纪研究》2006 年第 4 期；b. 齐乌云、赵志军、王树芝、刘长江、梁中合、贾笑冰、王金霞：《山东沭河上游史前遗址的植物遗存浮选分析》，《农业考古》2017 年第 1 期。

[25] 齐乌云、赵志军、王树芝等：《山东沭河上游史前遗址的植物遗存浮选分析》，《农业考古》2017 年第 1 期，第 7—12 页。

[26] 任相宏：《岳石文化的农具》，《考古》1995 年第 10 期。

[27] 陈雪香：《岳石文化农业初探》，载《东方考古》第 9 集，科学出版社 2012 年，第 595—608 页。

[28] 中国社会科学院考古所山东队、烟台市文管会：《山东牟平照格庄遗址》，《考古学报》1986 年第 4 期。

[29] a. 山东大学历史系考古专业、济宁地区文物科、泗水县文化馆：《泗水尹家城第二、三次发掘简报》，《考古》1985 年第 7 期；b. 山东大学历史系考古专业：《山东泗水尹家城遗址第四次发掘简报》，《考古》1987 年第 4 期。

[30] 孙波、郝导华、韩辉、张子晓：《山东彭家庄遗址发现岳石文化墓葬和制陶作坊区》，《中国文物报》2009 年 4 月 1 日第 2 版。

[31] 山东省文物考古研究院：《青州市郝家庄遗址发掘报告》，载《海岱考古》第十辑，科学出版社 2017 年，第 66—109 页。

[32] 卢浩泉、周才武：《山东泗水县尹家城遗址出土动、植物标本鉴定报告》，载《泗水尹家城》，文物出版社 1990 年，第 190—201、350—352 页。

[33] 周本雄：《山东牟平县照格庄遗址动物遗骸》，载《山东牟平照格庄遗址》附录，《考古学报》1986 年第 4 期。

[34] a. 宋艳波：《山东济南仙人台遗址 1995 年出土动物遗存分析》，载《东方考古》第 6 集，科学出版社 2009 年，第 367—382 页；b. 山东大学考古系：《山东长清县仙人台遗址发掘简报》，《考古》1998 年第 9 期。

[35] 山东大学历史文化学院考古系：《山东日照市六甲庄遗址 2007 年发掘简报》，《考古》2016 年第 11 期。

[36] 山东大学考古系、淄博市文物局、沂源县文管所：《山东沂源县姑子坪遗址的发掘》，《考古》2003 年第 1 期。

[37] 山东大学历史系考古专业：《山东邹平丁公遗址第二、三次发掘简报》，《考古》1992 年第 6 期。

[38] 齐乌云、梁中合、高立兵、贾笑冰、王树芝、王金霞、赵志军：《山东沭河上游史前文化人地关系研究》，《第四纪研究》2006 年第 4 期。

[39] 中国社会科学院考古研究所山东队：《山东省长岛县砣矶岛大口遗址》，《考古》1985 年第 12 期。

[40] 谢春祝：《徐州高皇庙遗址清理报告》，《考古学报》1958 年第 4 期。

[41] a. 李民昌：《江苏沭阳万北新石器时代遗址动物骨骼鉴定报告》，《东南文化》1991 年第 Z1 期；b. 南京博物院：《江苏沭阳万北遗址新石器时代遗存发掘简报》，《东南文化》1992 年第 1 期。

[42] 南京博物院、连云港市博物馆、灌云县博物馆：《江苏灌云大伊山遗址 1986 年的发掘》，《文物》1991 年第 7 期。

[43] 南京博物院：《江苏赣榆新石器时代至汉代遗址和墓葬》，《考古》1962 年第 3 期。

[44] 北京大学考古学系、商丘地区文管会：《河南夏邑清凉山遗址发掘报告》，载《考古学研究》（四），科学出版社 2000 年，第 443—519 页。

[45] 辽宁省文物考古研究所、本溪市博物馆：《马城子——太子河上游洞穴遗存》，文物出版社 1994 年，第 87—88、147、211—212、248、266、308—311 页。

[46] a. 傅仁义：《平安堡遗址兽骨鉴定报告》，载《辽宁彰武平安堡遗址》，《考古学报》1992 年第 4 期；b. 辽宁省文物考古研究所、吉林大学考古学系：《辽宁彰武平安堡遗址》，《考古学报》1992 年第 4 期。

[47] a. 傅仁义：《大嘴子遗址出土动物遗存研究》，载《大嘴子——青铜时代遗址 1987 年发掘报告》，大连出版社 2000 年，第 285—290 页；b. 大连市文物考古研究所：《大嘴子——青铜时代遗址 1987 年发掘报告》，大连出版社 2000 年，第 108、119、219—235 页。

[48] 中国社会科学院考古研究所山东队：《山东省长岛县砣矶岛大口遗址》，《考古》1985 年第 12 期。

[49] 辽宁省文物考古研究所、本溪市博物馆：《马城子——太子河上游洞穴遗存》，文物出版社 1994 年，第 87—88、147、211—212、248、266、308—311 页。

［50］a. 科林伦福儒、保罗巴恩著，中国社会科学院考古研究所译：《考古学理论、方法与实践》，文物出版社 2004 年，第 173—224 页；b. 崔英杰：《江淮东部史前文化与社会研究》，山东大学历史文化学院考古系博士论文，2011 年。

［51］孙波、郝导华、韩辉、张子晓：《山东彭家庄遗址发现岳石文化墓葬和制陶作坊区》，《中国文物报》2009 年 4 月 1 日第 2 版。

［52］任相宏、曹艳芳、刘光霞等：《山东沂源县姑子坪遗址的发掘》，《考古》2003 年第 1 期，第 22—32 页。

［53］a. 徐基：《夏时期岳石文化的铜器补遗——东夷式青铜重器之推考》，《中原文物》2007 年第 5 期；b. 徐基：《夏时期岳石文化的铜器试探》，载《北京平谷与华夏文明：国际学术研讨会论文集》，社会科学文献出版社 2006 年，第 252—258 页。

［54］段天璟：《胶东半岛和辽东半岛岳石文化的相关问题》，载《边疆考古研究》第 2 辑，科学出版社 2004 年，第 125—145 页。

［55］辽东半岛南部早年发掘的岳石文化遗址有高丽寨、金县旅顺羊头洼、长海上马石等。陈光：《羊头洼类型研究》，载《考古学文化论集》（二），文物出版社 1989 年，第 113—151 页。

［56］王迅：《东夷文化和淮夷文化研究》，北京大学出版社 1994 年，第 48—69 页。

［57］a. 何长风：《安徽江淮地区夏时期文化初析》，载《文物研究》第四期，黄山书社 1988 年，第 73—80 页；b. 杨立新：《安徽淮河流域夏商时期古代文化》，载《文物研究》第五期，黄山书社 1989 年，第 82—93 页；c. 宫希成：《夏商时期安徽江淮地区的考古学文化》，《东南文化》1991 年第 2 期。

［58］张敏、韩明芳、李国耀：《高邮龙虬庄遗址发掘获重大成果》，《中国文物报》1993 年 9 月 5 日第 1 版。

［59］a. 镇江博物馆：《镇江市马迹山遗址的发掘》，《文物》1983 年第 11 期；b. 栾丰实：《从镇江马迹山遗存看前期湖熟文化的年代》，载《栾丰实考古文集》（一），文物出版社 2017 年，第 1320—1327 页。

［60］田名利：《试论宁镇地区的岳石文化因素》，《东南文化》1996 年第 1 期。

［61］a. 邹衡：《论菏泽（曹州）地区的岳石文化》，载《文物与考古论集》，文物出版社 1986 年，第 114—136 页；b. 张翠莲：《先商文化、岳石文化与夏家店下层文化关系考辨》，《文物季刊》1997 年第 2 期。

［62］栾丰实：《试论岳石文化与郑州地区早期商文化的关系——兼论商族起源问题》，《华夏考古》1994 年第 4 期，第 82—88 页。

［63］a. 方辉：《海岱地区青铜时代考古》，山东大学出版社 2007 年，第 77—94 页；b. 栾丰实：《二里头遗址中的东方文化因素》，《华夏考古》2006 年第 3 期。

商周青铜器四瓣目纹初探

袁辉艳（陕西师范大学历史文化学院）

内容摘要：四瓣目纹是目纹的一种，流行于商代晚期至西周早期，西周早期以后消失。依据抽象程度的不同以及整体形态的区别，四瓣目纹可以分为两类五型十二式。四瓣目纹的发展演变可以分为三期四段。四瓣目纹装饰器类丰富，表现形式富于变化，极具艺术创造力。四瓣目纹的文化内涵耐人寻味，可能象征着天、地、人三元和谐共存的寓意。

关键词：商周时期　青铜器　四瓣目纹　艺术特点　文化内涵

四瓣目纹是商周青铜器上的重要纹饰之一。其特征是以一个兽目为中心，四角各附一片花瓣，花瓣尖角处呈分叉状态，分叉内一般填以云雷纹。此类纹饰一般构成二方连续图案，作边缘装饰，作为主纹饰见于殷墟二期后段（小屯M5:783）。四瓣目纹最早出现于1971年陕西户县侯家庙出土的一件青铜罍（图一，1）上。该器上的四瓣目纹，纹样简单，样式朴素，风格原始。该器为商代中期器。因此，四瓣目纹正式出现的年代应为商代中期。从四瓣目纹的构成特点看，四瓣目纹应起源于商代中期的目云纹。以往学界对纹饰研究多集中于兽面纹、龙纹、凤鸟纹等较为常见的纹饰类型，目前尚未见对四瓣目纹的系统研究。

对于青铜器四瓣目纹的详细记述，最早见于容庚先生的《商周彝器通考》。该书对四瓣目纹的描述为"其状中为目形，而外为四瓣，填以雷纹。两四瓣花纹之间填以斜方块。通行于商代"[1]。近年来研究青铜器纹饰的著作逐渐增多。容庚、张维持在《殷周青铜器通论》中将四瓣目纹描述为："用粗线条或细线条回旋起来像涡纹又像云纹，但四方连续构成像水流盘旋和波浪的激起。"[2]张孝光在《殷墟青铜器的装饰艺术》将四瓣目纹称作"四叶纹"，定义为"在一个圆角方形的眼睛的四角，各有两瓣叶片形花饰，有的繁有的简"[3]。朱凤瀚在《中国青铜器综论》认为目纹属于动物纹，而四瓣目纹属于几何形类纹饰，并定义为"以一个兽目居中，四角附有四个等大的花瓣（或曰'四翅'）形纹样，每瓣中间均凹入，故成两岔状"[4]。上海博物馆青铜器研究组编的《商周青铜器纹饰》认为四瓣目纹四瓣目纹属于青铜器上的目纹之一。其具体形状是以一个兽目作为图案单位，四角附有四翅，如尖瓣的物体，每瓣各有两叶片构成鸟翅状，流行于殷墟中晚期及西周早期[5]。乔文杰[6]在其硕士学位论文及任雪莉[7]、毕经纬[8]在其博士论文中对四瓣目纹亦有研究。

以上对于四瓣目纹的研究大都只是稍有提及，对四瓣目纹的形制、演变、构图特点、文化内涵等尚未见系统的讨论。故而，本文在对四瓣目纹全面收集的基础上，着重对以上几个问题进行探讨。

一　类型学分析

据统计，有四瓣目纹装饰的商周铜器共计133件。其中因无照片、拓片或拓片模糊不清，不能判断具体类型的共有17件。

按照四瓣目纹的花瓣部分抽象与写实的区别，可将其分为甲乙两类：抽象四瓣目纹和写实四瓣目纹。

甲类抽象四瓣目纹。共10件。此类四瓣目纹整体线条简洁，无底纹，且花纹本身不完整。与圆涡纹构成二方连续的纹饰带，装饰在器物口沿下和圈足上。此类四瓣目纹的不完整体现在紧挨涡纹处，给人以涡纹压住四瓣目纹之感。根据四瓣目纹的简略程度分为两型：极简四瓣目纹和简略四瓣目纹。

图一　抽象四瓣目纹

1. 陕西户县侯家庙出土铜斝　2. 饕餮圆涡纹盃口沿下部纹饰带拓片　3. 勾连乳钉纹羊首罍腹部　4. 四虎饕餮纹钟鼓部上方

A 型：极简四瓣目纹。共 1 件。这一型的四瓣目纹极为简单，兽目为一圆圈，花瓣部分极为简洁，无地纹，整体较省略，如陕西户县侯家庙出土铜斝腹部纹饰（图一，1）。时代为商代中期。

B 型：简略四瓣目纹。共 9 件。这一型的四瓣目纹的兽目为椭方形或长方形，花瓣较容易辨识。根据花瓣的形象程度和整体形状分为两式。

Ⅰ式：6 件。花瓣尖角处的分叉明显，整体呈方形，如饕餮圆涡纹盃口沿下部纹饰带和勾连乳钉纹羊首罍腹部纹饰（图一，2、3）。时代为商代晚期。

Ⅱ式：3 件。花瓣部分更加圆润，分叉明显，整体呈长方形，如四虎饕餮纹钟鼓部纹饰（图一，4）。时代为西周早期。

演变趋势：由整体极为抽象到较为抽象，有方形到长方形；兽目由圆形到椭方形或长方形，花瓣部分由不易辨识到容易辨识。

乙类：形象四瓣目纹。按照纹饰的繁缛可分为单层线刻四瓣目纹、复层线刻四瓣目纹和复层浮雕四瓣目纹三型。

A 型：单层线刻四瓣目纹。共 3 件。这一型的四瓣目纹结构简单，无地纹。如亚醜父丁簋腹部上方纹饰（图二，1），又如安阳郭家庄西 M160：69 兽面纹钺纹饰（图二，2）。时代为殷墟三期至四期。

B 型　复层线刻四瓣目纹。共 59 件。这一型的四瓣目纹结构稍复杂，有地纹。中央兽目稍有突起，但隆起幅度不大。根据四瓣目纹花瓣部分叶柄的明显程度和四角分叉深度及分叉开口大小分为三式。

Ⅰ式：25 件。花瓣叶柄不明显，四角分叉较浅，分叉开口较小。如《故宫商代青铜礼器图录》收录的乳钉纹簋口沿下方（图三，1）、滕州前掌大 M119：39 四瓣目纹角腹部（图三，3）。时代为商代晚期。

Ⅱ式：33 件。花瓣叶柄明显，四角分叉较深，分叉开口较大。如格伯簋圈足纹饰（图三，2）。时代为西周早期。

Ⅲ式：1 件。花瓣叶柄明显，四角分叉较浅，分叉开口较大。如望城县高砂脊商周遗址 AM5：53 铜鼎口沿下方（图三，4）。时代为西周早期后段至中期早段。

演变趋势：由花瓣叶柄不明显发展为明显，四角分叉由较浅至较深再到较浅，分叉开口由较小至较大。

C 型　复层浮雕四瓣目纹。共 44 件。这一型的四瓣目纹结构复杂，有地纹，整体在器物表面呈突起状，浮雕感强烈。在突起的主纹之下加刻细密的云雷纹作地纹。有的四瓣顶端的两叉均有立刀状出钩。如图四。根据四瓣目纹分叉处是否有出钩，分为两个亚型。

1　　　　　　　　　　　　　　　　　　2

图二　单层线刻四瓣目纹

1. 亚醜父丁簋　2. 安阳郭家庄西 M160：69 兽面纹钺

图三　复层线刻四瓣目纹

1. 乳钉纹簋口沿下方纹饰带拓片　2. 格伯簋圈足纹饰带拓片　3. 四瓣目纹角　4. 望城县高砂脊商周遗址 AM5：53

Ca 型　无出钩四瓣目纹。共 38 件。根据四瓣目纹花瓣部分花瓣柄的明显程度和四角分叉深度及分叉开口大小分为两式。

Ⅰ式：21 件。花瓣柄明显，四角分叉较浅，分叉开口较大，中间兽目较小。如前掌大墓地 M121：2 铜瓿腹部纹饰（图四，3）。时代为商代晚期。

Ⅱ式：17 件。花瓣柄不明显，四角分叉较深，分叉开口较小，中央兽目较大。如《故宫青铜器》51 作尊彝尊腹部纹饰（图四，4）。时代为西周早期。

演变趋势：花瓣柄由明显至不明显，四角分叉由较浅至较深，分叉开口由较大至较小，中央兽目由较小至较大。

Cb 型　出钩四瓣目纹。共 6 件。四瓣目纹整体复杂。各片花瓣分叉较深，开口较大，分叉处有向内

1   2

3   4

图四 复层雕刻四瓣目纹

1. 四瓣目纹觯　2. 象尊　3. 前掌大墓地 M121：2 铜瓿腹部纹饰拓片　4. 《故宫青铜器》51 作尊彝尊腹部纹饰拓片

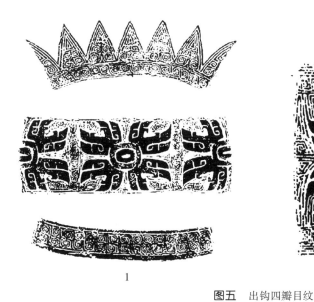

1   2

图五 出钩四瓣目纹

1. 佾觯纹饰拓片　2. 巫鸟尊腹部纹饰拓片

卷的出钩，花瓣部分由卷草纹将花瓣分割成两部分。根据四角分叉部分填充云雷纹的数量多少分为两式。

Ⅰ式：5件。四角分叉部分填充单个云雷纹。如

佾觯腹部纹饰（图五，1）。时代为商代晚期。

Ⅱ式：1件。四角分叉部分填充多个云雷纹。如日本泉屋博古馆藏巫鸟尊腹部纹饰（图五，2）。时

代为西周早期。

演变趋势：四瓣目纹四角分叉部分填充的云雷纹个数由单个向多个发展。

二　分期与演变

依据四瓣目纹的变化，可以将其分为三期四段，即早、中、晚三大期，早期分一段，中期又可分为两段，晚期分一段。这三期一脉相承，是四瓣目纹产生、发展、消亡的三个阶段。下面简述各期段的特征。

第一期。四瓣目纹形制的演变及更替中可以看出，甲 A 型四瓣目纹与甲 B 型相比有明显差别。甲 A 型纹饰特点为兽目为一圆圈，花瓣部分极为简洁，无地纹，整体较省略，显现出纹饰出现初期时的简略和朴素特征，较之于甲 B 型，原始感更为强烈。因此，甲 A 型在演变上可归为一组，为第一段。装饰器物仅有酒器斝。时间为商代中期。

第二期。新出现甲 B Ⅰ、甲 B Ⅱ、乙 A、乙 B Ⅰ、乙 B Ⅱ、乙 Ca Ⅰ、乙 Ca Ⅱ、乙 Cb Ⅰ、乙 Cb Ⅱ。甲 A 消失。纹饰整体向几何化构图发展，并形成定式，式样较为统一规整。甲 B Ⅰ在这一阶段表现出的特征是花瓣尖角处的分叉明显，整体呈方形。乙 A 型结构简单，无地纹；乙 B Ⅰ花瓣柄不明显，四角分叉较浅，分叉开口较小；乙 Ca Ⅰ花瓣柄明显，四角分叉较浅，分叉开口较大，中间兽目较小；乙 Cb Ⅰ四角分叉部分填充单个云雷纹。甲 B Ⅱ四瓣目纹的花瓣部分较之于甲 B Ⅰ更加圆润，整体呈长方形。乙 B Ⅱ较之于乙 B Ⅰ花瓣柄明显，四角分叉较深，分叉开口较大；乙 Ca Ⅱ较之于乙 Ca Ⅰ花瓣柄不明显，四角分叉较深，分叉开口较小，中央兽目较大；乙 Cb Ⅱ四角分叉部分填充多个云雷纹。这一时期四瓣目纹处在发展、繁荣期，型式多样，装饰的器物较多。时间为商代晚期至西周早期。

甲 B 演变趋势由整体极为抽象到较为抽象，由方形到长方形；兽目由圆形到椭方形或长方形，花瓣部分由不易辨识到容易辨识。乙 B 演变趋势由花瓣柄不明显发展为明显，四角分叉由较浅至较深再到较浅，分叉开口由较小至较大。乙 Ca 演变趋势为花瓣柄由明显至不明显，四角分叉由较浅至较深，

分叉开口由较大至较小，中央兽目由较小至较大。乙 Cb 演变趋势为四瓣目纹四角分叉部分填充的云雷纹个数由单个向多个发展。

根据这一时期四瓣目纹的细微变化规律，可将其分为前、后两段。前段包含甲 B Ⅰ、乙 A、乙 B Ⅰ、乙 Ca Ⅰ、乙 Cb Ⅰ，时间为商代晚期。后段包含甲 B Ⅱ、乙 B Ⅱ、乙 Ca Ⅱ、乙 Cb Ⅱ，时间为西周早期。

第三期。新出现乙 B Ⅲ式。甲 B Ⅱ、乙 A、乙 B Ⅱ、乙 Cb Ⅱ、乙 Ca Ⅱ等形式的四瓣目纹均不再出现。这一时期的四瓣目纹花瓣柄明显，四角分叉较浅，分叉开口较大。此时为四瓣目纹的消亡时期。之前大多数的主流型式已不见，装饰的器物数量急剧减少。纹饰整体的方形几何特征进一步加深。装饰的器物仅有食器鼎，时间为西周早期晚段至西周中期早段。

总的来看，四瓣目纹的演变是一个由简略到复杂、粗犷到精致的过程。

三　装饰器类、装饰部位及纹饰布局

（一）装饰器类与部位

四瓣目纹装饰的青铜器种类繁多。据收集的资料看，四瓣目纹装饰的商代青铜器的器类有：鼎、甗、簋、盂、爵、角、觯、尊、瓿、壶、卣、罍、盉、盘、钟、钺、戈、铜泡等。装饰的西周青铜器的器类有：鼎、甗、簋、爵、角、尊、瓿、卣、盉、盘等。其中食器所占比例约 49.63%；酒器所占比例为 42.22%；其余兵器、乐器、水器、车马器等等约占 8.15%（图六）。四瓣目纹装饰器类统计见表一。

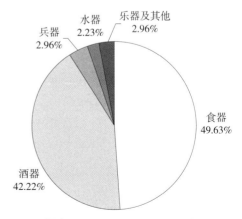

图六　四瓣目纹各器类所占比例

表一　四瓣目纹装饰器类统计表

续表

装饰载体	装饰位置	纹饰种类	时代	件数
食器	鼎	口沿下	甲类B型I式、乙类B型III式	商代晚期至西周中期早段	33
	甗	口沿下	乙类B型I式	西周早期	1
	簋	口沿下、圈足	乙类A型、乙类B型I式、乙类B型II式、乙类C型I式、乙类C型II式	商代晚期至西周早期	31
	盂	口沿下	甲类B型I式	商代晚期	2
酒器	爵	腹部	乙类B型II式、乙类Ca型I式	商代晚期至西周早期	5
	角	腹部	乙类B型I式、乙类Ca型II式	商代晚期至西周早期	5
	觚	颈部、腹部、圈足	乙类B型I式、乙类B型II式、乙类Ca型I式	商代晚期至西周早期	14
	觯	腹部、器盖	乙类Cb型I式、乙类Cb型II式	商代晚期	5
	尊	腹部	乙类B型I式、乙类B型II式、乙类Ca型II式、乙类Cb型II式	商代晚期至西周早期	13
	壶	颈部	不详	商代晚期	2
	斝	腹部	甲类A型	商代晚期	1
	卣	腹部、颈部、器盖	乙类B型I式、乙类Ca型II式	商代晚期至西周早期	5
	罍	腹部	甲类B型I式、甲类B型II式	商代晚期	3
	盉	器盖	乙类B型II式	商代晚期至西周早期	2

续表

装饰载体	装饰位置	纹饰种类	时代	件数
兵器	钺	器身上部	乙类A型	商代晚期	2
	戈	不详	不详	商代晚期	2
水器	盘	圈足	乙类Ca型II式	商代晚期至西周早期	3
乐器	钟	舞下方及鼓部	甲类B型I式、甲类B型II式	商代晚期至西周早期	2
其他	铜泡	弧面	乙类B型I式	商代晚期	2

第一期装饰器物仅有斝。第二期前段装饰的器物有：鼎、簋、爵、角、尊、觚、卣、盂、钟等。第二期后段装饰的器物有：鼎、甗、簋、盂、爵、角、觯、尊、觚、卣、罍、盉、盘、钟等。第三期装饰器物仅有鼎。

依据各类器物自身的形态特征，四瓣目纹形成了固定的装饰特点，主要有以下七种。装饰在鼎、簋、盂等食器的口沿下。其中鼎、簋数量最多，鼎33件、簋31件。鼎上的四瓣目纹只出现在口沿下一周，一般与圆涡纹搭配构成一种二方连续的纹饰带；装饰在尊、角、觯、壶及觚等酒器的腹部，主要作为这些器类的主体纹样单独装饰在器物腹部，一般一周四组；装饰在罍等有肩器的肩部；装饰在觚、簋等圈足器的圈足上。装饰在簋上的四瓣目纹与装饰在口沿下的基本相同，都是与圆涡纹组成纹饰带。装饰在方觚上的四瓣目纹一般数量为偶数，多见于觚的颈部下方或圈足上方；装饰在兵器铜钺肩部下方和铜戈内上；装饰在铜泡的圆形曲面上，属于补白的装饰手法；装饰在乐器铙或钟舞下方及鼓部，数量亦为偶数，仅见两件。

（二）纹饰布局与艺术特征

四瓣目纹的装饰手法和表现形式不同，其所产生的艺术效果也各不相同。四瓣目纹的装饰手法主要如下。

1. 顺序反复

用四瓣目纹与圆涡纹以头尾相接的方式顺序反复（或者顺序颠倒）组成带状的二方连续图案，一般作为器物的边缘装饰，如鼎、簋的口沿下（图七，

1、2）。这种纹饰带，一般做间隔排列。圆涡纹一般呈较扁的弧面突起状，也有呈线刻状的情况。这两种纹样所占数量相若，因此没有明显的主次区别。但有的纹饰带上的圆涡纹所占面积较大，四瓣目纹稍次于圆涡纹。反之，圆涡纹则稍次于四瓣目纹。

这种交替反复或是顺序反复的组织排列形式使得图案布置十分规律，给人一种节奏鲜明的感觉，与器物其他部位装饰的庄严图案形成鲜明对比，起到一种调节和统一的作用。

2. 对称

有的四瓣目纹和圆涡纹组成的纹饰带上以装饰面的正中间的一个兽头或扉棱为对称轴线，将其分为几组，轴线两侧的纹样相同，但排列顺序相反，组成二方连续的纹饰带（图七，3、4）。这种组织排列形式，从美学角度看，增加了图案的稳定感；从力学角度看，给人以均衡感、平衡感；从心理角度，给人以严肃感。

无论四瓣目纹以何种装饰形式出现，都表现出一种秩序美。

四瓣目纹的铸造工艺是压塑和堆塑。压塑法工艺与一般的范铸法工艺相同。堆塑法则是事前铸好器物或者纹饰，接着采用接铸法使器物主体和纹饰结合的铸造方法。从目前搜集的资料来看，四瓣目纹在其发展过程中以压塑法工艺为主。

四 文化内涵

据收集到的资料而言，四瓣目纹作为主体纹饰的占57%，作为次要纹饰的占43%。其中装饰器物边缘的占61.71%。作为边缘装饰为主要装饰作用。李岩认为，"商、西周早期，当时人类因自身力量不够强大，感到周围一切自然之物都对自身生存构成影响，从而对自然产生一种崇拜感，认为'万物有灵'，因而代表自然的动物就被描绘成青铜器上狰狞、威严、肃穆、神秘而无法把握的神异形象"[9]。这种看法放在动物纹与植物纹结合的四瓣目纹来说同样适用。商周时期青铜器上的纹饰大都是神化之后的兽纹或者兽纹的变形，描绘人物形象或人类活动的情况较少。四瓣目纹的兽目瞳孔形成中央凸点，从远距离便可以聚焦人们的视线，从而起到精神控制的作用。另外从四瓣目纹本身的组合情况来看，由兽目（亦可指人的眼睛）、花瓣、云雷纹组合而成，可分别代表人、地、天。这样看来，四瓣目纹包含动物和植物，存在于云雷纹代表的空气或者环境之下，融合了天、地、人三方面信息，接通三者之间联系，这便代表了三者合而为一并显示出自然与人类世界的和谐共存。

商周时期，人们对于眼睛有着一种特殊情感。从整体来看，四瓣目纹在自然界和动物界是找不到原型的，但分开来看，其原型十分清楚。人们将自然界日常所见的花瓣（或月牙）、云气以及动物界常见的眼睛以四瓣目纹的形式附于青铜器上，体现了人类与自然界和谐共存的景象。同时，复合纹饰可以充分展示先民的想象力，其能表达的意念与情感远比单一纹饰更为丰富。青铜器上的纹饰为青铜器

1

3

2

4

图七 纹饰带拓片

1. 康侯簋圈足纹饰拓片　2. 泾阳高家堡青铜盘圈足纹饰带拓片　3. 竹园沟圆鼎 BZM7：330 口沿下纹饰带拓片
4. 作宝彝簋圈足纹饰拓片

增添神秘感。商周时期，人们对自然界的认识有限，对于其中一些难以解释的现象容易产生敬畏心理。同时，人们也希望能够认识自然、利用自然，并能够与大自然和谐相处。人们通过塑造一些怪异的形象来表达对自然界的复杂心理和情感，正如马承源先生所言："在祭祀的烟火缭绕之中这些青铜图像当然有助于造成一种严肃、静穆和神秘的气氛。奴隶主对此尚且做出一副恭恭敬敬的样子，当然更能以此来吓唬奴隶了。"[10]

五　结语

四瓣目纹由中心兽目、四角花瓣及尖角处的云雷纹构成。流行于商代晚期至西周早期，西周早期以后消失。作为器物的主要纹饰装饰器物时，四瓣目纹打破了商代一贯以动物纹饰作为主纹饰装饰青铜器的传统，表现出与动物纹不同的奇异之美。四瓣目纹不仅起着装饰青铜器的作用，更是承载着人们在祭祀天地

神鬼时的敬畏之心。抽象四瓣目纹纹饰简单，仅与圆涡纹构成纹饰带装饰于器物口沿下方和器物肩部，未出现做主要装饰的情况。总体演变趋势由整体极为抽象到较为抽象；兽目由圆形到椭方形或长方形，花瓣部分由不易辨识到容易辨识。由花瓣柄不明显发展为明显，四角分叉由较浅至较深再到较浅；四角分叉部分填充的云雷纹个数由单个向多个发展。四瓣目纹一般装饰在鼎、簋、盂等食器的口沿下，与圆涡纹搭配构成一种二方连续的纹饰带；装饰在尊、角、觯、壶及瓿等酒器的腹部；装饰在罍等有肩器的肩部；装饰在瓿、簋等圈足器的圈足上；装饰在兵器铜钺肩部下方和铜戈内上；装饰在铜泡的圆形曲面上；装饰在乐器铙或钟舞下方及鼓部。对称和顺序反复的装饰形式展示了青铜器纹饰的秩序美。

四瓣目纹流行时间虽短但其独特的表现形式使之成为中国古代青铜器装饰艺术中的奇葩。

注释：

[1] 容庚：《商周彝器通考》，台北大通书局 1973 年，第 121 页。

[2] 容庚、张维持：《殷周青铜器通论》，文物出版社 1984 年。

[3] 张孝光：《殷墟青铜器的装饰艺术》，中国社会科学院考古研究所编：《殷墟青铜器》，文物出版社，1985 年，第 105 页。

[4] 朱凤瀚：《中国青铜器综论》上编，上海古籍出版社 2009 年，第 595 页

[5] 上海博物馆青铜器研究组编：《商周青铜器纹饰》，文物出版社 1984 年，第 21 页。

[6] 乔文杰：《晋国青铜器纹饰研究》，山西大学硕士学位论文，2009 年。乔认为四瓣目纹"最早见于殷墟小屯 M5 的一件铜觯（小屯 M5：783）上。后一直沿用到西周早期"。

[7] 任雪莉：《商周青铜簋整理与研究》，陕西师范大学博士学位论文，2014 年。该文在青铜簋纹饰研究部分提到四瓣目纹，并指出四瓣目纹在商代中期至殷墟二期出现，西周早期晚段仍存在。

[8] 毕经纬：《海岱地区商周青铜器研究》，陕西师范大学博士学位论文，2013 年。青铜器纹饰部分提到四瓣目纹，将其定义为"一目居中，四角附有四个等大的花瓣纹样。多与圆涡纹构成纹饰带，饰于器物上腹部、颈部或肩部"，并将其分为两型。

[9] 李岩：《论商周时期青铜器作用及饰表意的演变》，《吉林师范大学学报》（人文社会科学版）2007 年第 4 期，第 94—96 页。

[10] 马承源：《中国古代青铜器》，上海人民出版社 1982 年，第 34—35 页。

西安美术学院博物馆藏的两件陶俑

林泽洋 (南京大学历史学院)

内容摘要：西安美术学院博物馆二楼有历朝陶俑的常设展，展厅内陈设有历朝陶俑数百件。其中有一件男装女俑和一件女立俑十分特殊，这两件陶俑下颌处皆系有一条带状物，经过对文献与出土资料的考证，这条带状物应当就是文献中记载的"耳衣"。

关键词：唐代　陶俑　耳衣　暖耳

一

西安美术学院博物馆二楼展厅有历代陶俑常设展，其中有两件唐代陶俑较为特殊。

第一件陶俑（图一）五官清晰，容貌清秀，画柳叶眉，面涂红妆，唇部点有红彩。头戴幞头，双耳部至下颌处附有一条带状物。内穿交领薄衫，外穿圆领窄袖袍服，袍服下端有两件鸟形装饰物，综合来看该陶俑应是一件男装女俑。

《礼记·内则》云："男女不通衣裳。"[1]中国古代的思想观念中，服饰不仅是身份、等级、地位的象征，更是传统儒家观念中"礼制"的重要组成之一，妇女着男装是较为少见的情形，但在唐代社会中，妇女着男装则是较为普遍的现象。《新唐书·车服志》记载："开元中，初有线鞋，侍儿则着履，奴婢服襕衫，而士女衣胡服……"[2]又《新唐书·五行志》记载："天宝初，贵族及士民好为胡服胡帽，妇人则簪步摇钗，衿袖窄小。杨贵妃常以假鬓为首饰，而好服黄裙。"[3]究其原因，应与唐朝前期开放的社会观念及女性的政治活动有关，自6世纪中叶至7世纪初，武则天、韦皇后、安乐公主、太平公主等先后活跃在唐朝的政治生活中，荣新江在《女扮男装——唐代前期妇女的性别意识》一文中谈道："在传统的男性权威的思想意识支配下，出头露面的女性，往往要以男装的形象站在人们面前，这恐怕是唐

图一　西安美术学院博物馆藏男装女俑

朝前期女性盛穿男服的另一个原因"[4]。《新唐书·五行志》载："高宗尝内宴，太平公主紫衫、玉带、皂罗折上巾，具纷砺七事，歌舞于帝前。帝与武后笑曰：'女子不可为武官，何为此装束？'"[5]从这段文献中，可知太平公主曾着武官装束赴宫廷内宴，唐高宗和武后只是认为女子扮武官的形象有些好笑，但并不认其着男装的行为有何不妥，由此可见当时宫廷中仕女着男装的行为已经较为常见了。至开元初年女着男装、穿胡服在唐代社会中已然开始成为一种社会风尚，《中华古今注》卷中"冪䍦"条载："开元初，宫人马上着胡帽，靓妆露面，士庶咸效之。至天宝年中，士人之妻着丈夫靴、衫、鞭、帽，

内外一体也。"[6]

在考古出土的唐代文物中也经常能够看到着男装或胡服的仕女,其形象的遗存大致分为陶俑、石刻线画、壁画三类。如:1991 年西安市灞桥区唐金乡县主墓出土的一件女立俑(图二),其五官精巧,面带微笑,着圆领对襟胡服,胡服下端有红色小口裤露出,足着翘头锦靴,腰间束蹀躞带;1994 年山西万荣唐薛儆墓出土的石椁上线刻有一幅男装仕女图(图三),图中仕女戴幞头,内穿圆领衣,外穿翻领长袍,腰间束蹀躞带,配香囊,着锦靴;1995 年发掘唐定陵陪葬墓节愍太子墓(图四),墓室前甬道西壁绘有一男装侍女,浓眉细眼,丰唇点染,头戴黑色幞头,幞头双脚反系于头顶,上身穿圆领长袍,内衬半臂,下身穿条纹裤,腰间束带,足着锦履。

图二　金乡县主墓出土女立俑

图三　薛儆墓石椁线刻男装仕女图

孙机先生曾指出唐代文物中穿胡服或男装的女子,有穿翻领袍露髻的,也有穿圆领袍裹幞头的,这与唐代文献中记载的"裹头内人"的形象相似[7]。《教坊记》:"裹头内人,在宫中给使令者也。内人给使令者皆冠巾,故谓之裹头内人。"[8]

唐代早期的幞头流行"平头小样",样式一般呈扁平状,顶部平齐,没有明显的分瓣,阎立本绘制的《步辇图》中来访使臣的幞头就是此种样式(图五)。唐高宗、武则天时期幞头的样式开始改变(图六),幞头的高度开始增加,前倾明显,顶部内凹,分成两瓣,被称为"武家诸王样",《旧唐书·舆服志》记载:"则天朝,贵臣内赐高头巾子,呼为武家诸王样。"[9]武则天后期至玄宗开元年间,幞头流行"英王踣样"(图七),顶部大而圆,略前倾,《通典·嘉礼》记载:"景龙四年三月,中宗内宴,赐宰臣已下内样巾子。其样高而踣,皇帝在藩时所服,

图四　唐节愍太子墓甬道西壁男装仕女

图六　唐懿德太子墓室壁画内侍图（局部）

图五　《步辇图》（局部）

图七　唐金乡县主墓出土陶俑幞头

人号为'英王踣样'。"[10]玄宗后期的幞头继续升高，顶部变的像两个球形（图八）。西安美术学院博物馆藏的这件男装女俑幞头方折耸立，顶部有明显的分瓣，中间部分开始表现出内凹状，略微前倾，符合"英王踣样"幞头的特征，结合其造型特点，综合来

看这件陶俑的时代应为玄宗开元年间。

第二件陶俑为女立俑（图九），发髻右梳，下垂掩耳，顶髻抛出，搭向左侧，疑为"堕马髻"。白居易《代书诗一百韵寄微之》："铅黛凝春态，金钿耀水嬉。风流夸坠髻，时世鬪啼眉。"自注："贞元末，城中复为堕马髻、啼眉妆也。"[11]女俑脸庞丰腴，朱

图八　唐豆卢建墓出土陶俑

图九　西安美术学院博物馆藏女立俑

唇微启，笑意浅露，画有柳叶眉，额前施有橙色花钿。上身穿窄袖襦衫，内衬半臂，下身穿曳地长裙，裙腰齐胸，腰间浅刻四道衣纹。双手拱于胸前，隐

于袖内，足部被长裙覆盖，陶俑的颜色已经脱落，唯两袖还带有红彩。这件陶俑的造型与元和六年（811）崔纭墓出土的女俑大致相同（图一〇），符合晚唐时期女立俑的造型特点。

图一〇　元和六年（811）崔纭墓出土的陶俑

二

值得一提的是，这两件陶俑都带有一件特殊的饰品（图一一、一二），在其耳部至下颌处皆附有一条带状物，这应是一种保暖用具。经过考证，这两件陶俑下颌处的带状物应是文献资料中记载的"耳衣"。

"耳衣"又称"暖耳"，是古人冬天用于耳部取暖的护具。目前所知最明确的记载见于《明史·舆服志》载："故事，十一月百官戴暖耳。是年朝觐外官及举人、监生，不许戴暖耳入朝。"[12]在明代是文武百官御寒及体现身份地位的象征，明代服制规定暖耳只有百官在每年十一月之后才可以佩戴，寻常百姓不允许穿戴，但其缘绪却可追溯到唐代。唐人李廓在《送振武将军》诗中写道："叶叶归边骑，风头万里干。金装腰带重，锦缝耳衣寒。芦酒烧蓬暖，霜鸿捻箭看。黄河古戍道，秋雪白漫漫。"[13]这是一首送别诗，是李廓为送别友人所作，整首诗营造出萧瑟、寒冷的气氛，可以看出"耳衣"在当时是一

图一一　西安美术学院博物馆藏陶俑（局部）

图一二　西安美术学院博物馆藏陶俑（局部）

种御寒之物，后人对"耳衣"也多有注录，其作用也基本相同。如《清稗类钞》中记载商肆中用棉或

毛皮制成的耳套即是耳衣，引唐李廓《送振武将军》作"耳衣"注："燕、赵苦寒，朔风凛冽，徒行者两耳如割，非耳衣不可耐。肆中有制成者出售，谓之耳套，盖以棉或缘以皮为之也。"徐珂引唐李廓《送振武将军诗》作注："'金装腰带重，锦缝耳衣寒。'则自唐已有之矣。"[14]

李廓是唐元和年间进士，累官颍州刺史，《新唐书》载："子廓，第进士，累迁刑部侍郎。大中中，拜武宁节度使，不能治军。"[15]《全唐诗话·李廓》载："廓，李程之子也。登元和进士第。大中中，拜武宁节度使，不能治军……大中末，累官至颍州刺史，再为观察使。"[16]由此可知，李廓的生活的年代大致在八世纪末至九世纪中叶，这与西安美术学院博物馆藏女立俑的时代是基本一致的。

综合而言，西安美术学院馆藏的这两件陶俑下颌处所附带状物是一种用于耳部的取暖用具，其时代、特征符合"耳衣"的相关的记载，应当就是文献中所提及的"耳衣"。

三

在唐代出土的陶俑和壁画中也经常能够看到耳衣的身影：1991年西安市灞桥区唐金乡县主墓出土一件女立俑（图一三），头着黑色幞头，幞头外罩花冠，冠身已残，双耳佩耳衣，身穿圆领窄袖长袍，内着半臂，腰间束有蹀躞带，带右侧挂有一鞶囊，女俑的左臂下垂，右手举于胸前，皆隐于袖中。金乡县主墓是于隐和金乡县主的夫妇合葬墓，于隐葬于天授元年（690），金乡县主葬于开元十二年（724），第二次下葬时墓中壁画、随葬品有增补。此件女立俑头戴的幞头呈圆形，中间分瓣，略前倾，因其还带有花冠，所以幞头略小，但整体符合开元时期幞头的特征，这件陶俑应是开元年间的产物。又2004年陕西省富平县发掘了唐嗣虢王李邕墓，该墓是夫妇合葬墓，营建于开元十五年（727），墓室后室北壁六扇屏风第三号屏下格有一冬装侍女的形象（图一四），图中仕女头顶、面部残毁严重，双耳佩耳衣，上身穿窄袖襦衫，下穿齐胸长裙，足着云头鞋。由唐嗣虢王李邕墓壁画中仕女所带的耳衣可以得知，耳衣是由两部分组成的，外层为动物的毛皮，起到防风、保暖、装饰的作用，内侧是一条系带，起到固定作用。

图一三　金乡县主墓出土陶俑（局部）

图一四　唐嗣虢王李邕墓后室冬装仕女壁画（局部）

值得一提的是 2002 年西安市南郊陕西师范大学郭杜校区的建设中发现一批古代墓葬，其中 M31 唐墓中出土了一件三彩胡人俑（图一五），该俑高鼻深

目，头戴黑色幞头，双耳佩戴耳衣，身着黄色圆领紧袖长袍，腰束蹀躞带，足蹬圆口鞋。该胡俑的幞头高而踣，符合开元时期"英王踣样"的特征。就目前所掌握的资料来看，"耳衣"最早的形象出现在唐开元年间，并且在开元年间较为盛行，至唐代晚期的墓葬中仍可看见其身影，但就耳衣本身的流传而言，其出现的时间应当还会再早一些。

图一五　陕西师范大学郭杜校区 M31 出土胡人俑（局部）

唐代诗人元稹曾写道："自从胡骑起烟尘，毛毳腥膻满咸洛。女为胡妇学胡妆，伎进胡音务胡乐。火凤声沉多咽绝，春莺啭罢长萧索。胡音胡骑与胡妆，五十年来竞纷泊。"[17] 唐朝的社会形态开放，重视贸易经商的往来，大批的胡人或越过广阔的沙漠，或横渡无垠的大海纷纷来到唐朝。据文献记载，与唐朝有往来的国家，前后有三百多个，长安城内居住着来自回鹘、波斯、粟特、大食、罗马、南诏、龟兹、新罗、越南、印度等不同地域的蕃人，唐朝与西域国家贸易的往来，不仅促进了其物质文明的发展，更是改变了双方社会意识文化形态，在很多方面改变了唐代人的生活方式。耳衣最初应当是胡人的装束，是胡人商队穿行大漠时防风御寒之物，后被唐人所吸收使用，并且在上层社会中流行开来。但从西安美术学院馆藏的两件陶俑、金乡县主墓出土的女立俑及唐嗣虢王李邕墓壁画中侍女的形象来看，耳衣还成为当时女性的时髦装饰之一。古代社

会中女性的妆容、服饰的改变往往带有更深层次的社会变化，从目前出土的唐代壁画和陶俑上来看，女着男装已经成为一种社会风尚。耳衣应是西域胡人的防风御寒的衣物，随着与商队贸易传播到了唐朝，成为唐人的御寒装束之一，并且最初应是男子的装束，后被女性服饰所吸收改进，成为唐代女性冬日的御寒之物。

两件陶俑是笔者在参观博物馆的过程中注意到的，陶俑双耳至下颌处的装饰物引起了笔者的关注，后经过考证才发现其就是文献记载中的"耳衣"。唐代的社会风气开放，仕女着男装、穿胡服开始也成为一种流行风尚，甚至唐代女性的服饰还主动的借鉴异域的服饰装束。西安美术学院博物馆藏的两件陶俑所佩戴的耳衣，也正是在这样的社会风气下产生的。

注释：

[1]〔清〕阮元校刻：《十三经注疏》（清嘉庆刊本）卷第二十七，中华书局 2009 年，第 3168 页。

[2]〔北宋〕欧阳修、宋祁：《新唐书》卷二十四《车服志》，中华书局 1975 年，第 531 页。

[3]〔北宋〕欧阳修、宋祁：《新唐书》卷三十四《服妖志》，中华书局 1975 年，第 879 页。

[4] 荣新江：《隋唐长安：性别、记忆及其他》，复旦大学出版社 2010 年，第 44 页。

[5]〔北宋〕欧阳修、宋祁：《新唐书》卷三十四《服妖志》，中华书局 1975 年，第 878 页。

[6]〔五代〕马缟：《中华古今注》，中华书局 2012 年，第 100 页。

[7] 孙机：《唐代之女子着男装与胡服》，《艺术设计研究》2013 年第 4 期。

[8]〔唐〕崔令钦撰、任半塘笺订：《教坊记笺订》附录·五"中晚唐及五代教坊概况三十九则"，中华书局 1962 年，第 275 页。

[9]〔后晋〕刘昫等：《旧唐书》卷四十五《舆服志》，中华书局 1975 年，第 1953—1954 页。

[10]〔唐〕杜佑：《通典》卷五十七《嘉礼》，中华书局 1988 年，第 1623 页。

[11]〔唐〕白居易撰、谢思炜校注：《白居易诗集校注》，中华书局 2006 年，第 978 页。

[12]〔清〕张廷玉等：《明史》卷六十七，中华书局 1974 年，第 1635 页。

[13]〔北宋〕李昉等编：《文苑英华》卷三百《军旅》，中华书局 1966 年，第 1532 页。

[14]〔清〕徐珂编：《清稗类钞》第 13 册《耳套》，中华书局 2010 年，第 6199 页。

[15]〔北宋〕欧阳修、宋祁等：《新唐书》卷一百三十一《宗室宰相列传》，中华书局 1975 年，第 4512 页。

[16]〔南宋〕尤袤：《全唐诗话》卷五，明万历十三年张鹗翼伊蔚堂刊本。

[17]〔唐〕元稹撰、冀勤点校：《元稹集》卷二十四，中华书局 2010 年，第 325 页。

苏州老字号企业历史文化遗产研究现状及思考[*]

赵　伟　夏赵一铣　邵婉容（苏州科技大学）

内容摘要：近年来老字号企业的文化价值越来越受到重视。苏州地区此类企业历史文化遗产的保护取得较好成效，但还存在诸如不确、模糊、缺失的情况，对此有必要进行全面深入的整理及研究，从而为老字号企业的发展开拓新思路。相关的研究成果逐年增多，研究水平也逐渐提高，但还需加强叙事的全面性和分析的深度，并突出文化内涵，尤其是老字号的个性文化特征。这就需要运用社会学实地调查的方法，特别是对口述材料的采集，才能夯实研究的资料基础。对苏州老字号的研究可以分为总体历史发展概述、历史文化遗产整理、保护及开发探讨三大部分。最终的目的是期望全面完成苏州老字号历史文化遗产的整理工作，建成数据库，为将来数字博物馆的建设打下基础，同时也希望通过分析讨论，提出传承及创新的新理念。

关键词：苏州老字号　历史文化遗产　研究现状及趋势

老字号企业不仅是作为一般的营利性经济组织，它还承载着历史文化的内涵，担负着延续及创新历史文化形态的任务。然而，随着时代的发展，全国老字号企业经营发展的状况堪忧，老字号品牌、工艺、文化的传承遇到很多困难。对此，自 2006 年启动"振兴老字号工程"以来，党和国家领导人多次关心并给予指示。2017 年 1 月，商务部等 16 部门出台了《关于促进老字号改革创新发展的指导意见》，指出老字号企业"承载着中华民族工匠精神和优秀传统文化，具有广泛的群众基础和巨大的品牌价值、经济价值和文化价值"[1]。可见，政府相关部门已经越来越多地认识到其文化传承功能的重要性。推动老字号企业的发展，在政策层面支持之外，研究层面也应加大力度。苏州是江苏省老字号企业最为集中的地区，2017 年 12 月公布的首批 84 家"江苏老字号"企业中，苏州就有 22 家，超过了全省总数的四分之一。苏州老字号企业的历史悠久，涉及行业众多，文化内涵丰富，在整个江苏省，乃至全国，都具有代表性。因此，对苏州老字号企业历史文化遗产的整理及研究具有十分重要的意义。为进一步深入研究，我们有必要了解目前苏州老字号企业历史文化遗产研究的现状，并指出研究推进的方向。

一　苏州老字号企业历史文化遗产的保存现状及研究意义

历史文化遗产包括"物质文化遗产和非物质文化遗产"，物质文化遗产是"具有历史、艺术和科学价值的文物"，非物质文化遗产是"指各种以非物质形态存在的与群众生活密切相关、世代相承的传统文化表现形式"[2]。老字号企业的历史文化遗产是专指老字号历史发展过程中形成的物质和非物质的文化遗产。老字号物质文化遗产，如老字号店招、生产工具、历史建筑等；老字号非物质文化遗产，如生产工艺流程、仪式活动、经营理念等。

苏州老字号普遍创始较早，历经沧桑，随着社会的变迁，各老字号历史文化遗产留存的情况良莠不齐。近年，政府、社会、企业、个人等，多方加大支持或投入力度，老字号自身对文化遗产的保护意识也不断提高，然实际上仍存在一些问题。

一方面，苏州老字号企业历史文化遗产的保存

* 项目来源：北京用友公益基金会首届"商的长城"一般资助项目，项目名称"苏州老字号企业历史文化遗产整理及研究"。

不断受到重视。中央、江苏省、苏州市陆续评选公布一批老字号企业，作为重点支持的对象，尤其是确定了一批国家级或省级非物质文化遗产名录，加强了对老字号企业文化遗产核心价值的保护。老字号企业负责人也已经越来越重视对历史文化遗产的保护，在对生产工艺传承人的选拔和培育，对老字号历史文化展示室的建设或改造，对老字号产品包装中文化元素的设计等方面都做了很多工作。总之，苏州老字号正在不断探索历史文化遗产的保护和运用途径。

另一方面，苏州老字号企业历史文化遗产的保存出现不确、模糊、缺失等问题。不确是指历史叙事的严谨性不够。一些老字号企业对其发展历史的叙述过于故事化，缺少历史史料的证据。模糊是指历史叙事的多种版本或讲述不够清楚。一些老字号企业对其历史上发生的一些事件的记录不能很好地表达出来龙去脉的全貌，且说法在不同的地方各不一样，个别历史经过没有将得很明白。缺失是指历史经过的某一段记述太少，影响到了历史沿革叙事的延续性。一些老字号的历史记录除创始情况外在民国时期的发展情况叙述较少，新中国成立后的文字较多，没有展现出较为连贯的历史叙事，需要进一步挖掘史料加以补充。

可见，苏州老字号企业历史文化遗产的保存虽然取得一定成绩，但仍需进一步挖掘、整理和研究。这项工程具有十分重要的研究价值，是推动苏州老字号企业文化传承、发展和创新的积极举措。

第一，为创建完备、系统、丰富的"苏州老字号企业历史文化遗产数据库"做准备。为改变老字号历史文化遗产记述内容单薄散乱的现状，我们可以尝试在全国创设首个城市老字号企业的历史文化遗产数据库，为下一步建设苏州老字号数字博物馆做好资料和素材的准备，也为中华老字号企业文化遗产整理工作提供优秀的样本。

第二，开拓文化遗产解读新路径，充实老字号的文化内涵。苏州老字号历史文化的保护只有在充分认识其内涵的前提下才能够找寻到传承创新的道路。一方面，对老字号的研究可以挖掘文化遗产的深厚内蕴，也可以提升老字号文化层次，在消费的同时，给予顾客高品质文化体验；另一方面，老字号文化深入和广泛的传播，也将为中华传统文化的复兴作出独特贡献。

第三，为老字号企业文化遗产的保护、开发及创新提供新思路。对苏州老字号企业历史文化遗产的整理只是一种手段，最终的研究目的还是要落在老字号企业发展问题上。整理的过程是对老字号企业历史文化遗产的科学保存，将有助于老字号破除文化困境，加快现代转型，为形成各具特色的新时代老字号文化提供指引。

第四，为政府制定老字号发展政策提供参考。整理及研究的成果能够让苏州市政府了解老字号企业生存现状及健康发展的方向，及时给予政策咨询；同时，也让政府了解老字号发展的迫切需求，尽快出台实效性措施。

总之，苏州老字号企业历史文化遗产保存水平有待进一步提高，对此的整理及研究无论是对老字号企业本身，还是苏州城市发展，都具有重要的积极作用。

二 苏州老字号企业历史文化遗产的研究现状及发展趋势

迄今为止，对苏州老字号历史文化遗产的研究已具有一定成果，总体而言，呈现研究成果逐年增多，研究水平逐渐提高的态势，不过仍然存在一些不足之处，有进一步拓展和提升的空间。

对苏州老字号企业历史文化遗产的研究主要有三个方面：

第一，发展史研究。

老字号的价值源于历史，现有研究对其发展史的梳理，尤其是 1949 年前，资料不够丰富，内容不够详尽，叙事不够深入。

孙中浩主编的《苏州老字号》对 43 家苏州老字号品牌的发展史进行了梳理，为研究提供了很多线索，但史料不足，内容略显单薄[3]。由魏文斌主编的《苏州本土品牌企业发展报告（老字号卷）》一书，对 17 家老字号的发展史有了相对较多的介绍，增加了一些史料，但历史叙事的广度和深度仍有较大的提升空间[4]。如，对稻香村在清朝的起源仅一句带过，采芝斋在民国时期的情况几乎缺失，对天福西瓜子的介绍主要集中于新中国成立以后，且内容较少，等等。而且，几乎都是就事叙事，较少从更广阔的时空范围对小历史进行关照，也鲜有从个体人物或群体的活动、观念、关系等方面进行深挖。

究其原因，主要是缺乏资料。现有研究大多依靠传统的历史文献资料，来源途径单一，文字则是主要表现形式。如今，口述史研究方兴未艾，应该运用现代影像设备，开拓老字号口述史的研究。总之，苏州老字号企业的历史文化应该由文字、图片、声音、图像等多种形式叙述出来，有必要对此进行重新梳理。

第二，文化遗产研究。

由历史而析出文化遗产，是一贯思路，然对苏州老字号企业文化遗产的研究存在两个问题。

其一，通性总结较多，且侧重无形文化遗产方面，如经营理念、从业道德等。尤士洁在《苏州食品餐饮老字号的历史文化传承分析》一文中总结了"精益求精""诚实守信""细腻婉约"等老字号文化[5]，汪思冰在《苏州中药老字号的发展轨迹与品牌文化内涵》一文中则增加提出了两点，即"以和为贵"、"精品纷呈、技艺独特"的文化特点[6]。此外，顾燕新的《苏州老字号的文化内涵》等论文中也有类似的论述。这些内容其实是普遍性的商业文化，学界对每个苏州老字号个性文化特征的讨论很不充分[7]。

其二，文化表象的描述较多，缺乏深层、多面的内涵诠释。《苏州本土品牌企业发展报告（老字号卷）》中的《采芝斋的历史发展与品牌文化》一文，提到了一项重要文化遗产，民国国画艺术家谢孝思手书"采万物灵芝，溶百年珍味"的楹联，但文章并没有详细阐述其与品牌相联系的文化深意。稻香村糕点品牌的来源，有两种说法，一种认为取自《红楼梦》，但未有学者阐释其文学意境，另一说是

出自魏文帝的《与朝臣论粳稻书》，然也未有学者探究具体的历史地理情境[8]。这些没有深度解读的文化遗产很明显地缺乏表现力。

苏州老字号企业的文化遗产内容十分丰富，但迄今没有一项研究成果对此进行了较为完整的整理。

第三，保护、开发及创新研究。

文化遗产的保护、开发及创新是不可避免的主题，对此的研究已逐步受到重视。

郭欣茹在其硕士论文《苏州餐饮老字号企业视觉形象研究》中指出：苏州老字号企业应基于"独有的传统文化底蕴"，运用"现代艺术设计"，革新"陈旧的视觉形象元素"，构建"系统化，完整化的视觉形象体系"[9]。不仅如此，还应考虑地域文化环境。陈怡羚在硕士论文《苏州老字号"叶受和"四季茶食品牌包装再设计》中提出，对老字号文化遗产的创新开发应该注意从苏州地域文化中寻求灵感[10]。不过，徐艺霏在《苏州地区中华老字号产品包装中的吴文化应用》一文中又强调：当前老字号企业主要的任务是破除固有思维，积极构建"具有现代化特色的产品包装设计思路、设计风格"[11]。

其实，首先缺少的是对现状的全面考察。文化遗产的保护、开发及创新包括很多方面，除企业形象及包装设计方面之外，还有传统工艺、产品种类、经营理念、传播方式等。苏州老字号企业对文化遗产的保护、开发及创新已做了一些工作，获得一定成果，但仍存在很多问题。对此，迄今尚未有较为详细的论述，当然对其中存在的问题也未有深刻的分析，更无论与其他优秀老字号企业，尤其是日本、中国台湾成功老字号企业，做比较研究。

基于以上相关学术史述评，我们有必要对苏州老字号企业历史文化遗产的各项内容，做全面、系统、详细的整理，并对一些重要问题进行深入探讨。因此，今后的研究应该从以下三个方面寻求突破。

一是学术思想及观点方面，应该以动态眼光看待老字号历史文化遗产的内容。老字号不能故步自封，文化遗产需要保护，但更多的形式和内容需要革新，加入现代元素进行开发和利用，更重要的是

应该创造新的时代文化内容来增加遗产的容量。

二是研究内容方面，应该全面系统地整理苏州老字号企业历史文化遗产，并创建数据库。以往的相关成果或多或少存在不足，新的研究应大规模、全方位、体系化、多路径地梳理苏州老字号历史文化遗产内容。

三是研究方法方面，应该将实地调查方法运用于老字号研究。老字号的文献记载并不充分，需要采用田野调查法，通过访谈、问卷、实地观察等方式获取信息，尤其是采集口述史材料。这样才能丰富和充实老字号历史文化研究资料。

三 苏州老字号企业历史文化遗产研究的思考

目前，苏州老字号企业共有 75 家，其中商务部认定的有 29 家，各级非物质文化遗产保护的项目共有 52 项，国家级 4 项，省级 20 项，市级 28 项[12]。研究对象集中在苏州市区范围，可拟选取其中 21 家，餐饮业 6 家（松鹤楼、朱鸿兴、石家饭店、老庆泰、义昌福、近水台），食品业 6 家（乾生元、稻香村、采芝斋、黄天源、津津及叶受和、陆稿荐），茶业 2 家（三万昌、汪瑞裕），医药业 2 家（雷允上、华佗），珠宝首饰业 1 家（恒孚），钟表业 1 家（徐昌），建材业 1 家（御窑）。我们可以对这些老字号的历史文化遗产进行整理及研究，具体包括发展沿革、重要人物、著名典故、有形及无形文化遗产等，并探讨保护、开发及创新等问题。

研究思路可以从苏州老字号企业群体发展历史总论入手，为其后个体的具体考察提供必要的总体关照。21 家老字号历史文化遗产的考察是主体部分，先以时间顺序梳理清楚发展史，为文化遗产整理提供史实基础，再以有形和无形两类分别展开，通过挖掘史料文献、现场采访、问卷调查等方式，为整理工作提供文字、图片、声音、影像等多种形式的资料及素材。整理完成后，将进一步对文化遗产保护及开发的问题进行深入探讨，在明晰现状和发现问题的前提下，通过与各地成功案例的对照比较，总结提出建设性的文化创意理念。

研究框架可分为以下三个部分及一个附属部分：

第一部分，总体发展历史概论。从创始环境、发展历程、现状及方向三个方面对苏州老字号企业群体进行论述。

创始环境，将讨论苏州老字号产生的经济、技术、文化、社会、风俗等时代背景。其中，明清市民阶层的成长是立论的重要基础。发展历程，将分明代、清代、民国、中华人民共和国成立 30 年、改革开放 30 年五个时期，论述苏州老字号总体发展历史，将关注重要历史事件、时代转折等对老字号发展进程的影响；现状及方向，考察苏州老字号的行业分布、地理位置、文化特征，尤其是经营现状，分析遇到的困境，结合文化遗产的传承，从企业制度、经营战略、营销策略、产品文化等方面指出发展的方向。

第二部分，历史文化遗产整理。分 6 个行业对 21 家苏州老字号企业的发展历史及文化遗产进行全面、系统、详细的整理。

考察每个老字号的发展史，在以时间顺序叙事的基础上，将注意结合与个体老字号成长相联系的历史环境、文化氛围、风俗习惯等因素进行阐述。如，稻香村老字号在清乾隆年间的开创及兴盛，与苏州较高的粮食商品化程度、节令礼事以糕点为主的饮食习惯等因素有关系。对于重要人物、事件、文物等要素，注重历史关联的叙事宽度，如雷允上创始人雷大升，不仅要考察其习医行医经历以及在中医史上的贡献，还要对其家族环境、生活经历、人际关系、经营理念、医德观念等进行全面介绍。

对每个老字号文化遗产的整理，分有形和无形两类。有形文化遗产，即物质文化遗产，主要包括老字号的历史建筑、营业物品、生产工具、商标牌匾、书画古籍等。如得月楼的酒楼建筑，稻香村由清代武举人朱永璜所书的牌匾。无形文化遗产，即非物质文化遗产，主要包括老字号的工艺技术、经营理念、文化习俗、行业规矩等。如去松鹤楼吃卤鸭面是苏州六七月食素斋风俗的"封斋"象征等。在整理文化遗产的同时，对有重要意义的遗存，应阐发其文化内涵，并总结每个老字号的文化基因特征。

这部分内容将在进一步挖掘相关文献资料的同时，大力开展实地调查，采集丰富多样的图片、音频、视频等材料。一方面将可整理成文字的内容体现在著作中，另一方面为数据库的制作提供丰富素材。

第三部分，保护及开发研究。整体考察分析苏州老字号企业对文化遗产保护及开发的现状，提出文化创意的新理念。

保护情况及分析，包括历史文化物品的保存情况、生产工艺技术的保护情况、商业道德精神的传承情况等。开发情况及分析，包括企业形象中文化遗产的利用情况、传统产品及工艺的现代改进情况、基于文化遗产的创意情况等。找出现状中存在的问题，探讨文化遗产的现代利用问题，对照国内（北京、杭州等城市）和境外（日本、中国台湾等地）老字号企业文化遗产开发的经验，提出苏州老字号企业文化创意的新理念。

附属部分，建设苏州老字号企业历史文化遗产数据库。

按照科学的目录层次和结构体系，在精细化整理基础上，将所有采集的历史文献资料和实地调查的图片、声音、影像资料集合起来，做到能够方便地查询、检索、管理、使用、扩展，可作为今后建设苏州老字号数字博物馆的前期准备。

总之，研究的重点在于对 21 家苏州老字号企业历史文化遗产的整理。将分行业，对每家老字号企业逐个整理，内容包括发展历史、有形和无形文化遗产，将通过史料文献、实体照片、采访视频、口述音频等材料予以呈现。

这样，通过全面调研采访，我们一方面可以完成苏州老字号企业历史文化遗产的全面整理工作。对老字号的历史发展有完整详细的认识，对老字号的文化遗产有丰富多样的呈现形式和深入厚重的内涵解读。另一方面通过研究可以提出老字号企业文化保护及开发的新理念。老字号企业文化遗产的生命在于创新，发现现状的困境与问题，对比成功老字号的文创案例，形成文化创意的新理念。

注释：

[1] 商务部等：《16 部门关于促进老字号改革创新发展的指导意见》，2017 年 1 月 13 日，见 http：//www. gov. cn/xinwen/2017 – 02/04/content_ 5165335. htm。

[2] 国务院：《国务院关于加强文化遗产保护的通知》（国发〔2005〕42 号），2005 年 12 月 22 日，见 http：//www. gov. cn/gongbao/content/2006/content_ 185117. htm。

[3] 孙中浩主编：《苏州老字号》，古吴轩出版社 2006 年。

[4] 魏文斌主编：《苏州本土品牌企业发展报告·老字号卷》，苏州大学出版社 2014 年。

[5] 尤士洁：《苏州食品餐饮老字号的历史文化传承分析》，《中国商贸》2012 年第 3 期。

[6] 汪思冰：《苏州中药老字号的发展轨迹与品牌文化内涵》，《北方经贸》2016 年第 11 期。

[7] 顾燕新：《苏州老字号的文化内涵》，《学理论》2010 年第 29 期。

[8] 储敏慧、平煜：《采芝斋的历史发展与品牌文化》，魏文斌主编：《苏州本土品牌企业发展报告·老字号卷》，第 216—220 页。

[9] 郭欣茹：《苏州餐饮老字号企业视觉形象研究》，苏州大学设计艺术学专业硕士学位论文，2009 年，第 51、52 页。

[10] 陈怡羚：《苏州老字号"叶受和"四季茶食品牌包装再设计》，湖南工业大学艺术设计专业硕士学位论文，2016 年，第 4、5 页。

[11] 徐艺霏：《苏州地区中华老字号产品包装中的吴文化应用》，《设计》2016 年第 6 期。

[12] 苏州老字号协会：《苏州老字号发展报告》，《苏州老字号》第 24 期，2016 年，第 1—4 页。

从吴门画派茶事画作看明代文人品茶

梁 霓（南开大学）

内容摘要：吴门画派形成于明代中期的苏州，在文人画中占有重要地位，其中有大量描绘文人品茶内容的画作，这些茶事画作的出现除了得益于吴门画派的形成外，还有自然、人文等各方面要素起推动作用。通过这些画作不仅能看出吴门画派茶事画作的绘画特点，还可以反映出明中期江南文人常用的茶具，对择水的观点，饮茶的外在环境与人文环境等内容。通过对绘画风格、意境的体会，还可以进而探究明代茶文化的精神、文人的精神追求等方面内容。此外，吴门画派的茶事画作还对后世产生深远影响。

关键词：吴门画派 明代 文人 茶文化

一

吴门画派生长于明代中期的苏州，这一时期严酷的政治环境和繁荣的经济文化并存。明初，朱元璋在政治上严刑峻法，同时，由于苏州是元末张士诚的根据地，他对苏州文人进行更为严厉的打压，不录用苏州地区士人为官，甚至对其进行残酷迫害[1]。虽然这一现象之后有所改善，但也是部分苏州地区文人对朝廷较疏远的历史因素。因此，较清闲的文人便寄情于书画诗文，并发展了与皇家审美趣味不同的文人艺术风格。

苏州所处的江南地区自古经济发达，人民生活较富裕。明代中期，该地区经济恢复发展，同时商品经济趋于繁荣，城市、市镇的经济活动丰富，商人、市民阶层不断壮大，进而在文化方面更加注重提升自身的素养，关注精神方面的享受。因此，收藏书画等形成风气，进一步促进了吴门画派的发展[2]。

明初，苏州地区的绘画风格基本继承元代发展于江南地区的文人画风格。之后，虽然雄劲简易的"浙派"兴盛，被官方认可，但由于苏州文人保持着疏远朝堂的态度，元代文人画的风格仍在此传承。沈周学画上溯董源、巨然，也大量模仿"元四家"，文徵明也在继承元代文人画的风格上形成自身特点，其青绿细笔尤为恬静文雅。此外，唐寅、仇英师从周臣，具有"院体"风格，但唐寅画作也学习"元四家"，更具有文人画风格。仇英画工精湛，以工笔重彩为主，同时在与其他吴门画家的交往中也吸取了文人画的特点，有潇洒、淡雅的作品。

从"吴门四家"和其他同派画家的绘画风格来看，吴门画派博采众长，具有包容的特点，带有文人画的风格精髓，同时也不排斥苏州地区商品经济发展对绘画的影响。

二

团茶、散茶在明代以前一直并存，而贵族官员等多用团茶，散茶流行于民间，到了明洪武二十四年，朱元璋下诏罢造龙团，采茶芽进贡，促使社会各阶曾普遍使用散茶。当时的品饮方式仍沿用宋代的点茶法，但开始注重茶的自然之味，在明初朱权所著《茶谱》中批评宋代团茶"夺其真味"，提出"莫若叶茶，烹而啜之，以遂自然之性也"可以看出[3]。

之后，饮茶方法逐渐发展为"瀹饮法"，即用水冲泡茶叶，在之后的茶书中皆采用这种方法，在吴门画派的茶事画作中，除了仿前代人的画，也都采用"瀹饮法"。

这种方法由于仅用清水冲泡茶叶，更加注重茶的真味，对水质的要求更细致，推动了茶具的变革，更重要的是它与文人们天人合一、返璞归真的精神追求相契合，因此这时的茶事画作更能反映文人的审美观念与精神境界。

苏州所处的江南地区自古生产优质的茶叶，到明代，这一地区更是名茶众多，如"天目茶""虎丘茶""天池茶""松萝茶""阳羡茶"等，也有适宜烹茶的水，如惠山泉、龙泓泉、虎跑泉等，这种优越的自然条件是当地茶事兴盛的基本条件。

此外，明代的爱茶文人众多，他们不仅精于品饮，还亲自探究采茶、制茶、择水的方法，相关著述众多，如许次纾的《茶疏》、田艺蘅的《煮泉小品》、黄龙德的《茶说》等，文人雅集、品茶活动兴盛。这些条件都促进了明代吴门茶事画作的发展。

三

茶具虽然在吴门画派的茶事画作中仅占很微小的部分，处于次要地位，但通过对其的观察可以对明中期江南文人的常用茶具形成初步认识，对研究当时文人的物质文化生活有一定意义。

在吴门茶事画作中出现的除普通的铜等材质的茶炉、茶灶，还有一种独特的竹茶炉，是明代流行的样式。炉外以竹子围成，中有炉胆，又名"苦节君"[4]，与竹子的精神象征意味相联系，在高濂的《遵生八笺》中有记载。竹茶炉的形象在文徵明的《乔林煮茗图》、唐寅的《款鹤图》、李士达的《西园雅集图》等吴门画作中皆有出现。在文徵明的《惠山茶会图》、文嘉的《惠山图》中烹茶也使用，体现出"惠山竹炉"的典故。洪武年间，惠山听松庵的僧人性海请湖州竹工制作形状像天圆地方的竹炉，用其烧水泡茶，招待文人过客，并邀请画家王绂作《竹炉煮茶图》，从而竹茶炉更加著名，成为美谈。因此，之后明代文人往惠山品茶，画家描绘相关内容时，大多会受到这一典故的影响，以竹茶炉为煮水器具。

单柄烧水壶是明代江南地区常用的烧水器具，在文徵明的《品茶图》《茶具十咏图》及其他茶事画作中皆可看出，即煮水所用"铫"。许次纾认为锡制最好[5]，也有陶瓷材质等，但在画中难以判定材质。

明代中期，紫砂壶仍未兴起，这一时期茶壶主要有锡、银质，以及带釉瓷壶等，《茶疏》记载以柴窑、汝窑、宣德、成化窑出产为佳，但旧瓷受热易开裂。壶的大小不一，文徵明《品茶图》与唐寅《事茗图》中茶壶均较大，而同是二人作品的《茶具十咏图》和《琴士图》中茶壶较小。之后许次纾的《茶疏》、冯可宾的《岕茶笺》等著作都提倡用小壶泡茶，使茶香不涣散，反映明中期对茶壶大小的主张还未明确。明代的提梁式茶壶具有时代特色。沈周《东庄图册》之《拙修庵》、唐寅《事茗图》所绘均为白色提梁式壶，应为瓷质，仇英的《松溪论画图》也出现提梁壶的形制。

至于明清时期流行的紫砂壶，从正德年间供春制壶开始，在明中后期逐渐兴盛，文震亨《长物志》等书都大力提倡以此泡茶，但其在吴门画派茶事画作中却很少出现，反映明中期紫砂壶在苏州仍未广泛流行。

用于承托茶杯，沈周《东庄图册》之《拙修庵》，唐寅《琴士图》、仇英《松溪论画图》《东林图》等皆出现红漆茶托，仇英《赵孟頫写经换茶图》出现黑漆盏托，此外，文徵明《惠山茶会图》、仇英《玉洞仙源图》等也出现茶托，反映明中期江南文人品茶仍沿用前代盛行的茶托。以漆器制作茶托在宋代已流行，审安老人茶具图中的"漆雕秘阁"即为当时的盏托形象，在吴门画派的画作中仍可看到这一形象的延续。

明代由于品饮方式改变，为了突出茶汤色泽，茶杯崇尚用白瓷，明初朱权以"饶瓷为上"[6]，许次纾、文震亨等人都推崇纯白色的定窑瓷器，但其不宜常用，同时，宣德、成化、嘉靖年间的制品也受到青睐，但总体上以白色为佳。在文徵明《品茶图》、唐寅《琴士图》、仇英《松溪论画图》、《玉洞仙源图》、《东林图》等画作都为白瓷茶瓯。

除了以上主要茶具外，吴门茶事画作中也反映当时其他各类茶具。如唐寅《煎茶图》中茶炉旁置炭筥、火箸，并有用于贮水的瓮，烹茶高士手持扇扇火，身旁的案上放置茶瓶、茶合等各类茶具。

从画中可看出，明代江南文人在茶具的选择上十分讲究，种类全面，既有继承前代传统形制的茶具，也有此时期的创新，还有体现文雅典故、精神气节的内容，如"苦节君"，反映此时吴门文人对精致生活的追求。

四

水在泡茶中居于至关重要的地位，吴门画派茶事画作中也注重对用水的描绘，除《惠山茶会图》等采用公认名泉的画作外，也有描绘在其他自然山水中汲水的场景，如仇英的《松溪论画图》与《松溪试泉图》等。明代田艺蘅的《煮泉小品》对泡茶之水有较为详细的论述，认为"泉非石出者必不佳"[7]认为泉水应从石池间漫流而下，而非水流湍急，主张水要具有"清寒"的品质。观察仇英的这两幅画作以及文徵明《品茶图》、唐寅《乔林煮茗图》等其他画作的水环境，皆是清幽缓流之水，从石块间流出。画中的水除了是文人山水画的基本要素之一，有时也体现文人对品茶用水的要求，反映闲适、清净的饮茶氛围。

文徵明的《惠山茶会图》是反映室外品茶的著名画作，采用小青绿的画法，工笔细致描绘山石、松树、茅亭等，清幽隽雅，正符合《茶谱》中"泉石之间""松竹之下"[8]的清雅自然环境。唐寅的《乔林煮茗图》中，文士斜倚树干，悠然自得，旁有奇石、溪流，体现与自然合一的品茶环境。《琴士图》中以山石瀑布为背景，皴法用笔飞舞，又间有苍松树木等，设色清新，画面有清凉之气，除右侧案上放置器物外，鼎彝、茶具等还陈列于琴士前方的地面上，反映出野外品茶时的器物陈设较为随意。从吴门画派的茶事画作中可以看出明代江南文人喜爱清幽的野外环境，常伴有名泉怪石、茂林修竹，并伴随弹琴、欣赏古物等雅事[9]。

明代已注重在居所营建"茶寮"，"构一斗室，相傍山斋，内设茶具"[10]是《长物志》对其的记述。室内品茶也是吴门茶事画作的重要内容之一，文徵明《品茶图》和《真赏斋图》，唐寅《事茗图》等画作中都有童子在山房一侧的茶寮烹茶的景象。茶寮多为茅屋，和文人书斋一样具有在简单朴素中体现清静雅致的特点。品茶的室内也都窗明几净，有

些还陈设古物，体现文人雅趣。

吴门茶事画作中，有文人独自品茶，也有邀请客人前来品茶和与众人进行茶会活动的内容。明代屠隆在《考槃余事》中延续了"茶之为饮，最宜精行俭德之人"的观点，文人对茶友的选择也十分重视，应为彼此心灵相通，有共同情趣之人，如文徵明《真赏斋图》、仇英《松溪论画图》中所体现的即为茶友之间的品茶情形。《惠山茶会图》描绘画家与好友蔡羽、王守等人品茗吟诗的场景，表现当时文人茶会的景象[11]。在其他吴门画家的作品中，谢时臣的《文会图》表现了三人在园林中品茗雅集的文人意趣，李士达的《西园雅集图》和钱穀的《秦淮冶游图》之二中皆出现了仕女形象，将品茶与佳人联系到一起，为之前文人品茶画作中少见，体现出此时茶事画作的世俗化趋势。

在吴门画派茶事画作中，除一部分是文人自行烹茶，童子烹茶、侍奉的形象极为常见。反映出当时吴门文人不仅有闲情逸致，而且生活较富裕。童子要汲水、掌握烹茶技巧，同时还要把握奉茶、供果饵的时机，此类情景在当时的茶事画作中皆有反映。

五

明代文人品茶具有淡泊、宁静、清雅的品味，从明初朱权的《茶谱》到之后的众多茶书，均延续这一观念，同时这种文人恬淡、清高的精神也反映在众多绘画中，如唐寅的《品茶图》即体现了悠闲的山居生活情趣。但也应注意到，这不一定是画家真实生活状态的写照，更多是寄托身居城市却向往山林泉石的心灵，具有摆脱世俗牵绊的意味，进而上升为文人的"隐逸精神"，如唐寅《煮茶图》右侧一仙鹤翩翩起舞，为隐逸的象征。

茶文化与道家思想也密不可分，其中蕴含道家天人合一、顺其自然、冲淡平和、修身养性等精神。在茶事画作中体现得最为突出的是仇英的《玉洞仙源图》，以工笔重彩画出幽深缥缈的洞天福地，同时结合烹茶活动，具有道家远离尘俗的气质。

唐宋时期有关茶事绘画多描绘宫廷茶会，宋代

还有富有市井气息的斗茶图等，多以人物画为主。而明代吴门画派茶事画作大多以山水为主，人物、陈设为辅，并突出清幽淡远的环境，具有吴门画派自身的风格。如文徵明的《林榭煎茶图》，用笔秀润，工写相结合，师法王蒙，所画山水占据大部分篇幅，有苍茫之感。唐寅的《事茗图》也以青山环抱为背景，突出了夏日清风古树相伴的优雅环境。此外，其他茶事画作中，山水所占比重均较大，体现其多以山水画为主的特点，注重与品茶相契合的自然环境。

茶室、茶具等虽然居于次要地位，但仍在吴门茶事画作中有所体现，从中可看出当时文人的茶具布局陈设较为随意，多摆放桌案上，放置的数量种类不一，也有直接摆放地上的。有时与古鼎彝相伴，但少见有瓶花装饰茶席，与后世不同，可能当时以对花啜茶为煞风景的观点仍存在一定影响[12]。此外，

相伴的果品也少见，花果等物均对茶味有所影响，反映当时文人对茶之真味的追求。

吴门画派的茶事画作对后世产生深远影响，同时后世的画作也形成了不同风格，如晚明的丁云鹏、陈洪绶都有大量有关品茶的画作，如《玉川子煮茶图》《闲话宫事图》等，与吴门画派不同的是，其中人物、茶具更加突出，占主要地位，山水的比重下降，茶具中紫砂壶兴起，普遍出现于明后期的茶事画作中。之后文人品茶的清幽之境逐渐不再突出，世俗化趋势更加明显。

明代吴门画派在中国绘画史上占据重要地位，其中涌现大量有关文人品茶画作，不仅是当时茶事兴盛的反映，更借茶体现了文人的精神追求，其中远离世俗、宁静淡远的意境，流露出文人追求淡泊、隐逸的思想感情。

注释：

[1] 漆澜、张长虹、万新华：《吴门风规》，上海书画出版社 2006 年，第 9 页。

[2] 江洛一、钱玉成：《吴门画派》，苏州大学出版社 2004 年，第 11 页。

[3]〔明〕朱权：《茶谱》，《茶学大典》本，中华书局 2012 年，第 11 页。

[4] 郭丹英：《苦节君考》，《农业考古》2009 年第 2 期。

[5]〔明〕许次纾：《茶疏》，《喻政茶书》（乙本），中华书局 2013 年，第 109 页。

[6]〔明〕朱权：《茶谱》，《茶学大典》本，中华书局 2012 年，第 72 页。

[7]〔明〕田艺蘅：《煮泉小品》，《茶书》本，中华书局 2012 年，第 102 页。

[8]〔明〕朱权：《茶谱》，《茶学大典》本，中华书局 2012 年，第 11 页。

[9] 裘纪平：《书画园林品茗探微》，《国际茶文化研讨会》，2010 年。

[10]〔明〕文震亨：《长物志》，重庆出版社 2008 年，第 20 页。

[11] 许艳艳：《文徵明茶画艺术探析》，《福建茶叶》2017 年第 1 期。

[12]〔明〕田艺蘅：《煮泉小品》，《茶书》本，中华书局 2012 年，第 136 页。

"吴中四士"考略及其诗考异

郭殿忱 (北华大学文学院)

内容摘要: "吴中四士",又称"吴中四友"。一云有张若虚,无刘眘虚;一相反。另三人为包融、贺知章、张旭。考其里籍、游宦与"吴中"地域之关系;略论他们的年齿、唱酬与"四士"之称的联系。之后,再对相关诗中异文加以校考,试给出献可替否之结论,用来求教于读者方家。

关键词: 吴中 四士 诗 考异

纵观中国文学批评史,自曹丕《典论·论文》将孔融、陈琳等七人并称"七子"始,后世品藻人物多沿用此法,至唐而尤盛。依时,有"初唐四杰";依地,有"竹溪六逸";依事,有"饮中八仙"等。爬梳寓目典籍,"吴中四士"首见于《新唐书·刘晏传》所附《包佶传》:"佶字幼正,润州延陵人。父融,集贤院学上,与贺知章、张旭、张若虚有名当时。号'吴中四士'。"[1]而明代高棅编选《唐诗品汇》在"诗人爵里详节"包融条下称:"延陵人,开元初,与贺知章、张旭、刘眘虚皆有名,号'吴中四士'。"[2]清代蘅塘退士编、陈婉俊补注本《唐诗三百首》刘眘虚名下云:"字挺卿,江东人。夏县令。与贺知章、张旭、包融为'吴中四友'。"[3]由于存在歧说,故今人所编《辞海》《辞源》等工具书鲜有收录。

我今不揣浅陋,试就"吴中"地域及其与"四士"里籍、游宦之关联,"四士"之间依年齿、酬唱判断其交谊等方面,分别予以考证。

一 吴中考略

《史记·项羽本纪》载:"项梁杀人,与籍避于吴中。吴中贤士大夫皆出项梁下。……虽吴中子弟皆已惮籍矣。"[4]惜《集解》《索隐》《正义》三家均未对"吴中"置一词。复旦大学历史地理研究所编《中国历史地名辞典》称泛指今太湖流域一带[5]。《旧唐书·文苑传》云:"神龙中,知章与越州贺朝、万齐融,扬州张若虚、邢巨,湖州包融,俱以吴越之士,文词俊秀,名扬于上京。"[6]按:诸人里籍似与"太湖流域一带"几近矣。

然此段文字中的"神龙中"即公元 705 年至 707 年,与上引"开元初"即公元 713 年,虽只隔了七八年,但其间已换中宗、殇帝、睿宗三位皇帝。另从文义与文气两个方面看"吴中四士"乃上京(今长安)朝野文人对他们的称谓。他们彼此之间似未自称过。不像"唐初四杰",杨炯本人即称:"吾愧在卢前,耻居王后。"[7]

二 四子考略

贺知章传中"四子"未及刘眘虚而有张若虚,并言其为扬州人,扬州古今皆属吴地,故当代学者多将其归入"四士"之中。如林庚、冯沅君主编的《中国历代诗歌选》[8]、谢孟选注的《中国古代文学作品选》[9]、鲁洪生等主编的《中国古代名著导读》[10]等。

而刘眘虚从里籍看,《唐才子传》称其为嵩山人[11]。当代学者谢先模考证:"应是新吴人,即今江西奉新县人。"均与"吴中"不合。再从游宦看,唐人好以任职所在地称人,如韦苏州(应物)、刘随州(长卿)等。据《康熙奉先县志》载,"刘眘虚以宏辞科举左春坊、司经局校书郎,转崇文馆校书郎"[12],均为京官。《全唐诗》称其为"江东人(此为《唐诗三百首》以下简称《三百首》,所本)。天宝官夏县令(《三百首》又称:曾为洛阳尉)"[13]。考:《新唐书·地理志(三)》:"河中府河东郡,县十三:河东、河西……安邑,义宁元年(617)以安邑、虞乡、夏(县)置安邑郡。"[14]其中夏县,为北魏太和十八年（494）改北安邑县置。治所在今山西夏县西北禹王城。刘眘虚所任地方官的夏县和洛阳均在北方，更与"吴中"无涉。

复从年齿看，据闻一多先生《唐诗大系》称刘眘虚的生卒年为704—745年，开元初（713）仅为十岁童子，神龙间尚属幼童，亦无列"吴中四士"之可能。

倒是清代康熙、乾隆两朝所编《全唐诗》与《三百首》称其为"江东人"（三国时孙吴统治之区域），加之其酬唱之作有多首事涉"吴中"，如《暮秋扬子江寄孟浩然》《越中答海客》《江南曲》与王昌龄赠诗《宿京江口期刘眘虚不至》等。这使其列入"吴中四士"，稍许有些影像。

又，古文家李华曾撰《三贤论》盛赞刘眘虚、萧颖士、元德秀三人之德才。《新唐书》类传《文艺（中）》载："萧颖士，字挺茂，梁鄱阳王恢七世孙。"[15]里籍为"吴中"，可以推知。同书类传《卓行》中载："元德秀字紫芝，河南南阳人。"[16]看来"三贤"不以地望命名。以何名之？文中自有说明："余兄事元鲁山（德秀曾任鲁山县令）而友刘、萧二功曹：此三贤者，可谓之达矣。"[17]功曹，唐时"功曹参军"之省称。按：萧颖士本传载："颖士乐闻人善，以推引后进为己任……天下推知人，称萧功曹。"[18]刘眘虚任何处功曹，未见载记。

要言之，"吴中四士"有张若虚，可以坐实；无刘眘虚，尚需进一步考证。故下文未及刘眘虚诗。

三 "四士"诗考异

（一）包融诗，《丹阳集》收入二首。"殷璠曰：'（包）融诗情幽语奇，颇多剪刻。'"

1. 送国子张主簿

> 河岸缆初解，莺啼别离处。
> 遥见舟中人，时时一迴顾。
> 坐悲芳树晚，花落青轩树。
> 春梦随我心，摇扬逐君去。[19]

校：诗题中的"送"，《唐诗品汇》（以下简称《品汇》）作"答"[20]。按诗中言解缆、别离、迴顾、我心逐君去，分明为送别而非赠答诗。"送"字佳。

校："河岸"，《唐诗纪事》（以下简称《纪事》）、《品汇》《唐诗别裁集》（以下简称《别裁》）俱作"湖岸"。考：江南水乡多湖泊，水路行舟，由湖岸而至江河，"湖"字稍佳。又，《全唐诗》作"湖岍"。考：1955年12月国家公布了《第一批异体字整理表》，其中规定："岍"为"岸"之异体字，一般情况下不再使用。下文所云正异体字，均据此表，不再另注。

校："迴"，《纪事》《别裁》均作"回"。考："迴、回"同音同义，"迴"为后起字，凡旋转、回还之意，可以通用。《品汇》作"廻"。按："迴、廻"为正异体字。

校："青轩"，《纪事》作"清轩"。按：与上句的"芳树"对举，"清轩"略胜"青轩"。

校："摇扬"，《纪事》《别裁》《全唐诗》俱作"悠扬"。考：此为五言古诗，并不忌"遥、摇"之重复。但从音韵考虑，"悠扬"更朗朗上口。

结末二句，让人联想到李白送别诗中的名句："我寄愁心与明月，随君直到夜郎西。"古道衷肠，感人至深。

2. 阮公啸台

> 荒台森荆杞，蒙茏无上路。
> 传是古人跡，阮公长啸处。
> 至今清风在，时时动林树。
> 逝者昔已远，升攀想遗趣。
> 静然荒榛间，久之若有悟。
> 灵光未歇灭，千载知仰慕。[21]

校："蒙茏"，《吟窗杂录》（以下简称为《吟窗》）作"朦胧"，《全唐诗》作"蒙笼"。按：此句言，葱茏的草木已遮断登台之路。"朦胧""蒙笼"皆欠佳。又，"路"字，《吟窗》作"语"，更是大误！

校："跡"，今为"迹"之异体字。系互换字中意符所致。

校："清风在"，《诗式》作"来清风"，《品汇》《全唐诗》均作"清风来"。考："风、来"均为平声字，远不如仄声的"在"字更合声律。

校："昔"，《全唐诗》作"共"。考："共"为连词，诗中难觅与之关联的人、事、物。还是"昔"字表述纪念阮籍为佳。

校："间"，《全唐诗》作"门"。按：句意为，在芜杂的榛丛中静默沉思，"间"大胜"门"。疑繁体"間、門"二字形近，致"鲁鱼亥豕"类手民之误。

唐人高仲武选编《中兴间气集》（傅璇琮校点本《前记》引《春秋演孔图》"正气为帝，间气为臣"之后云："《中兴间气集》得名，或即本此"）自序云："《英华》失于浮游，《玉台》陷于淫靡，《珠英》但纪朝士，《丹阳》止录吴人。"今选"吴中四士"诗加以考异，尽力录与"吴中"有关之作。

（二）贺知章诗《纪事》录入六首，并载其致仕返乡之荣耀："知章年八十六，卧病，冥然无知。疾损，上表乞为道士还乡，明皇许之。舍宅为观，赐名'千秋'，命其男曾子会稽郡司马，赐鉴湖剡川一曲（先乞官湖数顷为放生池，因赐剡川一曲）。诏令供帐东门，百寮祖钱。御制送诗，并序云：天宝三年，太子宾客贺知章，鉴止足之分，抗归老之疏，解组辞荣，志期入道。朕以其年在迟暮，用循挂冠之事，俾遂赤松之游。正月五日，将归会稽，遂钱东路，乃命六卿庶尹大夫供帐青门，宠行迈也！岂惟崇德尚齿，抑亦励俗劝人，无令'二疏'独光汉册。"[22]

1. 詠柳

> 碧玉粧成一树高，万条垂下绿丝绦。
> 不知细叶谁裁出？二月春风似剪刀。[23]

校：诗题，《万首》作《咏柳》[24]。按："咏、詠"是互换意符的正异体字。《才调集》《全唐诗》注：作《柳枝词》[25]。然诗中所言柳丝、柳叶更切《咏柳》之题。

校："粧"，《才调集》《万首》均作"装"，《全唐诗》作"妆"。按"妆、粧"为正异体字，而今"妝"简化为"妆"。"碧玉"即青玉，既形容柳树青翠，又形容柳丝婀娜。晋汝南王爱妾名碧玉，句含梳妆之意，"装"字欠佳。

又"似剪刀"，《才调集》作"是剪刀"。按：形容词"似"强于判断词"是"。

又，一问一答的三四两句，似化用宋之问诗句"今年春色早，应为剪刀催"，而更加形象且俏皮。

2. 晓发

> 故乡杳无际，江皋闻曙钟。
> 始见沙上鸟，犹埋云外峯。[26]

校：《全唐诗》同题诗为五律：

> 江皋闻曙钟，轻桡理还舻。
> 海潮夜约约，川露晨溶溶。
> 始见沙上鸟，犹埋云外峰。
> 故乡杳无际，明发怀朋从。[27]

下注：《唐文粹》《纪事》载此诗并作绝句（内容从略）。今按：此种情形并不少见。《万首》即未收此诗。

校："皐"，今为"皋"之异体字。又五律中的"峰"与绝句中的"峯"亦为正异体字。

3. 採莲

> 稽山云雾郁嵯峨，镜水无风也自波。
> 莫言春度芳菲尽，别有中流採芰荷。[28]

校：诗题，《万首》作《采莲》。按"采、採"为古今字，音、义全同。《乐府诗集》《品汇》《全唐诗》俱作《採莲曲》，为乐府诗清商曲辞，系《江南弄》七曲之一。有"曲"字佳。

校："云雾"，上引四书皆作"罢雾"，是。大雾散尽才好摇舟去采莲。

又，与"稽山"（会稽山）相对的"镜水"即镜湖。宋以后才改称"鉴湖"。元稹有诗云："州城回绕拂云堆，镜水稽山满眼来。"可称赓续之作。

4. 朝士以知章吴越人，戏云：南金复生中土。知章赋诗云：

> 鈒镂银盘盛蛤蜊，镜湖莼菜乱如丝。
> 乡曲近来佳此味，遮渠不道是吴儿。[29]

校《万首》《全唐诗》诗题作《答朝士》。似可。

又，"鈒"读如飒。"鈒镂"，即细刻金银器皿上的纹饰。此句意为名贵的食具里装的是普通的蛤蜊。

校："蓴菜"，《万首》作"莼菜"[30]。按："莼、蓴"今为正异体字。莼菜与鲈鱼为吴越之特产。晋代张翰见秋风起，思念家乡的莼菜鲈鱼而归隐。后世诗文便以"鲈莼"为乡思之代词。

"遮渠不道"，为其时俗语，即任他如何也意料不到之意，白居易亦有诗云："唯拟腾腾作闲事，遮渠不道使君愚。"

又，"吴儿"，要读作"无尼（音）"。"儿"才与"丝"押韵。"儿"在形声字中作声符，组成倪、霓、蜺等字。诗词中，如"打起黄莺儿"、"嫁于弄潮儿"均需将"儿"字读如"尼"。此句"吴儿"用《晋书·夏统传》典故，是指木石心肠之人。哪里是"南金"呀！

《纪事》还录其两首应制诗，因与吴中无涉，故略去。

（三）张旭诗《唐贤三昧集》收录四首。作者简介：生卒年不详（闻一多考证：公元660年至720年？）。字伯高，苏州吴（今江苏苏州）人。初为常熟尉，后官金吾长史（世称张长史）。善草书，与李白歌诗、裴旻剑舞称为"三绝"（见《新唐书·李白传》）。又能诗文，与贺知章、包融、张若虚齐名当时，号"吴中四士"[31]。

1. 桃花溪

> 隐隐飞桥隔野烟，石矶西畔问渔船。
> 桃花尽日随流水，洞在清溪何处边？[32]

校：诗题，《万首》作《桃花矶》[33]。非是。因"矶"为水边突出的大岩石。此题的桃花溪与桃源洞口的流水汇合后，一直漂泛着桃花流入沅江。

不独诗题有异文"矶"，就连作者也题作张颠。这出自《新唐书·张旭传》："旭，苏州吴人。嗜酒，每大醉，呼叫狂走，乃下笔，或以墨濡头而书，既醒自视，以为神，不可复得也，世呼'张颠'。"[34] 影响所及，《品汇》亦署"张颠"之名[35]。言及嗜酒，张旭与贺知章皆被杜甫写进《饮中八仙歌》之中："知章骑马似乘船，眼花落井水底眠。……张旭三杯草圣传，脱帽露顶王公前。"

又，诗题、诗句中的二溪字，《全唐诗》均作"谿"。按："溪、谿"今为互换"意符"之正异体字。

2. 山行留客

> 山光物态弄春辉，莫为轻阴便拟归。
> 纵使晴明无雨色，入云深处亦沾衣。[36]

校：诗题，《别裁》用《山中留客》[37]。体味全诗意境，乃是留居山中的张旭代名山立言留客，故知"山中"胜于"山行"。

校："春辉"，《万首》《别裁》均作"春晖"。按：此句说山中万物焕发光彩，所以用"辉"字更佳。何况"春晖"后来又比喻母爱。又依《一异表》，"辉、晖"为正异体字。

又，"沾衣"句是说，即使晴天不下雨，进入白云深处也会将衣服沾湿。此句是回应上句，意为：不要见到天阴（轻度阴天而非欲雨的阴沉）就不敢或不愿入山了。

3. 一日书

> 青草青青万里余，边城落日见离居。
> 情知海上三年别，不寄云间一纸书。[38]

校：诗题，《万首》作《自书》，《全唐诗》作《春草》。按：原题与《自书》均可与"离居""一纸书"相谐，更与作者大书法家的身份契合。《春草》之题，让人想起江淹的《别赋》："春草碧色，春水绿波。送君南浦，伤如之何！"还有中唐诗人白居易的《赋得古原草送别》："离离原上草……又送王孙去，萋萋满别情。"三题各有特色，因宋人所呈进，明人编定的《万首》之题早于二部清代著作，故应采用《自书》之题。

末句用典，《汉书·苏建传》载，苏武出使匈奴被扣留，始终不辱没节操，后汉廷托言雁足系书来，才得以还朝。"云间一纸书"即指雁足——书信之代词。

4. 柳

濯濯烟条拂地垂，城边楼畔结春思。
请君细看风流意，未减灵和殿里时。[39]

按：末二句用典，《南史·张绪传》："刘悛之为益州，献蜀柳数株，枝条甚长，状若丝缕。时旧宫芳林苑始成，武帝以植于太昌灵和殿前，常赏玩咨嗟曰：'此杨柳风流可爱，似张绪当年时。'"后世诗文咏柳常用此典故。灵和殿，为南朝齐武帝萧赜所建。

又"减"，《全唐诗》作"减"，"减、减"今为正异体字。

（四）张若虚诗《乐府诗集》收录一首。《晋书·乐志》曰："《春江花月夜》《玉树后庭花》《堂堂》并陈后主所作。后主常与宫中女学士及朝臣相和为诗，太常令何胥又善于文咏，采其尤艳丽者，以为此曲。"[40]

《春江花月夜》属《清商曲辞》中的吴声歌曲。张若虚以吴人（《旧唐书》称其为扬州人）唱吴歌，神韵自出。前人评价其"以孤篇压倒全唐"[41]。今人闻一多在《唐诗杂论》中盛赞其为"诗中的诗，顶峰上的顶峰"。

由于全诗二百五十二言，三十六句，转换韵八次，故分韵加以校考。

春江潮水连海平，海上明月共潮生。
滟滟随波千万里，何处春江无月明？[42]

校："滟"，《中国古代文学作品选》（以下简称《作品》）作"滟"[43]。按："艳、滟"为正异体字，今"艳"又简化作"艳"，再加水部偏旁，即成规范汉字。

又"里"，《全唐诗》注："一作'顷'。"[44]按：一般讲，形容水域宽广多用"碧波万顷"。然此四句意境是：在春夜里江潮海潮连成一片浩渺的波涛。此时月光皎洁，共千万里的岂只波涛，还必有春光与明月。故"里"字佳。

此四句点诗题中的"春江"与"夜月"，押上古"耕、阳"二部合韵，押中古"庚韵"。

江流宛转绕芳甸，月照花林皆似霰。
空里流霜不觉飞，汀上白沙看不见。

校："绕"，《作品》作"绕"。按："绕、绕"为正异体字。"绕"，今简化作"绕"。又，古人认为霜如雪一般从天而降，故言"飞霜"。前两句中的"芳甸""花林"，与诗题中的"花"字呼应。押上古"元部"韵，押中古"霰韵"。

江天一色无纤尘，皎皎空中孤月轮。
江畔何人初见月？江月何年初照人？

此四句押上古"真、文"二部合韵，押中古"真韵"。

人生代代无穷已，江月年年望相似。
不知江月待何人？但见长江送流水。

校："望"，《全唐诗》作"祇"。《作品》作"只"。按"祇"为"祇"的异体字，而今"祇"又简化为"只"。与"无穷已"对举，"只相似"胜于"望相似"。

又"待"，《品汇》作"照"[45]。按："照"是一种客观存在的现象；而"待"是一种将明月拟人化后的主观期待。"待"字佳。

此四句押上古"之、微"二部合韵，押中古"纸韵"。

> 白云一片去悠悠，青枫浦上不胜愁。
> 谁家今夜扁舟子？何处相思明月楼？

按：至此，才由泛指的"人"说到具体的"扁舟子"及明月楼上的"思妇"。前两句言白云离青枫浦而去，喻游子告别思妇，此为传统诗学"比兴"之手法。

此四句押上古"幽、侯"二部合韵，押中古"尤韵"。

> 可怜楼上月徘徊，应照离人妆镜台。
> 玉户帘中卷不去，捣衣砧上拂还来。

校："徘徊"，《品汇》作"裵徊"，《全唐诗》作"裵回"。按"徘徊"系叠韵联绵字，"裵回"为其同音同义之异形词。

又"妆"《品汇》作"粧"。按："妆、粧"正异体字。"妆"今简化作"妆"。另，《全唐诗》注："一作'玉'。"按："妆镜台"指代"思妇"，较"玉镜台"大佳！

又"玉户"，同书注："遮户。"按：户，原指单扇窗。此句中指"门窗"，说月光是门窗与窗帘挡不住的。"遮"字略胜。古人评说："欲将帘卷月，而月只是不去。"

又"捣"，《作品》作"搗"。按："搗、捣"为正异体字，今"搗"简化作"捣"。古人评此句："初疑砧上是霜，及去拂拭，而（月）光不动。"

> 此时相望不相闻，愿逐月华流照君。
> 鸿雁长飞光不度，鱼龙潜跃水成文。

校："愿"，《作品》作"愿"。按："愿、愿"今为繁简字。"义符"心字，系古人以为"心之官（能）则思"，现代医学证明，心脏主管血液循环，而大脑才主管思维。"页"为头部，繁体"愿"字更为科学。

又，"雁"，《品汇》作"鴈"。按："雁、鴈"今为正异体字。又，"文"与"纹"字通假。《说文》无"纹"字，表示花纹时通用"文"。

此四句押上古"文部"韵，押中古"文韵"。

> 昨夜闲潭梦落花，可非春半不还家。
> 江水流春去欲尽，江潭落月复西斜。

校："非"，《品汇》《全唐诗》并作"怜"。按：从表现相思之苦的角度看："可怜"大胜"可非"。

此四句押上古"鱼部"韵，押中古"麻韵"。

> 斜月沉沉藏海雾，碣石潇湘无限路。
> 不知乘月几人归？落月摇情满江树。

校："沉沉"，《品汇》《全唐诗》并作"沈沈"。按：古代汉语中"沈"是与"浮"相对应的字，现代汉语中已写作"沉"。但于姓氏，古今都读 shen。于地名，又是"瀋阳"之"瀋"的简化字。"碣石"在今河北，"潇湘"在今湖南，极言天南地北之离愁。

此四句押上古"铎、侯"二部合韵，押中古"遇韵"。

《纪事》刘希夷条下载："孙翌撰《正声集》，以希夷为集中之最，由是大为人所称。"[46]而刘希夷的代表作为《代悲白头翁》。明代胡应麟撰《诗薮》称："张若虚《春江花月夜》流畅宛转，出刘希夷《白头翁》之上。"《别裁》亦云："（此诗）前半见人有变易，月明常在，江月不必待人，惟江流与月同无尽也。后半写思妇怅望之情，曲折三致。题中五字安放自然，犹王、杨、卢、骆之体。"[47]按：古人之评价不虚也！此诗传诵千古，实为初唐盛唐之间"吴中四士"的代表作。

注释：

［1］〔北宋〕欧阳修等：《新唐书》，中华书局 1975 年，第 4798 页。

［2］〔明〕高棅选编：《唐诗品汇》，上海古籍出版社 1988 年，第 26 页。

［3］〔清〕蘅塘退士编、陈婉俊补注：《唐诗三百首》，中华书局 1959 年，第 25 页。

［4］〔西汉〕司马迁：《史记》，中华书局 1972 年，第 296 页。

［5］复旦大学历史地理研究所：《中国历史地名辞典》，江西教育出版社 1986 年，第 408 页。

［6］〔后晋〕刘昫等：《旧唐书》，中华书局 1975 年，第 5035 页。

［7］〔北宋〕欧阳修等：《新唐书》，中华书局 1975 年，第 5741 页。

［8］林庚等主编：《中国历代诗歌选（二）》，人民文学出版社 1964 年，第 308 页。

［9］谢孟选注：《中国古代文学作品选》，北京大学出版社 2002 年，第 19 页。

［10］鲁洪生等编：《中国古代文学名篇导读》，中华书局 2003 年，第 382 页。

［11］〔元〕辛文房撰、周绍良笺证：《唐才子传笺证》，中华书局 2010 年，第 181 页。

［12］〔元〕辛文房撰、周绍良笺证：《唐才子传笺证》，中华书局 2010 年，第 181—182 页。

［13］〔清〕彭定求等修纂：《全唐诗》，上海古籍出版社 1986 年，第 644 页。

［14］〔北宋〕欧阳修等：《新唐书》，中华书局 1975 年，第 1000 页。

［15］〔北宋〕欧阳修等：《新唐书》，中华书局 1975 年，第 5767 页。

［16］〔北宋〕欧阳修等：《新唐书》，中华书局 1975 年，第 5563 页。

［17］〔清〕董诰等编：《全唐文》，中华书局 1982 年，第 3213 页。

［18］〔北宋〕欧阳修等：《新唐书》，中华书局 1975 年，第 5769 页。

［19］傅璇琮等编：《唐人选唐诗新编》（增订本），中华书局 2014 年，第 133 页。

［20］〔明〕高棅选编：《唐诗品汇》，上海古籍出版社 1988 年，第 778 页。

［21］傅璇琮等编：《唐人选唐诗新编》（增订本），中华书局 2014 年，第 133 页。

［22］〔南宋〕计有功辑：《唐诗纪事》，上海古籍出版社 2008 年，第 246—247 页。

［23］〔南宋〕计有功辑：《唐诗纪事》，上海古籍出版社 2008 年，第 246 页。

［24］〔明〕赵宧光等编：《万首唐人绝句》，书目文献出版社 1982 年，第 203 页。

［25］〔清〕彭定求等修纂：《全唐诗》，上海古籍出版社 1986 年，第 266 页。

［26］〔南宋〕计有功辑：《唐诗纪事》，上海古籍出版社 2008 年，第 246 页。

［27］〔清〕彭定求等修纂：《全唐诗》，上海古籍出版社 1986 年，第 266 页。

［28］〔南宋〕计有功辑：《唐诗纪事》，上海古籍出版社 2008 年，第 247 页。

［29］〔南宋〕计有功辑：《唐诗纪事》，上海古籍出版社 2008 年，第 247 页。

［30］〔明〕赵宧光等编：《万首唐人绝句》，书目文献出版社 1982 年，第 203 页。

［31］张明非：《唐贤三昧集译注》，上海古籍出版社 2000 年，第 337 页。

［32］张明非：《唐贤三昧集译注》，上海古籍出版社 2000 年，第 338 页。

［33］〔明〕赵宧光等编：《万首唐人绝句》，书目文献出版社 1982 年，第 229 页。

［34］〔北宋〕欧阳修等：《新唐书》，中华书局 1975 年，第 5764 页。

［35］〔明〕高棅选编：《唐诗品汇》，上海古籍出版社 1988 年，第 422 页。

［36］张明非：《唐贤三昧集译注》，上海古籍出版社 2000 年，第 338 页。

［37］〔清〕沈德潜编：《唐诗别裁集》，上海古籍出版社 1979 年，第 648 页。

［38］张明非：《唐贤三昧集译注》，上海古籍出版社 2000 年，第 339 页。

［39］张明非：《唐贤三昧集译注》，上海古籍出版社 2000 年，第 339 页。

［40］〔北宋〕郭茂倩编：《乐府诗集》，中华书局 1979 年，第 678 页。

［41］谢孟选注：《中国古代文学作品选》（中），北京大学出版社 2002 年，第 19 页。

［42］〔北宋〕郭茂倩编：《乐府诗集》，中华书局 1979 年，第 679 页。

［43］谢孟选注：《中国古代文学作品选》（中），北京大学出版社 2002 年，第 19 页。

［44］〔清〕彭定求等修纂：《全唐诗》，上海古籍出版社 1986 年，第 273 页。

［45］〔明〕高棅选编：《唐诗品汇》，上海古籍出版社 1988 年，第 377 页。

［46］〔南宋〕计有功辑：《唐诗纪事》，上海古籍出版社 2008 年，第 185 页。

［47］〔清〕沈德潜编：《唐诗别裁集》，上海古籍出版社 1979 年，第 159 页。

简述中国古代丧服制度及其影响

李若新（黑龙江省科学技术馆）

内容摘要：中国古代丧服制度是根据血缘关系的远近亲疏来规定生者为逝者所穿丧服的形制规格及服丧期限的制度，它是以斩衰、齐衰、大功、小功、缌麻五等丧服为基础的一套严谨而系统的制度。中国古代丧服制度源于商周，大致于春秋末期趋于完备，进而被大力推崇并不断发展直至封建社会末期。中国古代丧服制度在封建社会具有重要地位和深远影响，虽然现代社会已没有再推行的必要，但其作为一种独具中国特色的文化现象，还是有必要研究的。

关键词：斩衰 齐衰 大功 小功 缌麻 丧服制度

丧服制度简称"服制"，也称"五服"制度，是中国古代礼制中为死去的亲属服丧的制度。它规定血缘关系亲疏不同的亲属间相互服丧的时间、所穿丧服的缝制方法及服丧期间应遵守的礼仪规则等内容，一般关系亲的服制重，关系疏的服制轻。丧服制度具体可分解为服饰制度、服叙制度[1]与守丧制度。服饰制度是亲属远近关系的最直接标志，也是丧服制度命名的由来。

一

中国古代丧服制度的内容主要包括服制和丧期两个方面，服制指服丧时所穿着服饰的规格等级；丧期指为亡者服丧的时间。在《仪礼·丧服》所规定的丧服制度中，根据与死者关系亲疏的不同而制定了相应的服制和丧期，其中有斩衰、齐衰、大功、小功、缌麻五等服制；又有三年、一年、九月、七月、五月、三月等不同丧期，此外还明确了服丧主体与相应服制、丧期对应的服丧对象。

（一）斩衰服。中国古代丧服制度中最为隆重的一级丧服，是"五服"之中最为粗重的一种。《丧服经》对其的描述为"斩衰裳，苴、至、杖、绞带、冠绳缨，菅屦者"。其所对应的丧期也最长，即所谓的"三年之丧"。对于"三年之丧"说法的起源问题，古今学者众说纷纭，但可以确定的是，关于三年丧期的确切时限，有后世的二十七月说和二十五月说[2]，也就是说，名为"三年之丧"，实际守丧仅二年有余。《仪礼·丧服》所规定的斩衰服可分为十一种情况，即子女为其父亲（到明清两朝才改为子女为母亲也服斩衰）；过继来的儿子为其养父；丧父的嫡长孙为其祖父母；未出嫁的女子为其父亲；被丈夫休回家的女子为其父亲；正室妻子为其丈夫；妾为其丈夫；诸侯为天子；臣子为君主；公卿大夫的贵臣为君主[3]；父亲为其长子。

（二）齐衰服。中国古代丧服制度中仅次于斩衰服的一种丧服。《丧服经》对其的描述为"齐衰裳，齐（缉），牡麻绖，冠布缨，削杖，布带，疏屦"。它与斩衰服的区别在于用针缝边，相比斩衰服的不缝边显得比较工整。齐衰服对应的丧期有齐衰三年、齐衰杖期、齐衰不杖期和齐衰三月四种。

1. 齐衰三年。齐衰三年与斩衰三年的服丧时间相同，名为"三年之丧"，实际仅二年有余。齐衰三年有五种情况：父亲已故，子为其生母、继母和其父无子的妾；母亲为其长子；妾为其夫君的长子。

2. 齐衰杖期。"杖期"本意为一年，实际上超过一年，有十三月说和十五月[4]说。齐衰杖期有四种情况：父亲尚在的子为其母；丈夫为其妻子；非嫡子为其已经离开本族的母亲；父亲已故，随继母改嫁之子为其继母。

3. 齐衰不杖期。"不杖期"实际丧期为十三个月，与"杖期"的主要区别为不主丧、不用杖，麻屦。齐衰不杖期是除父母之外的直系亲属以及旁系亲属的最高服叙，所涉及的亲属范围在"五服"等级中也最复杂。齐衰不杖期有二十二种情况：为祖父母；为伯父母、叔父母；大夫之嫡子为妻子；为兄弟或成年未嫁的姊妹；做士的父母为嫡子以外的众子；为兄弟之子；大夫的庶子为其嫡兄；祖父母为嫡孙；过继给大宗为后的人为其亲生父母；已出嫁的女子为其父母及嫡兄弟；继子为与其共同生活而无子的继父；女子为其丈夫的君主；对于出嫁死后无祭主的女子，侄为姑，兄弟为姊妹，父亲为女儿；臣子为君主的父母、妻子、长子、祖父母；妾为其夫的嫡妻；女子为其公婆；女子为其丈夫之兄弟的子女；公、大夫的妾为其子；孙女为祖父母；大夫之子为六种身份为大夫的男性亲属和六种身份为命妇的女性亲属；大夫为其祖父母、身份为士的嫡孙；公卿大夫的妾为其父母。

4. 齐衰三月。齐衰服中丧期最短的一种服制，但其衰裳用布升[5]数与其他三种齐衰服用布无异，皆为五升，但因为其丧期短，只有三个月，所以无受服。齐衰三月有八种情况：寄居于他国的亡国之君为所居国的国君；本宗五服以外的同姓男女为宗子及其母、妻；为曾经所奉事的国君及国君之母、妻；庶人为国君；在他国的大夫之妻、子为故国国君；继子为不共同生活的继父；为曾祖父母；已脱离君臣关系的大夫对旧君。

（三）大功服。大功服有两种：一种为成人大功服；一种为殇大功服。

1. 成人大功服。《丧服经》记载为"大功布衰裳，牡麻绖，缨，布带，三月，受以小功衰，即葛，九月者"。大功九月与齐衰三月相比，虽然丧期较长，但服制较轻，因此在"五服"之中次于齐衰三月。成人大功服有十五种情况：父亲为已出嫁的女儿，侄为已出嫁的姑，兄弟为已出嫁的姐妹；为伯、叔父之子；过继给外人的男子为其兄弟；祖父母为庶孙；为嫡子之妻；父未亡，已出嫁的女子为兄弟；出嫁的姑为侄；妻子为丈夫的祖父母、伯父母、叔父母；大夫为做士的伯父母、叔父母、众子、兄弟、兄弟之子；诸侯妾之子于父卒后为母亲、妻子，大夫之庶子父亲尚在为母亲、妻子；同为大夫的叔伯兄弟互服；伯母、叔母为夫之已出嫁的侄女；大夫之妾为大夫之庶子、所有女儿、叔伯父母、姑、姊妹；大夫、大夫之妻、大夫之子、诸侯的兄弟为其嫁于大夫的姑、姊妹、女儿；国君为其嫁于国君的姑、姊妹、女儿。

2. 殇大功服。指为未成年而死者所制的大功服。其与成人大功服的区别是无受服。古人认为"丧未成人者，其文不缛"，即为未成年人服丧，节文应简单。但实际上，殇大功服根据死者年龄大小分为不同的等级：死者年十九至十六为长殇，丧期九个月；死者年十五至十二为中殇，丧期七个月；死者年十一至八岁为下殇，属于小功服范畴；死者不满八岁的为无服之殇。长殇大功服与中殇大功服略有区别，前者"缨绖"，即头上的丧带有缨，而后者无缨。殇大功服有七种情况：父母为儿子、未嫁女儿之长殇、中殇；为兄弟之长殇、中殇；女子为丈夫兄弟的子女之长殇、中殇；祖父母为嫡孙之长殇、中殇；大夫的庶子为其嫡兄之长殇、中殇；公为其嫡子之长殇、中殇；大夫为其嫡子之长殇、中殇。

（四）小功服。小功服也分为成人小功服和殇小功服两种。《仪礼·丧服》对两者记述分别为"小功布衰裳，牡麻绖，即葛，五月者"和"小功布衰裳，澡麻带，绖，五月者"。由此可见，两者共同点是丧期均为五个月，均无受服，但成人小功服用牡麻绖，三月变麻即葛，有变服；殇小功服则绖带用澡麻，不变服，直至五月期满后除服。

1. 成人小功服。成人小功服有十五种情况：为父亲的伯父母、叔父母；为堂伯父母、堂叔父母；为与自己同一曾祖的兄弟；为已经出嫁的堂姊妹；祖父母为出嫁的孙女；过继给大宗的人为其已出嫁的姊妹；为外祖父母；姨母与外甥（女）互服；妯娌之间互服；女子为其丈夫已出嫁的姑、姊妹；大夫、大夫之子、公的兄弟为其做士或嫁于士的堂兄弟、庶孙、姑、姊妹、女儿；大夫的妾为其丈夫已嫁给士的女儿；公婆为其有子但地位低的儿媳；妾生的孩子为其嫡母之父母、姊妹；大夫、公子的嫡妻之子为对自己有恩的庶母。

2. 殇小功服。殇小功服有十二种情况：为叔父之下殇；为嫡孙之下殇；为兄弟之下殇；大夫庶子为其嫡兄之下殇；为姑、姊妹的女儿之下殇；过继给他人者为其兄弟之下殇；一般士人为其堂兄弟之下殇；女子为其丈夫的叔父之长殇；伯父母、叔父母为侄子（女）之下殇；为侄子（女）、庶孙（女）之下殇；大夫、公之兄弟、大夫之子为其庶子、姑、姊妹、女儿、兄弟等那些做士或无官职之人的长殇；大夫之妾为其丈夫的庶子、女儿之长殇。

（五）缌麻服。"五服"中等级最低的丧服，也分为成人缌麻服和殇缌麻服两种，二者丧期都为三个月，都无受服。

1. 成人缌麻服。"缌麻，布衰裳而麻绖带也"[6]。成人缌麻服有十八种情况：为族曾祖父母及族曾祖父母的子（媳）、孙（媳）、曾孙（媳）；为庶孙的正妻；为已出嫁的堂姑、堂姊妹；为外孙（女）；作为父亲继承人的庶子为其生母；士为其庶母；士为其有子的妾；为乳母；为堂叔伯兄弟之子；为曾孙；为父亲的姑姑；为姨母家的兄弟；舅舅与外甥互服；岳父母与女婿互服；姑舅兄弟姐妹之间互服；女子为其丈夫的从祖祖父母和外祖父母；众庶子为其父正妻的兄弟；叔伯妯娌之间互服。

2. 殇缌麻服。其与成人缌麻服相同，只是对应的服丧对象不同。殇缌麻服有七种情况：祖父母为庶孙之中殇；为祖父的兄弟、为堂叔伯兄弟之长殇；为叔伯兄弟、侄之下殇，女子为其夫的叔叔之中殇、下殇；姨母、外甥之长殇互服；女子为其丈夫的姑、姊妹之长殇；为叔伯兄弟之子之长殇；亲兄弟之孙之长殇。

（六）对于守丧者的约束。除了服制与丧期，儒家对于守丧者的饮食、住宿、言行、表情等也有严格要求。以斩衰为例，《礼记·间传》曰："斩衰三日不食"。三天之后也只能早晚吃一溢米那么多的粥。《仪礼·丧服》曰："（斩衰）居倚庐，寝苦枕块，……寝不脱绖带。"《礼记·间传》曰："斩衰惟而不对，齐衰对而不言，大功言而不议，小功、缌麻议而不及乐，此哀之发于言语者也。"这就是

说，守丧期间孝子尽可能地保持沉默，与丧事无关的事情一律不谈，即使谈话也尽可能不使用华丽的辞藻，更不必说有任何娱乐活动了。《礼记·间传》曰："斩衰何以服苴？苴，恶貌也，所以首其内而见诸外也。斩衰貌若苴，……此哀发于容体者也。"由此可见，儒家要求服丧者表露内心悲哀感情的同时，还要兼顾哀容与丧服的配合，要内外相称。之所以有这么多的约束，是因为：孔子选取士必须学习的礼制十七篇，称为礼或士礼、仪礼，十七篇中丧服篇最为重要[7]。

二

（一）中国古代丧服制度的形成。中国古代丧服制度的形成与人类生活的演进历程息息相关，因为丧服制度是人们对于死亡的认识、社会生产力的发展水平、统治阶级意志以及社会主流价值观等诸多因素作用下的产物。关于丧服礼俗的起源和形成，《易经·系辞传下》曰："古之葬者，厚衣之以薪，薪之中野，不封不树，丧期无数。"《尚书·尧典》曰："二十有八载，帝（唐尧）乃殂落，百姓如丧考妣，三载，四海遏密八音。"可见，上古时代，虽然依旧实行"心丧"，但已出现一定的丧期。从唐人贾公彦为《仪礼》作疏："黄帝之时，朴略尚质，行心丧之礼，终身不变。……唐虞之日，淳朴渐亏，虽行心丧，更以三年为限。……三王以降，浇伪渐起，故制丧服，以表哀情。"[8]我们大致可以梳理出中国古代丧服制度的形成过程：在中国上古社会即已出现丧服习俗的萌芽，至夏商时期，随着社会生产力的发展，逐步增加了一些阶级社会的等级内容，形成了丧服制度的雏形，又经过长期损益、修正，至春秋末期才基本形成了比较周密完备的丧服制度。中国古代丧服制度形成的标志是以《仪礼·丧服》为代表的集中记载丧服形式及亲制的儒家经典文献的出现。

（二）中国古代丧服制度的发展。

1. 承上启下阶段（两汉至魏晋南北朝时期）。两汉时期的丧服制度，主要沿用古代的传统，但服丧上由初期的求简而行逐渐变得繁冗复杂。如《汉

书·文帝纪》记述汉文帝曾下"短丧之令",规定未葬服斩衰者,即葬后三十六日可除服。而到王莽当国时,又开始重新推行服丧三年;又如汉代流行厚葬,从已经发掘的湖南马王堆汉墓、徐州狮子山汉墓、江西海昏侯墓出土的大量随葬品中可见一斑。汉代服三年之丧与厚葬之风对后世影响极大。此外,东汉后期出现了研究丧服制度的专著,如马融的《丧服经传》,郑玄的《丧服经传》《三礼图》,阮湛的《三礼图》等。魏晋南北朝时期的丧服制度主要沿袭了两汉的传统,但与汉代不同的是服丧上普遍实行薄葬、短丧,同时流行"心丧"。曹操的《魏科》最早在刑事法典中规定丧服,开始将服叙与定罪量刑联系起来,开辟了古代依服叙定罪的先河,这极大地推动了丧服正统化进程,以后历代均在朝廷颁布的礼典或法典中详细规定丧服。魏晋南北朝时期还是我国封建社会丧服研究最兴盛、成果最丰硕的时期。

2. 变革中的发展阶段(唐代至明代)。从唐代开始,中国封建社会的发展从顶峰逐渐走向衰落,丧服制度在继承古制的同时亦发生较大变革。唐代丧服的变革,一是提高了某些亲属间的丧服等级,如:父在世子为母齐衰三年;二是对某些原来无服的亲属改为有服,如:"为祖后者"祖卒为祖母齐衰三年。宋代对丧服制度的改革主要有:丧服布料不再以"升"数论粗细;承袭唐代简化受服之制,又进一步改革取消受服。明代丧服的改革主要有:女性的地位进一步得到提高,如为母之服改为斩衰三年;服叙中辈行名分的重要性已超过嫡庶名分,如为庶母之服升到齐衰杖期;小宗法制下嫡长子地位被降低,如父母为嫡长子之服与众子之服同为齐衰不杖期。

3. 复古后逐渐走向衰落(清代至民国)。清代的丧服制度主要规定在道光四年颁布的《大清通礼》中,清代的丧服改革出现了复古的趋势,如父死继母再嫁己身随去者为继母改服齐衰不杖期;为养母降服齐衰不杖期;删去为同母异父兄弟姊妹服小功之服的规定;增补兼祧[9]之服;丧服布料进一步简

化。这些变化无非是为了压抑外亲,扶植本宗,通过宗法、宗族组织以及"三纲五常"加强封建统治,但是随着清王朝的灭亡和时光的变迁,进入民国以后,丧服的穿戴已不能完全遵守旧制了。

三

中国古代丧服制度的影响:(一)以丧服制度所规定的五服亲等来区别同姓族人的远近亲疏关系。《礼记·大传》曰:"服术有六:一曰亲亲,二曰尊尊,三曰名,四曰出入,五曰长幼,六曰从服。""一曰亲亲"即制定丧服的六条依据中,第一条就是根据血缘关系的远近程度。可见,血缘关系是丧服等级的基础,从丧服的形式亦可最直接地判断同姓族人之间的远近亲疏关系。《仪礼·丧服》涉及的五服亲等由远及近分别为:祖免亲、缌麻亲、小功亲、大功亲、齐衰亲、斩衰亲。《礼记·大传》记述有:"四世而缌,服之穷也。五世祖免,杀同姓也。六世,亲属竭矣。"即同一高祖的子孙,彼此之间只穿缌麻的丧服,这已经是五服的最后一等了。同一高祖之父的子孙,已经属于无服之亲了,彼此之间只需要袒露左臂,戴免示哀即可。同一高祖之祖父的子孙,彼此之间已经没有亲属关系。

现代人虽然摒弃了古代烦冗的丧服制度,但"五服"的观念尚存。传统的五服亲等也简化为"是否出五服"一个标准,同姓族人出五服者亲缘远;未出五服者亲缘近,这是中国古代丧服制度对今人最直接的影响。

(二)促进了孝文化的发展。"孝"在中国古代社会的伦理价值体系中占有极其重要的地位,自古以来就有"百善孝为先"的说法。《尔雅·释训》对孝的解释是:"善父母为孝。"可见,"孝"的最基本含义是侍奉和赡养父母。这是古人对于行孝在"事生"方面的表现。《礼记·祭统》曰:"是故孝子之事亲也,有三道焉:生则养,没则丧,丧毕则祭。养则观其顺也,丧则观其哀也,祭则观其敬而时也。尽此三道者,孝子之行也。"由此可以看出,"孝子之行"不仅包涵"事生",还应包括"事死"。"事死"之事亦有二:一为"葬之以礼";二为"祭

之以礼"。中国古代丧服制度既明确了"事死"的礼仪规范，同时也提高了当时人们对于丧礼的重视程度。如《仪礼·丧服》中规定子女要为父母服斩衰三年，孔子的弟子宰予认为丧期三年时间太长了，孔子批评他说："予之不仁也！子生三年，然后免于父母之怀。夫三年之丧，天下之通丧也。予也，有三年之爱于其父母乎？"（《论语·阳货》）孔子质问宰予："难道你没有得到在父母怀里的三年爱护吗？"还说："丧，与其易也，宁戚。"（《论语·阳货》）意思是：办理丧事，与其把礼仪办得周到详备，不如过度悲哀。虽然后世对于儒家思想中对逝者的"厚葬久丧"有所诟病，但遵循古代丧服制度的规定为逝者服丧受到了人们广泛的认可。荀子说："事生，饰始也；送死，饰终也。终始具，而孝子之事毕，圣人之道备矣。"（《荀子·礼论》）中国古代丧服制度对于促进孝文化发展的最大作用就是深化了"送老"（送终）的观念。

（三）巩固了中国古代社会占统治地位的封建观念。

1. 三纲。《礼纬·含文嘉》所概括的"君为臣纲，父为子纲，夫为妻纲"。即将臣、子、妇置于被统治地位，要求为臣、为子、为妻者必须绝对服从于君、父、夫。《仪礼·丧服》规定：臣为君、子为父、妻妾为夫均需服最重的丧服（斩衰服），而君为臣无服；父为众子服齐衰不杖期之服（为传重嫡长子服斩衰）；夫为妻服齐衰杖期之服。这种君、父、夫与臣、子、妻之间的不平等丧服制度，与后世"三纲"的观念相呼应。现代礼学家吴检斋先生认为："三纲之名，虽始于汉，而三纲之实，则本于《丧服》。《丧服》中首列三斩衰：子为夫斩衰，表示家长制；臣为君斩衰，表示封建制；妻为夫斩衰，表示男统制。这是古代三位一体的一个意识形态，汉儒把它抽象化，即名之为三纲。"[10]可见，"三纲"观念源于中国古代丧服制度。

2. 五伦。亦称"五常"，是指中国古代社会的五种伦理关系。其内容随时代的不同而发生变化。《左传·文公十八年》记述："舜臣尧，举八恺，使

主后土，以揆百事，莫不时序，地平天成。举八元，使布五教于四方，父义、母慈、兄友、弟共（恭）、子孝，内平外成。"可见，在国家和阶级出现之前，"五伦"被规定为：父义、母慈、兄友、弟恭、子孝。当建立起以阶级关系为基础的国家之后，君臣关系这种反映阶级社会内容的社会关系便成为占据主导地位的社会关系。《孟子·滕文公上》记述有："使契为司徒，教以人伦：父子有亲，君臣有义，夫妇有别，长幼有序，朋友有信。"孟子新五伦说涵盖了中国封建社会的伦理关系，现代礼学家吴检斋先生认为"五伦说至孟子而完成"[11]。但孟子五伦观念在《仪礼·丧服》规定的丧服制度中早有体现：父子（子女为父斩衰，父为长子斩衰，父为众子齐衰杖期）；君臣（臣为君斩衰，君为臣无服）；夫妇（妻为夫斩衰，夫为妻齐衰杖期）；兄弟（兄弟之间相互服齐衰不杖期）；朋友（互为缌麻）。可见，中国古代丧服制度对于五伦观念的形成有重要的影响。

3. 尊己族而抑外姓。外姓即外姓亲属，共有三类，分别是母之本宗亲属（包括母之父母、母之兄弟、母之姊妹、舅姨之子女）；本宗女系亲属之子女（包括姑之子女、姊妹之子女、女儿之子女）；妻之本宗亲属（仅包括妻之父母，其他亲属皆无服）。在这些外姓亲属中除外祖父母是直系血亲而加至小功服、姨从母名而加至小功服外，其他亲属均为五服中最低的缌麻服，即遵循"外亲之服皆缌"的原则，原因是"君子类族辨物，本以姓分为判，故外亲之服不过于缌"[12]。由此可见，"五服之亲"其实以本宗之内亲为重，本宗内亲纵贯直系由己向上四世，向下四世，共为九世，即所谓"九族之亲"。中国古代丧服制度中尊己族抑外姓的"九族五服"制，在封建社会亲属关系中占据统治地位达两千多年。

4. 嫡庶尊卑有别。嫡字释义为：从女，从商，商亦声。商义为"看准的"，"女"和"商"联合起来表示"被选中的女子"，在中国古代指男子的正妻，正妻也称嫡妻。嫡妻所生之子，即为嫡子。男子所娶的嫡妻之外的女子，地位均低于嫡妻，统称为妾，妾所生之子，即为庶子。中国古代丧服制度

中所体现的嫡庶之间丧服轻重的差别，直观地反映出当时社会对于嫡庶的尊卑贵贱之分。如男子为嫡妻服齐衰杖期，但为妾无服（若妾有子，士为妾服缌麻三月，大夫以上仍然无服）；又如父为长子斩衰三年，而为众子则服齐衰不杖期，原因是"正体于上，又乃将所传重也"（《仪礼·丧服》），即作为承祖庙之正体，将来要（代替其父）做宗庙之主。不仅如此，这种嫡庶的差别在本家族还延续至下一代，作为庶子的男子不得为其长子服斩衰三年，理由是"不继祖也"，意思是庶子本身没有继承祖祢之正统与传宗庙之重的资格，为了尊重祖先所传的正体，当然不能同长子那样为自己的儿子（长子）服斩衰三年。

四

中国古代丧服制度伴随着儒家思想被延绵两千多年的中国封建社会奉为经典，原因在于其在中国古代存在两个形态：一个是显性的，一个是隐形的。显性的形态即礼制的形态，中国古代丧服制度属于我国古代"五礼"之一的凶礼的范畴；隐性的形态即法制的形态，中国古代丧服制度作为一种具有严密的宗法属性的等级制度，有助于统治阶级维持社会的稳定，从而巩固其封建统治。中国古代丧服制度在当今中国虽然没有推行的必要，但作为一种独特的历史文化现象，还是值得研究的，摒除其封建糟粕，单就其表达的人与人之间的亲情关系和家族凝聚力，对构建社会主义和谐社会具有积极意义。

注释：

[1] 叙者，序也。服叙，也称叙服。服叙制度即规定各类亲属关系在服制中的等级序位的标准。

[2] 汉代经学大师郑玄等人将"三年之丧"的丧期改为二十七月，三国时期经学家王肃提出二十五月说。

[3] 在服制上与臣子为君主的斩衰服略有不同，绞带改用齐衰的布带，不用菅屦而改用大功服的绳屦。

[4] 汉郑玄认为是十五个月，三国王肃认为是十三个月。

[5] 升，古代80缕为升，升数越小布料越粗糙。

[6] 郑玄对成人缌麻服做的补充，《仪礼·丧服》记述仅为"缌麻三月者"。

[7] 范文澜：《中国通史简编》（修订本）第一编，人民出版社1965年，第213页。

[8] 〔唐〕贾公彦：《仪礼注疏》，影印《十三经注疏》本，中华书局1980年，第152页。

[9] 兼祧，一子兼为两房之后，是清代乾隆后出现的特殊服叙。

[10] 吴检斋：《五伦说之历史观》，《吴承仕文录》，北京师范大学出版社1984年，第2—3页。

[11] 吴检斋：《五伦说之历史观》，《吴承仕文录》，北京师范大学出版社1984年，第7页。

[12] 〔清〕胡培翚：《仪礼正义·丧服》卷二十四，江苏古籍出版社1993年版，第1583页，引雷次宗所云。

近代日本人的中国印象

——以小林爱雄《中国印象记》为中心

杨青青（陕西师范大学）

内容摘要：1908 年 12 月 21 日，小林爱雄乘坐德国客船前往中国，开始了他为期一个多月的中国之旅。作为日本新兴学者代表的小林爱雄，其对中国之印象自然会受到早期来华日本人及日本国内外形势的影响。抵达中国后，他先后游历中国南北，对中国之印象亦愈发深刻：总体印象——沉睡的中国，衰老的大国；中国之人——愚昧、贪婪、个人主义；中国之名胜古迹——残败、荒凉；在华日本人的活动——"战争的余荣荡然无存"。显然，其对中国负面印象的形成同日本国内形势及中国现状分不开；当然，他对中国的正面评价也不能忽视。

关键词：近代日本学者 小林爱雄 《中国印象记》中国印象

19 世纪 60 年代以来，随着西方国家对中国的入侵以及日本在明治维新后的发展，大量日本人来到中国游历考察，并逐渐形成一种热潮。而来华日本人中不乏日本政要、学者、商人、军人、作家、艺术家乃至宗教界人士、儒家学者等，他们竞相来中国游历考察，范围遍及白山黑水、戈壁草原、长江南北、大河上下，并在游历过程中留下了纪行、日记或随笔，从他们作为外国观察者的视角展现出近代中国各个层面的景象，清晰地反映出近代日本人中国观的演变。小林爱雄便是这众多游历中国的日本人之一，其《中国印象记》一书对我们研究近代日本人的中国印象及了解近代中国的社会状况具有重要的价值。

学界对小林爱雄《中国印象记》一书的研究，目前看到的有胡天舒《19 世纪末 20 世纪初日本知识人的中国体验》，吴菲吟《内藤湖南与小林爱雄视野下的中国形象——以〈燕山楚水〉、〈中国印象记〉为例》，胡天舒和韩宾娜《近代日本人学人的中国观察——以小林爱雄〈中国印象记〉为中心》三篇论作，似再未见有人涉及[1]。本稿将以作家小林爱雄《中国印象记》一书为中心，主要从小林爱雄其人及其所处历史背景、小林爱雄的中国印象以及对小林爱雄中国印象的分析和评价三个方面试做探析，以期管窥近代日本人的中国印象。

一 小林爱雄其人及其所处历史背景

小林爱雄（1881—1945），东京市人，毕业于东京帝国大学英文专业，一生经历明治、大正、昭和三个时期，是日本的诗人和诗歌翻译家[2]。他早年致力于东西方音乐和歌剧研究与创作，于 1906 年 6 月 2 日，其所成立的乐苑会创作歌剧《羽衣》，并在东京神田会馆进行公演，成为日本最早公演的歌剧。

作为日本新兴学者代表的小林爱雄，于 1908 年 12 月 21 日乘坐德国客船前往中国，开启了他的中国之旅。然而，小林爱雄并非日本近代第一个踏入中国旅行之人，早在其前已有众多日本人来到中国，并记叙其中国见闻。其中，19 世纪 60 年代随着江户幕府派遣的贸易官船到上海旅行的人员所描写的"中国社会的衰微、政治的腐朽和民气的低迷"等中国实况，打破了大部分日本人对中国所抱有的幻想；70 年代日本汉学家竹添进一郎游历中国南北后，在其所撰《栈云峡雨日记》一文中更是将中国比喻为得"寒症"的病人，在清政府这个"庸医"的一再误诊下日趋衰退；80 年代的汉学家冈千仞到中国进行了 10 个月的考察，对中国社会各层面进行了较为深入的观察，认为中国被烟毒、贪毒、六经毒所害，已病入膏肓；之后 90 年代安东不二雄游历中国后，更是称中国为"病重的老爷"，甚至亦有人称中国为生病的"巨象"[3]。而这些人对中国的负面评价，自然会对当时身处日本发展中心——东京的小林爱雄的中国印象有一定影响，故其1908年12月的中国之旅，无疑会带着一些"先见之明"及"有色眼镜"来观察和看待中国。

除了受来华日本人对中国评价的影响外，当时的国际形势——列强瓜分中国，各自在中国划分势力范围，而日本作为后起之国，在瓜分中国的大局中相对处于劣势，故要求重新划分在华势力范围，同时对现有在华势力范围表示强烈不满——自然容易激起其心中的民族主义；此外，当时的日本，自19世纪60年代以后，已取得飞速发展，并在1895年的甲午中日战争及1904年的日俄战争中得到实践，以小国胜大国，以弱胜强，以少胜多，无疑极大地增强其民族自信心和自豪感，而反观当前日本在华势力薄弱这一现实，更是引起日本的严重不满。当时日本国内，自1885年3月16日福泽谕吉在《时事新报》上发表"脱亚论"[4]后，其主张侵略中国的观点在国内引起巨大反响，并逐渐为日本国内人民所接受。小林爱雄作为这一时期的新兴学者，自然会受到这种观点的影响，故对中国的印象亦自然无法跳离这个圈子。

在已游历过中国的日本人和当前国际国内形势的影响之下，小林爱雄于1908年12月21日开启了他的中国之旅。

二 小林爱雄的中国印象

1908年12月21日，小林爱雄乘坐德国的客船前往上海，在海上航行四日，于25日上午抵达上海，先后游历上海——苏州——南京——扬州——镇江——安庆——九江——汉口——汉阳——武昌，再由汉口大智门车站坐广轨火车，依次经花园车站、车马店车站，过顺德府，于傍晚五点抵达北京，在北京游览了一段时间后，乘火车前往天津，过山海关、锦州、新民府到奉天，在奉天游历一番后，又乘坐火车先后至大连——营口——旅顺，最后从大连乘船回国。这一个多月的旅程，他在书中写道，"丰富了我的见识和感悟，向我展示了残酷现实与美

好梦幻的中国，我看到了自己国家所没有的广阔原野和大江等壮丽景观的中国，让我亲眼目睹了以前仅在诗文中所说的名胜古迹的中国，奇异的国度、神秘的国度、烟草的国度、美酒的国度"[5]，中国——这一名称在小林爱雄的印象中亦愈发深刻起来。

1. 中国的总体印象——沉睡的中国、衰老的大国

在本书开篇自序部分小林爱雄就写道："有一个'沉睡国家'"[6]，"数亿的国民打着响亮的鼾声已酣睡了数年"，这个曾经有着辉煌历史和文明的国家，现在"只是沉醉在美酒和鸦片的香味中悠悠沉睡"，并做着美梦，对外面世界所发生的事情全然不知，也毫不在意。

在上海，各国的租界在不断地拓展，而众多的中国人却全然不在乎，他们或在张园里悠闲地欣赏着戏剧，或在愚园里叼着香烟闲逛，或沉迷于四马路虚幻、美妙的景色，继续做着美梦。故在看到姑苏城落日时，小林爱雄不禁发出了"尽管落日无言地向大家传递着今日夜幕又将降临的信息，但处于沉睡之中的民众们对此会作何种理解呢？又有谁能听出包含在寂静中的悲哀呢？"的感慨，同时他又说道"正如在这个荒败国度所看到的落日，我想尚未看到极尽悲壮美的戏剧大结局"[7]。

到南京后，小林爱雄又拜访了清政府中的开明人士端方及其所创办的洋务局，但洋务局内部机构的简单设置及那些蒙有厚厚灰尘的书籍和机械令他感慨万千。在离开总督府的街上，他看到一位悠闲吸大烟的老人及其店铺的那副美丽对联，不禁使他感慨："无论国家是否要灭亡，无论事态将如何发展，现在只是生活在梦幻中，这种烂醉如泥不省人事的样子难道不可爱吗？难道不美丽吗？"[8]在国家面临着危难之际，清政府上层统治者也好，下层普通百姓也罢，都沉醉在这美梦之中，使"沉睡之国更加沉睡"。

在扬州秦淮河畔，沉醉于烟花柳巷的中国官员们，在画舫上吸烟、喝酒、吃饭，享受艺妓及其音乐所带来的欢乐，那是一种"延年益寿"的快乐，

令小林爱雄不禁羡慕道"我自己也想留在此处吸大烟，不再回到那个人人都变得像老鼠一样的狭小国家了"，这种"如同身处龙宫、醉生梦死的生活，充满着无限快乐"[9]。

在镇江的街市，商家各色招牌迎风飘动，但却生意萧条，货物基本保持原样，而店员们却毫不在乎，正悠然地吸烟看雨，看来"中国这个国家依然在做着美梦"[10]。

汉阳月渡湖边摇摇欲坠的房子及湖里漂浮的垃圾，正是"沉滞国家形象的体现"[11]；玉泉山路上的"嘟嘟嘟"猪叫声，"让我联想到衰老大国的末世"[12]；各种文物古迹的残败，更是中国古老文明衰老的直接体现。

而对待这沉睡、衰老的中国，小林爱雄认为"沉睡国家"有觉醒的那一刻，"我们须在一段时间内为他们盖上被子好生照顾，等他们清醒后手拉手地一起前进"[13]。

2. 中国之人——愚昧、贪婪、个人主义

刚抵上海港时，小林爱雄便见到了早有耳闻的上海一景——苦力，并对苦力蜂拥而至，大声吵嚷及抢着搬运行李表示"舍不得告别船上的和平"，而这低廉苦力的劳动报酬亦会被人给"误领"，中国人的贪婪以及底层人民生活的凄惨可想而知。

在拜访清朝商务大臣、实业家盛宣怀时，他对中国人的迷信、愚昧表示反感，如中国人相信住宅室内很暗可以发财，相信药物万能、可以迅速治愈，痴迷于寻找不死灵丹，传递使用了无数代甚至带有牙印的银色筷子等等。随后，他还拜访了端方，认为他是"能敞开胸襟的具有磊落贵公子气派的人物"，但其所经营的洋务局却十分清闲，房间内布局简洁，各种书籍和机械上也布满了灰尘。此外，同日本器重留洋归来人士一样，中国极其重视留日归来之人，"中国旅团长以下的军官几乎都是从日本回来的"[14]，中国的落后及愚昧在此显露无余。

另外，无论是祈年殿还是孔子庙，抑或是喇嘛庙等名胜古迹的看门人员，只要给钱，便让外国人参观，更有甚者还设置"双把锁"，"过一道门收一

次钱"，中国人这种贪婪的本性暴露无遗。同时，他还提到，那种体现中国文明的"瓦"，"只要塞给看门人一美元，他会立刻撬下几片瓦给你拿来，这真是可爱之极又浅薄之极的行为"[15]。孔子庙的黄瓦亦摆脱不了这种命运，其黄瓦"正以四美元的价格在销售"，而他们采取这种行为的原因是"他们眼中没有国家，确切地说，或许根本没有精力去考虑自己以外的任何事情"[16]。这也正是"中国人极端个人主义的务实倾向"的体现，从中亦可看出中国人的国家观念淡薄，没有形成固定的文明思维模式，其个人主义愈加显露出来。

小林爱雄乘坐汽车参观了玉泉山，途中有中国人看到汽车而惊奇，这点让他十分鄙视，他感叹道"如果汽车能让人停下脚步，则可以推断这里的文明程度，太不体面了"[17]。还有那些对大官人极尽恭维地点头哈腰的送行人，漫天要价的中国古董商人、"号丧女人"、无处不在地抢着搬运行李的苦力和马车车夫及在中国即使想要一杯水也必须付小费的现实等等无一不体现中国人的虚伪、贪婪、愚昧、落后及个人主义，这也正是"沉睡国家"人民的表现。

而中国人的愚昧、贪婪、落后和个人主义，也使衰亡国家更加衰亡，沉睡的国家更加陷入无尽虚幻的睡梦之中。

3. 中国的名胜古迹——残破、荒凉

作为中国古代文明承载体及表现形式的各类名胜古迹，是大量来华外国人游览的重点，小林爱雄自然也不例外。

自抵达上海起，小林爱雄便留心于中国南北山水及名胜，沿途参观了张园、愚园、姑苏城、枫桥、寒山寺、明孝陵、紫金山、古鸡鸣寺、清凉山、半山寺、金山寺、自然庵、浔阳江、晴川阁、黄鹤楼、古琴台、天坛、祈年殿、孔子庙、喇嘛庙、观象台、万寿山、玉泉山、勤政殿、龙王庙、北陵、故宫、崇政殿、凤凰殿等，这些名胜古迹，早已不复往昔，如同此时的清王朝一样，残破不堪，极尽荒凉。

张园和愚园的砖瓦建筑，在荒凉、清净之余，还夹杂着西方文化的入侵；枫桥"肮脏石桥的恶

臭"，荒废到极点的寒山寺；明孝陵也已经完全腐朽，"现在只能从身着补丁衣服的卖瓦女子的箱子中追忆当时的场景了"，明孝陵在荒凉之余更是受到周围人们的不断"侵蚀"；清凉山凉亭脱落的瓦片和堆积的落叶，只剩下破烂城墙和成群喜鹊鸣叫的半山寺，更是将荒凉一词发挥到了极致；天坛的荒废与祈年殿"瓦"的流失，孔子庙、喇嘛庙的破烂与荒草丛生，虽已重新修缮却极其粗糙且因无人管理而沦为鸽子自由居住区的凤凰殿，这一切"都足以反映当今中国的某些侧面"[18]。

究其原因，小林爱雄认为"中国人习惯建造（房屋）时追求规模庞大、雄伟壮观，（但）建完后就任其破旧下去"，"连皇宫的墙壁都有倒塌的现象"，听说皇帝要驾临才慌忙补修；而修缮的金钱，早已被当局收入囊中，需要修缮的建筑仍无人修缮，任其破旧下去。所以小林爱雄才感叹道"（中国人）总是在不断新建的同时，又在不断的破坏"[19]。

代表着中国古代文明的建筑物的不断残破、荒凉，实质上亦是中国文明的衰败和消亡。

4. 中国境内的日本人活动——"战争的余荣荡然无存"

自1895年中日甲午战争和1904年日俄战争以来，日本已取得朝鲜半岛、中国辽东半岛、台湾岛等土地，而在中国内地，小林爱雄认为日本的控制范围还不够大，日本人在中国的商业活动还不足以与欧美国家相比，呼吁日本人积极研究中国，开发中国。

在上海港，停泊着许多军舰，只有四五艘是日本的。在九江的港口，也建有许多洋馆，"英国公司的停泊场抢占了最好位置，与之相反，日本的停泊场被赶到了最偏僻的地方，乘船最不方便。当我们安心于日英同盟的时候，英国人却飞速地吞占了巨大利益"[20]，所以小林爱雄认为"实心眼绝不是最好的商业战略。年轻人来这样的地方检验自己的才能，必须有在洞庭湖畔建水庄的气概"[21]。在汉口，日本租界亦是极尽凄凉，而日本俱乐部的设施齐备则又充满了生机。在北京的商店里，日本商店资金

少，布置寒酸，无法与欧美国相比；甚至在奉天，"日本人的势力只在战争期间短暂地维持了强劲的势头，现在日语已不通用了，纸币的信用度已下降，被总督府发行的货币挤到了一边。还听说正金银行的交易对象都是中国人，看来日本人中无人具有与银行打交道的财力，只能说战争的余荣已消失得荡然无存"[22]。所以他提道"如果日本人不拼命努力，奉天的将来必定会陷入绝望的境地"。

正是因为战后日本在中国境内发展态势并不如想象中那么好，在北京日本使馆宴会上，才会有许多在华日本人大力呼吁日本国内人士来"开发中国""研究中国"，最终实现与中国携手并进。

三　小林爱雄中国印象的分析及评价

小林爱雄的此次中国之行，遍及中国南北，对其所见所闻都有记载及自己的看法，但其看法显然受到当时国际形势及日本国内思潮的影响，尤其在其游记中显露无遗。

首先，他认为中国是"衰老大国""沉睡的中国"，其文明发展已趋于停滞，这无疑是受到福泽渝吉思想的影响。福泽渝吉中国观的主流是"将中国视为一个停滞的衰老的老大帝国"，是一种"中国文明停滞论"。当然，小林爱雄并非一味迷信福泽渝吉的中国观，他亦结合自身经历，比如看到愚园内西方文明的入侵，中国人将粪便作肥料的原始处理方法，传统儒家思想和佛教思想受到西方新思潮的冲击而减弱，传唤艺妓和邀请朋友的传票方式等，这些不经意间的活动及场景使他认为中国文明在停滞，中国在沉睡。而他认为唯一体现中国觉醒的义和团运动，却早已被扑灭。但由于小林爱雄未涉足广东等更南的地区，对当时中国国内革命运动的发展知之甚少，殊不知在沉睡的清王朝统治之下，中国人民亦在觉醒，正探索着救国之路。

其次，对于他对中国人的评价——愚昧、贪婪、个人主义，未免对那个时代下的中国人过于苛刻。改革与发展非一日之功，更何况对于几千年来受封建思想影响的中国人民。小林爱雄所接触到的中国人除了端方、盛宣怀外，其余大都是中国下层劳动

群众，在那个列强入侵、战火纷飞的年代，处于下层的中国人民身陷水深火热之中，连基本的温饱问题都不能解决，又何谈发展。而贩卖"瓦"的举动，实质上更趋向于一种意识的缺失，或许那些看门人并未意识到自己天天见到的瓦是一种文物，反而会因瓦能够卖到钱而兴奋吧。而盛宣怀、端方这些人代表着清王朝统治阶级利益，对西方的学习亦多侧重于技术方面，对思想观念（如民主自由等思想）是万万不会赞同的。故一种社会现象及思想的形成，必定有其背后深层次主客观方面的原因，切忌脱离现实和实际。

最后，小林爱雄对日本人在中国活动的阐述，无疑反映其对中国的野心。通过介绍日本租界、日本商店等在中国境内的惨淡经营，他大力号召日本人士来华，来开发中国、研究中国，让中国成为其"埋放骨灰的青山"[23]，其侵略中国的野心暴露无遗。但他这种思想的形成非一日之功，而是受一直以来日本国内所流行的侵华、侵朝思想的影响，作为后起之国的日本，为了推动其资本主义的发展，对外扩张是必然，作为其邻国的中国，自然成为其目标，尤其是甲午战争及日俄战争的胜利，更是激发了其民族自信心和民族自豪感。此外，当时中国境内日本统治范围狭小及备受西方列强压制的事实，确实使"（战胜国）战争的余荣消失得荡然无存。"

当然，小林爱雄对中国的评价并非全是负面的，在批判之余，他也认为中国在衣食住方面，比日本更先进，更接近于欧洲，这让他羡慕不已。此外，他也认为中国的审美倾向亦比日本更接近于西方。在将要离开中国之际，他也同所有来华日本人一样对未来的发展作了论断，即"今后的战争将是科学和金钱的较量"，这一论断就算在今天看来，亦有其合理性。

注释：

[1] 详见胡天舒：《19 世纪末 20 世纪初日本知识人的中国体验》，东北师范大学博士学位论文，2013 年；吴菲吟：《内藤湖南与小林爱雄视野下的中国形象——以〈燕山楚水〉、〈中国印象记〉为例》，《福建省外国语文学会 2013 年年会暨海峡两岸翻译学术研讨会论文集》，2013 年；胡天舒；韩宾娜：《近代日本人学人的中国观察——以小林爱雄〈中国印象记〉为中心》，《东北师范大学学报》（哲学社会科学版）2013 年第 3 期。

[2] ［日］小林爱雄著、李炜译：《中国印象记·译者序》，张明杰主编：《近代日本人中国游记》，中华书局 2007 年，第 3 页。

[3] ［日］小林爱雄著、李炜译：《中国印象记·译者序》，张明杰主编：《近代日本人中国游记》，中华书局 2007 年，第 5—6 页。

[4] 史桂芳：《"同文同种"的骗局日伪东亚联盟运动的兴亡》，社会科学文献出版社 2012 年，第 10—12 页，福泽谕吉主张推行强权政治，主张日本应该效法西方列强，侵华、侵朝，并认为中国是一个"停止落后的老大帝国"，中国文明是一种停滞的文明。

[5] ［日］小林爱雄著、李炜译：《中国印象记》，张明杰主编：《近代日本人中国游记》，中华书局 2007 年，第 131—132 页。

[6] ［日］小林爱雄著、李炜译：《中国印象记·自序》，张明杰主编：《近代日本人中国游记》，中华书局 2007 年，第 16 页。

[7] ［日］小林爱雄著、李炜译：《中国印象记》，张明杰主编：《近代日本人中国游记》，中华书局 2007 年，第 48 页。

[8] ［日］小林爱雄著、李炜译：《中国印象记》，张明杰主编：《近代日本人中国游记》，中华书局 2007 年，第 52 页。

[9] ［日］小林爱雄著、李炜译：《中国印象记》，张明杰主编：《近代日本人中国游记》，中华书局 2007 年，第 67—68 页。

[10] ［日］小林爱雄著、李炜译：《中国印象记》，张明杰主编：《近代日本人中国游记》，中华书局 2007 年，第 72 页。

[11] ［日］小林爱雄著、李炜译：《中国印象记》，张明杰主编：《近代日本人中国游记》，中华书局 2007 年，第 83 页。

[12] ［日］小林爱雄著、李炜译：《中国印象记》，张明杰主编：《近代日本人中国游记》，中华书局 2007 年，第 105 页。

[13] ［日］小林爱雄著、李炜译：《中国印象记》，张明杰主编：《近代日本人中国游记》，中华书局 2007 年，第 17 页。

[14] ［日］小林爱雄著、李炜译：《中国印象记》，张明杰主编：《近代日本人中国游记》，中华书局 2007 年，第 50—51 页。

[15] ［日］小林爱雄著、李炜译：《中国印象记》，张明杰主编：《近代日本人中国游记》，中华书局 2007 年，第 95 页。

［16］〔日〕小林爱雄著、李炜译：《中国印象记》，张明杰主编：《近代日本人中国游记》，中华书局 2007 年，第 95—96 页。

［17］〔日〕小林爱雄著、李炜译：《中国印象记》，张明杰主编：《近代日本人中国游记》，中华书局 2007 年，第 105 页。

［18］〔日〕小林爱雄著、李炜译：《中国印象记》，张明杰主编：《近代日本人中国游记》，中华书局 2007 年，第 123 页。

［19］〔日〕小林爱雄著、李炜译：《中国印象记》，张明杰主编：《近代日本人中国游记》，中华书局 2007 年，第 101 页。

［20］〔日〕小林爱雄著、李炜译：《中国印象记》，张明杰主编：《近代日本人中国游记》，中华书局 2007 年，第 80 页。

［21］〔日〕小林爱雄著、李炜译：《中国印象记》，张明杰主编：《近代日本人中国游记》，中华书局 2007 年，第 80 页。

［22］〔日〕小林爱雄著、李炜译：《中国印象记》，张明杰主编：《近代日本人中国游记》，中华书局 2007 年，第 119—120 页。

［23］〔日〕小林爱雄著、李炜译：《中国印象记》，张明杰主编：《近代日本人中国游记》，中华书局 2007 年，第 98 页。

唐玄宗朝释奠礼的特点及其成因

张玉亭（福建师范大学社会历史学院）

内容摘要：释奠礼始于西周，经过漫长的演变，到了唐玄宗朝发生了巨大变化。此时释奠礼的对象逐渐趋于扩大化和固定化，祭祀规格也得到了很大的提高，参与祭祀人员的群体不断在扩大。出现变化的原因主要有三点：第一是消除武周的影响，重塑李唐政权；第二是玄宗利用释奠礼弘扬教化；第三则与唐朝礼仪的世俗化有关。总体来说，释奠礼在唐玄宗朝的动向十分重要，它推动了后世释奠礼的继续发展，并奠定了这一礼仪在后世的基本格局。

关键词：唐玄宗　释奠礼　礼仪互动

一

释奠礼原为古代学校的祭祀典礼，是学礼制度的重要组成部分，作为国家祀典的一部分，是国家崇圣尊儒文教政策的一个重要体现。释奠礼在唐朝，尤其是唐玄宗朝的发展有了很大的变化。前人对释奠礼的研究已经有了不少成果[1]，但仍有不足之处。以往的研究大多将释奠礼制度作为唐朝官学的组成部分，从大视角去探讨当时的学校教育与科举制度之间的联系，或者将多个朝代将释奠礼的发展做一个总结。本文则试图较深入地去探究唐玄宗朝的释奠礼的特点及其成因，如有不当之处，敬请方家指正。

释奠礼始于西周，历朝历代均有延续发展。到了唐前期，释奠礼吸收继承了北齐与隋的相关礼仪制度，在具体的细节上则糅合了南朝的制度。唐代的统治者十分重视释奠礼。武德二年（619），当战火仍在中原大地燃烧之时，唐高祖李渊就下令"诏国子学立周公、孔子庙各一所，四时致祭"[2]。并且于武德七年（624）"幸国子学，亲临释奠，引道士、沙门与博士杂相驳难久之"[3]。唐太宗即位以后，继承了高祖的这一套做法。但是到了高宗武后时期，

中央政府对释奠礼有一定的破坏，"高宗嗣位，政教渐衰，薄于儒术，尤重文史"[4]。在武后时期，由于以周代唐的政治需要，武后尊崇佛教，打压道教，且对儒学进行了一定程度上的摧残。到了玄宗朝，历史进入了有名的"开元盛世"，此时的政治、经济、文化都有了进一步的发展。为了契合这种发展，玄宗朝的释奠礼出现了一系列重要的变化，呈现出一些鲜明的特点。

首先，祭祀对象扩大化和固定化。唐太宗贞观二十一年（647），诏曰："左丘明、卜子夏、公羊高、谷梁赤、伏胜、高堂生、戴圣、毛苌、孔安国、刘向、郑众、杜子春、马融、卢植、郑玄、服虔、何休、王肃、王弼、杜预、范宁、贾逵总二十二座，春秋二仲，行释奠之礼。"[5]作为从祀对象，统共不过二十二人。

而到了开元八年（720），国子司业李元瓘奏称："先圣孔宣父庙，先师颜子配座，今其像立侍，配享合坐。十哲弟子，虽复列像庙堂，不预享祀。谨检祠令：何休、范宁等二十二贤，犹沾从祀，望请春秋释奠，列享在二十二贤之上。七十子，请准旧都监堂图形于壁，兼为立赞，庶敦劝儒风，光崇圣烈。曾参等道业可崇，独受经于夫子，望准二十二贤预飨。敕改颜生等十哲为坐像，悉预从祀。曾参大孝，德冠同列，特为塑像，坐于十哲之次。图画七十子及二十二贤于庙壁上。以颜子亚圣，上亲为之赞。"[6]这就形成了一套以孔子为首的扩大化的被祭祀人员班子。到了开元二十七年（739），玄宗下诏将孔子封为文宣王之外，还将从祀人员按照不同的身份地位和儒学影响封给不同的爵位：颜回被封为公爵，其他十哲被封为侯爵，七十子追赠为伯爵。祭祀对象从此固定下来，形成了以孔子→颜回→十

哲→二十二贤人→七十子等级森严的祭祀体系。此后各朝代无较大变化。玄宗朝对于从祀制度的增补，使得贞观年间的从祀体系更加庞大、完整，释奠礼也最终在玄宗盛唐时期进入定型阶段。宋太祖"亲撰先圣及亚圣赞，从祀贤哲先儒，并命当时文臣为之赞。其春、秋二丁及仲冬上丁，贡举人谒先圣、先师，命官行释奠之礼，皆如旧典"[7]。就可以看出宋朝也直接继承了玄宗朝的释奠礼。

其次，唐玄宗朝释奠礼的祭祀规格有所提高。总体而言，唐玄宗朝的释奠礼分为皇太子释奠礼、国子学释奠礼和州县释奠礼三个组成部分，又分为中祀和小祀两种规格。皇太子释奠礼最为隆重，国子学次之，州县学再次之。玄宗朝释奠礼祭祀规格较前朝有了很大提高，这体现在孔子封号的提高和宫架王乐的利用两个方面：

开元二十七年（739），唐玄宗下诏曰："弘我王化，在乎儒术。能发此道，启迪含灵。则生人以来，未有如夫子者也……夫子既称先圣，可追谥为文宣王。"[8]在玄宗之前，唐朝统治者对于孔子的封号仅限于"先圣""先师""宣父"等。例如在唐高祖时"诏释奠于太学，以周公为先圣，孔子配享"[9]，这一时期孔子只是配享。"宜令有司于国子监立周公孔子庙各一所，四时致祭"[10]，国子监既祭拜周公，又释奠孔子。贞观二年（628）十二月，房玄龄、朱子奢建议"伏请停祭周公，升夫子为先圣，以颜回配享"[11]，将周公从释奠礼中移除。到了玄宗朝，更破格将孔子的封号尊称为"文宣王"。从唐高祖到唐玄宗，虽有反复，但在抑周崇孔的倾向下，最终将孔子"王化"，这其实是唐朝统治者在构建文化权威时候的一种偏向性选择，"主要原因可能是孔子在汉魏以降的文化地位远远高于周公，学校教育的阵地自然较多倾向于孔子，要建立一个以儒家文化为特征的统一的教育礼仪制度，孔子的地位和影响更加适应学校礼仪的客观要求"[12]。

除此之外，玄宗朝国子学行释奠礼时，开始加入宫架之乐，礼仪的规模更加扩大。古代的"礼乐"是合二为一的。在释奠礼中，以乐、歌、舞配合融

入于礼中。乐也是释奠礼的重要组成部分。唐玄宗开元二十二年（734）增高祖时期的"十二和"为"十五和"。现见于《全唐诗》中释奠文宣王的乐章有七章，分别是《诚和》《承和》《肃和》《雍和》《舒和》《迎神》《送神》。且在《文献通考》中有记载"唐开元中，释奠文宣王始用宫架之乐"[13]。宫架乃是天子的礼仪规格，由此可见在唐玄宗朝将孔子进一步王化，崇圣尊儒政策在这一时期进一步加强。

再次，参与祭祀人员的扩大化。开元八年（720），唐玄宗下诏"凡释奠之日，则集诸生执经论议，奏请京文武七品以上清官并与观焉"[14]。开元二十六年（738）正月，敕："诸州乡贡见讫，令引就国子监谒先师，学官为之开讲，质问疑义，有司设食。弘文、崇文两馆学生及监内得举人，亦听预焉。其日，祀先圣已下，如释奠之礼。青官五品已下及朝集使，就监观礼，遂为常式，每年行之至今。"[15]而到了开元二十八年（740），国子祭酒刘瑗奏："释奠之日，群官道俗，皆合赴监观礼。"[16]本来只规定京城文武七品以上的清官方可参加国子学释奠礼，但是为了扩大释奠礼的影响，加强对民众的教化，观礼人员逐渐扩展为文武百官、乡贡和普通民众。

长安城内的释奠礼于外郭城中务本坊内的国子监举行，务本坊位于皇城的东南方向。皇帝（皇太子）及群臣百官参加释奠礼时，由皇城内的太极殿出发，通过南北延伸、承载着国家礼仪中轴线作用的朱雀大街向东到达第二街第一坊的务本坊。"以皇帝的名义由官府出面在主干街道上的活动，虽然形式和目的各异，但往往带有政治色彩，向公众表达的是一种政治姿态"[17]。它主要是做给官员及社会民众看的，有着宣示的意义。取得公众效应后，这种形式可以持续地影响民间社会。皇太子释奠于孔宣父分为六个烦琐而严格的步骤：斋戒、陈设、出宫、馈享、讲学、还宫。释奠礼在唐玄宗朝观礼人数的扩大，则是当时政府的导向和鼓励。在社会阶层流动性持续强化的社会背景下，参与祭祀人员的

扩大，反映了唐玄宗朝的礼仪开始向平民、向京城社会敞开，无疑有利于扩大释奠礼的社会影响。礼仪不再是高层独享，而是围绕着释奠礼，形成了一个全民狂欢的舞台。

二

唐玄宗朝释奠礼之所以会发生如此之大的变化，分析得出有以下几点原因：第一，为了消除武周的影响，重塑李唐政权。高宗乾封元年（666），"二月己未，次亳州。幸老君庙，追号曰太上玄元皇帝，创造祠堂"[18]。这是唐王朝第一次将老子上尊号为"玄元皇帝"，其意图就是将道教提上更为特殊的地位。高宗始终沿着李唐王朝开国以来崇道抑佛的路线前进，再次确认老子为其宗室，标志着唐王朝重道的文化政策的确立。在这种政治背景下，儒学式微，释奠礼也并未引起足够的重视。

到了武周时期，由于儒家思想中有"女不干政"之说，认为这是"牝鸡司晨，惟家之索"，武则天为了宣扬政权的合法性，进一步打压儒学。则天天授三年（692）"追封周公为褒德王，孔子为隆道公"[19]，这就在意识形态领域弱化了儒学的作用，为自己代唐建周的舆论进行服务。

经过中宗复辟，神龙元年（705）"停《臣轨》，复习《老子》。以邹、鲁百户封隆道公，谥曰文宣"[20]。睿宗时期"景云二年八月丁巳，皇太子释奠于太学。太极元年正月，诏：'孔宣父祠庙，令本州修饰，取侧近三十户以供洒扫'"[21]。中宗和睿宗重新重视儒学，为唐玄宗朝儒学及释奠礼的复兴奠定了基础。但是中宗睿宗朝相继发生多起政治斗争，统治者无暇兼顾儒学的复兴，于是这种政治任务便落到了玄宗头上。

玄宗朝上台之后反省时政，积极恢复儒学正统，力图消除武后带来的政治文化影响。"鉴于武周晚期以来因三教政策倾向变化而造成寺院营造不止、府藏耗竭和役力不足的偏颇，以及恢复和维护李唐皇权统治的政治需要，玄宗开始把目光重又转向传统儒家的纲常名教"[22]，玄宗清醒地意识到儒家思想在维护封建伦理纲常中具有不可替代的作用，于是

"意欲借助重构儒学的时代解释力，以树立新政权光明正义的形象，赢取全社会的道义支持和思想认同，进而维护和实现国家的长治久安"[23]。

例如玄宗朝的州县官学比较发达，《旧唐书》有记载开元年间官员倪若水，上任为汴州刺史，"又增修孔子庙堂及州县学舍，劝励生徒，儒教甚盛，河、汴间称咏不已"[24]。又有《韩昌黎文集》卷七《处州孔子庙》载"通得祀而天下者，唯社稷与孔子使然"。《文献通考》也有记载："自唐以来，州县莫不有学，则凡学莫不有先圣之庙矣。"[25]由此可见，州县孔庙林立，十分有利于中央政府推崇崇圣尊儒的文教政策，以消除武周时期抑孔崇周所带来的社会影响。释奠礼随着孔庙的建立而得到大范围的扩展。

第二，唐玄宗利用释奠礼来弘扬教化。唐玄宗当太子时，就常到太学去"大开讲论，学官生徒，各赐束帛"[26]。开元二十七年（739）的诏书中也表达得很清楚："弘我王化，在乎儒术。能发此道，启迪含灵，则生人以来，未有如夫子者也。所谓自天攸纵，将圣多能，德配乾坤，身揭日月。故能立天下之大本，成天下之大经，美政教，移风俗，君君臣臣，父父子子，人到于今受其赐，不其猗欤！"[27]据史料记载，唐代亲临曲阜孔庙释奠的有两位皇帝，其中一位就是唐玄宗。虽然去曲阜孔庙可能只是因为去泰山封禅顺路为之。一位帝王能够亲自去拜谒平民出身的孔子，也足以说明玄宗朝崇圣尊儒的面面俱到。玄宗还在《命张说等两省侍臣讲读敕》中说道"先王务本，君子知教，化人成俗，理国齐家，必由于学矣"[28]，表达了他想大兴儒学的坚定信念，利用释奠礼仪来弘扬社会教化。

清朝人庞钟璐在《文庙祀典考》云："夫欲敦教化厚人伦美风俗，必自学校始。学校崇祀孔子，附以先贤先儒，使天下之士，观感奋兴，肃然生其敬畏之心，油然动其效法之念，其典至巨，其意甚深。"自汉武帝始，历朝历代都推崇孔子及儒家学说，唐朝也不例外。唐玄宗天宝十一年（752）陈留郡改建文宣庙堂，碑文有"陈留改文宣王宫，郡守

河南道采访处置使元公彦冲所以崇德树风、敬教劝学也"[29]。欧阳修《襄州谷城县夫子庙记》也载有"隋、唐之际,天下州县皆立学,置学官、生员,而释奠之礼遂以著令……而州县幸有社稷释奠、风雨雷师之祭,民犹得以识先王之礼器焉"[30]。州县庙学林立,表现出唐玄宗加强了释奠礼在地方上的推行。释奠礼的广泛推行,则表明了唐玄宗利用释奠礼加强对民众的儒家思想教化。

第三,与唐朝礼仪的世俗化有关。唐宋时期礼仪制度的总体变化趋势是官方礼制逐步下移。释奠礼作为吉礼的一种,在玄宗朝的反应呈现为:朝廷对释奠礼仪内容的不断充实,以及朝廷推行释奠礼、实现社会教化的政策导向的不断完善。

唐帝国的疆域面积大,有些地方偏远落后,朝廷单独通过行政手段很难将中央统治延伸到每一个角落,"利用礼仪和象征的力量强调国都的中心性则比较容易实行,而且在制造政治权力的正统性时,也比较有效果"[31]。由此,两京释奠礼的举行逐渐延伸到各州县,释奠礼仪空间持续扩大。唐玄宗朝在举行释奠礼时,民众作为直接观众开始大规模地参与其中。释奠礼作为国家礼仪中的重要一环,在玄宗朝被用来谋求城内各个阶层的居民进行互动,"这种礼仪缓和并掩盖了城内诸阶层以及首都与地方的对立,带来了协同意识"[32],大大增加了唐玄宗朝释奠礼世俗化的色彩。

三

"开元盛世"下的释奠礼制度得到了空前的发展,并最终定型。虽然安史之乱以后,中央权力受到了一定的影响,但是中央政府主导下的释奠礼制度被不同程度的继承下来。中晚唐的社会动乱和藩镇割据仍然摧毁不了释奠礼的施行。宋元明清的释奠礼制度也与玄宗朝一脉相承。唐玄宗朝的"祭孔典仪制度得以基本定型,孔庙祭祀史上一些重要制度和祭祀程式,如州县皆立孔庙、孔庙从祀制度等基本确立,孔庙释奠礼制的海外传播也都发生在这一时期"[33]。由此可见,唐玄宗朝的释奠礼对后世产生了深远影响。

注释:

[1] 关于唐代释奠礼的论述,学术界已有深入的讨论和认识。朱溢在著作《事邦国之神祇:唐至北宋吉礼变迁研究》(上海古籍出版社出版社 2014 年)中探讨了孔庙释奠礼功能的转变、在五礼中归属的固定、到北宋时期在地方社会的深入展开,以及儒学的复兴与北宋后期孔庙神位的变化。雷闻的《郊庙之外——隋唐国家祭祀与宗教》(生活·读书·新知三联书店 2009 年)通过对孔庙等地考察,指出隋唐时期的国家祭祀,在祭祀对象上吸取了一些原来的民间祀庙,分析了释奠礼的特点,将国家祭祀和民众结合起来。高明士的《中国中古的教育与学礼》(台湾大学出版中心 1983 年)、《皇帝制度下的庙制系统——以秦汉至隋唐作为考察中心》(《台湾大学文史哲学报》第 40 期,1993 年)从教育史的角度探析了孔庙礼仪与官学制度的结合。盖金伟等人的《论"释奠礼"与唐代文化权威的构建》(《新疆大学学报》哲学人文社会科学版 2007 年第 1 期)、《论"释奠礼"与唐代学校教育》(《新疆师范大学学报》哲学社会科学版 2007 年第 4 期)将唐朝的释奠礼与学校教育结合起来,论证释奠礼对唐代文化权威的构建起了不可或缺的作用。

[2] 〔元〕马端临:《文献通考》卷四三《学校考四》,中华书局 1986 年,第 406 页。

[3] 〔元〕马端临:《文献通考》卷四三《学校考四》,中华书局 1986 年,第 406 页。

[4] 〔后晋〕刘昫等:《旧唐书》卷一八九《列传第一三九·儒学上》,中华书局 1975 年,第 4942 页。

[5] 〔后晋〕刘昫等:《旧唐书》卷二四《志第四·礼仪四》,中华书局 1975 年,第 917 页。

[6] 〔后晋〕刘昫等:《旧唐书》卷二四《志第四·礼仪四》,中华书局 1975 年,第 919 页。

[7] 〔元〕马端临:《文献通考》卷四三《学校考四》,中华书局 1986 年,第 409 页。

[8] 〔元〕马端临:《文献通考》卷四三《学校考四》,中华书局 1986 年,第 407 页。

[9] 〔北宋〕王溥:《唐会要》卷三五《学校》,中华书局 1955 年,第 635 页。

[10] 〔北宋〕王溥:《唐会要》卷三五《学校》,中华书局 1955 年,第 635 页。

［11］〔北宋〕王溥：《唐会要》卷三五《学校》，中华书局 1955 年，第 636 页。

［12］盖金伟、孙钰华：《论"释奠礼"与唐代权威的构建》，《新疆大学学报》哲学人文社会科学版 2007 年第 1 期。

［13］〔元〕马端临：《文献通考》卷四四《学校考五》，中华书局 1986 年，第 413 页。

［14］〔唐〕李林甫：《唐六典》卷二一《国子监》，中华书局 1992 年，第 557 页。

［15］〔后晋〕刘昫等：《旧唐书》卷二四《志第四·礼仪四》，中华书局 1975 年，第 919 页。

［16］〔北宋〕王溥：《唐会要》卷三五《学校》，中华书局 1955 年，第 642 页。

［17］宁欣：《唐宋都城社会结构研究：对城市经济与社会的关注》，商务印书馆 2009 年，第 115 页。

［18］〔后晋〕刘昫等：《旧唐书》卷五《本纪第五·高宗下》，中华书局 1975 年，第 90 页。

［19］〔后晋〕刘昫等：《旧唐书》卷二四《志第四·礼仪四》，中华书局 1975 年，第 918 页。

［20］〔后晋〕刘昫等：《旧唐书》卷二四《志第四·礼仪四》，中华书局 1975 年，第 918 页。

［21］〔后晋〕刘昫等：《旧唐书》卷二四《志第四·礼仪四》，中华书局 1975 年，第 919 页。

［22］梁红仙：《思想与政治之间：唐玄宗时期政治思想研究》，西北大学博士学位论文，2013 年。

［23］梁红仙：《思想与政治之间：唐玄宗时期政治思想研究》，西北大学博士学位论文，2013 年。

［24］〔后晋〕刘昫等：《旧唐书》卷一八五《列传第一三五·良吏下》，中华书局 1975 年，第 4811 页。

［25］〔元〕马端临：《文献通考》卷四三《学校考四》，中华书局 1986 年，第 411 页。

［26］〔后晋〕刘昫等：《旧唐书》卷一八九《列传第一三九·儒学上》，中华书局 1975 年，第 4942 页。

［27］〔元〕马端临：《文献通考》卷四三《学校考四》，中华书局 1986 年，第 407 页。

［28］〔宋〕宋敏求：《唐大诏令集》卷一百五《崇儒》，商务印书馆 1959 年，第 538 页。

［29］〔清〕董诰编：《全唐文》卷三七三，上海古籍出版社 2007 年，第 251 页。

［30］〔元〕马端临：《文献通考》卷四三《学校考四》，中华书局 1986 年，第 411 页。

［31］〔日〕妹尾达彦：《唐长安城的礼仪空间：以皇帝礼仪的舞台为中心》，《中国的思维世界》，江苏人民出版社 2012 年，第 482 页。

［32］〔日〕妹尾达彦：《唐长安城的礼仪空间：以皇帝礼仪的舞台为中心》，《中国的思维世界》，江苏人民出版社 2012 年，第 492 页。

［33］丰宗国：《明清孔庙释奠礼仪及其特征比对》，《济宁学院学报》2015 年第 1 期。

过云楼主人顾文彬与秦缃业的书画交易

沈慧瑛（苏州市档案局）

内容摘要：本文依据《过云楼日记》《过云楼家书》和苏州档案馆藏秦缃业书札，全面梳理过云楼收藏唐寅《王文恪出山图》的经过，通过挖掘《王文恪出山图》的流转过程，可以了解晚清士大夫的生活情趣及价值取向，以及顾文彬与秦缃业的交谊。

关键词：过云楼 顾文彬 秦缃业 出山图 书画买卖

过云楼收藏名闻天下，其书画是怎样来的？通读《过云楼日记》《过云楼家书》、顾承信札及过云楼友朋信札等档案文献，可获知这样的信息：大部分购买，小部分是交换所得。其中无锡籍清代书画家秦缃业与顾文彬的书画交易颇为频繁，尤其是唐寅《王文恪出山图》（以下简称《出山图》）的交易经过更为曲折有趣。

一

同治九年（1870）三月，顾文彬进京等待起复，至十月二十日接到补授宁绍台道员缺的"任命书"，一个月后即动身离京回苏。十二月十七日顾文彬路过黄埠墩，这是位于无锡古运河中的一个小岛，因春申君黄歇曾在此疏治芙蓉湖而得名。墩为圆形，面积220平方米，用石砌驳岸，四面环水，风景绝佳。十多年前顾文彬曾到过此地，而这次南归心情更是愉快，遂停舟一游，曾毁于太平天国运动的黄埠墩由李鸿章集资重建，如今"飞阁临丹，视昔年更胜，楼上供奉康乾两朝宸翰，遍皆李中堂补录，此外楹联甚多，颇有佳者"，顾文彬在当天的日记中如此写道。他还特意抄录了秦缃业所撰的楹联："两水中分孤屿白，四山回望一楼青。"秦缃业第一次出现在顾氏的日记中。同治十年（1871）正月，顾文彬就任宁绍台道员后，秦缃业开始频频出现在他的

日记和家书中。顾文彬与秦缃业作为同在浙江为官的江苏老乡，交往颇为密切，又为书画同道，为了这幅《出山图》两人斗智斗勇，既维护各自的利益和诉求，又不影响同僚朋友情谊，读来令人忍俊不禁。

秦缃业（1813—1883）来自无锡著名的秦氏家族，字应华，号澹如，能书善画，并爱好收藏书画。道光二十六年（1846）副贡，官浙江盐运使，后托病而归，不久过世。同治十年正月二十七日，顾文彬在苏州过完新年，就赴浙江省城杭州，向浙江巡抚杨昌浚等领导报到，并与一班同僚相识相见，又开始到处拜客，三十日与秦缃业见面。紧接着两人经常碰头，如在余姚人郑谱香、苏州人吴引之及秦缃业做东的饭局上相聚，又一起到梁敬叔家共赏书画。二月初十日，顾文彬到秦缃业家中，刚好有一位倪姓送阅书画，"绝无佳品，只携归铜器一件，古钱数枚"。三天后，顾文彬又到秦缃业处辞行赴宁波就职，从此开启他们的书信往来与书画交易。

同治十一年，远在苏州的顾承写信给顾文彬，"澹如新得六如为王文恪写《出山图》卷，是皖人携至杭州，被澹老六十金买去，即是当日鲍氏后人携苏求售，兰坡还三百千者，今竟为澹老得之，书画之缘，其有定数不浅"。鲍氏即鲍约亭，安徽富商，喜爱收藏。顾文彬得知消息，遂于同治十二年正月进省城向上级及同僚拜年之际，于十四日拜访秦缃业，"观其所藏十余种，以王叔明《西园图》小立轴、唐六如《王文恪出山图》卷、王孟端《惠山图》卷为最"。唐六如即唐寅，虽然顾氏已收藏多幅唐寅的作品，但《出山图》令其爱不释手，十六日他致信顾承："在省数日，忙碌异常，仅于寓中观其收藏数件……《出山图》即为昔年所见，的是精品。"然

而他对《出山图》尺幅不大表示遗憾，在当月二十三日的信中说："六如《出山图》果然精品，然长只二尺许，似尚不及《黄茅小景》也。"有意思的是，过了几个月他又否定自己的观点，说："画之精与不精，岂以大小为断哉？"

那年七月二十一日，顾文彬作为浙江省秋闱提调来到杭州，入住提调公寓，直至九月二十五离开，整整两个多月的时间待在杭州，既参与考场事情，又与秦缃业频繁相见，这是他们相处最长的一段时光。其实，顾文彬内心非常不愿意担任提调，究其原因主要担心减少收入，因为看中宁绍台道这个肥缺的人实在太多，怕上级临时派人充任其职。当他从秦缃业信中提及上级领导有意让他做"秋闱提调"的消息时，立即到杭州面见杨中丞，希望考虑其他人选，但杨领导很有一套说辞，说："汝在湖北充过两次提调，乃是熟手，必须帮我办理。"按照当时的规矩，出任秋闱提调的人必须是科甲出身，且担任实职，而符合条件的只有三人，一人生病，一人有事，顾文彬不得不服从安排。值得安慰的是，他可以带官印进省，一切公事令府中代行，并不另派人员。换言之，上交完规定的"国税"，多余的仍由顾文彬支配。

杭州两月，顾文彬与秦缃业既为工作忙碌，又在一起吃饭散心、鉴赏书画，顾文彬更是通过秦缃业的牵线搭桥得到不少珍品。秦缃业将嘉兴张姓古董商介绍给顾文彬，并出示"唐六如湖山清晓巨卷（下文所提《春晓图》），是嘉兴人之物，实价一百六十元，高一尺三寸左右，长一丈五尺左右，惜是绢本"。过云楼只收纸本，不收绢本，因其易破损，难于保存。但这幅画却让顾文彬心动了，他对顾承说"就画而论，所见六如，此为第一。如此巨卷，几无隙地，其认真可知，浑厚中仍饶明秀。石法北宗，余皆参用南宗，决非东村所能捉刀。澹如还过八十元，前途不允，只得让与我看，则其心爱可知也。此卷虽绢本，然亦不可失，购得之后，意欲与澹如婉商，交易其《出山图》"。这是顾文彬首次提到"看中"秦氏《出山图》的愿望。有意思的是，

顾文彬不仅看中了《出山图》，而且对秦缃业所藏的另一幅作品"虎视眈眈"："至麓台（王原祁）册，即欲设法，亦当在此卷后也。"至三十日，顾文彬在日记中写道："唐六如《春晓图》售主也，又持黄石斋的《草书讲业》册一本，共还价一百四十元。"对唐寅的这幅《春晓图》是否是真迹，顾文彬父子各执一词，展开讨论，顾承存有疑问，顾文彬在八月初一的复信中肯定儿子的眼光："汝以为六如潇洒之人，未必如此认真，所论极是。然款字甚佳，或者请人捉刀而自题耶？后有邵僧弥题词，题名'六如春晓图'，并非两来船也，今以百元得之，倘能与澹如交易《出山图》固妙，否则待价而沽，决不吃亏也。"

九月二十一日，顾文彬的收获可以用"惊人"两字描述，"共购得恽南田花卉山水合册、张尔唯书画册、石溪山水册……杜东原《南村十景》册"等十八位名家的作品，共花费九百四十四元。刚到手的东西，还没有捂热，顾文彬与秦缃业就开始交换，"以旧藏王麓台《云山》卷及新得的陈惟允轴、汪舟次字册与秦澹翁易得王麓台山水册、赵仲穆马卷"，只是秦缃业的王麓台册还在其外甥张雨生手中，承诺于十月寄来。在当天的日记中，顾文彬写下这样的文字："澹翁尚欲以所藏唐六如画《王文恪出山图》卷易余新得的杜东原册，余许以姑俟异日。"从以上推断秦缃业没有答应顾文彬以唐画换唐画，而是提出以唐卷易杜册。也可能顾文彬一直没有提出交换的想法，而是等待对方先提出。顾文彬计划的是以唐卷易唐卷，且对杜东原的《南村十景》很看重，从此两人为这幅《出山图》开展近一年的拉锯战。

顾文彬没有获得心心念念的《出山图》，但有了意外的收获。首先由秦缃业介绍其外甥张雨生与顾文彬认识，得知张雨生手上有唐寅的《风木图》，而这幅《风木图》也是顾文彬父子一直所想得到的，之前曾想托常熟的曾伯伟打听。张雨生开价两百元才肯出售，顾家曾买过张家所藏王麓台的作品，因此顾文彬与顾承相商，"倘肯将前得伊家麓台卷还

他，情愿抵去一百二十元，只须找伊八十元……我思鱼与熊掌皆我所欲，不如与他二百元为是"。他要求张雨生将此画寄到杭州，等他"出闱"后再与之成交。秦缃业也在信中提到张雨生"画宗烟客，祖孙犹惓惓于前售之麓台卷"，言下之意，张家希望取回此卷，但顾氏父子怎会让到手的珍品再拱手相让呢，顾承以"万不可舍"来表达对此卷的珍爱，且也不太愿意出两百元购买《风木图》。顾承的想法引起顾文彬的不悦，他于八月初三的家书中强调："风木卷依他所索之价，一文不减，有何不成？要汝斟酌者，应否还其麓台耳！"顾文彬父子最后商定以二百元购《风木图》。

九月初六日，秦缃业致信顾文彬，张雨生的唐卷《风木图》"昨始寄到。雨生意在购王卷，而观乃兄尊生来信以当时售价甚廉，只贴八十番，以为太少，颇怨其弟，姑俟三世兄到后再商寄可也"。言下之意，张家对这桩交易并不完全满意，也说明等顾承到杭后再一起商定。顾文彬父子私下也积极讨论，他们约定，如果张雨生再提赎回王麓台卷之事，就推托此画已被李鸿裔要去了，不在他们手上，顾文彬嘱咐儿子："此卷既不肯还他，或择麓台之中下驷带几件来，以为搪塞地步"。九月初七日，顾承到杭州，也搬进贡院入住，两天后顾文彬终于以二百元之价得到《风木图》，而保住了王麓台卷，他在日记中记上一笔，并说明这是常熟张氏之物，通过"和会得之"。

二

书画鉴赏与买卖成为顾文彬与秦缃业共同热衷的事情，后者热心为前者介绍其他名家字画。顾文彬于八月二十八日的日记中写道："澹如经手送来之物：顾文康（顾鼎臣）《岁寒三友》卷二十五元，顾云屋（顾琳）《丹山图》四十元，明人诗翰册八元；退还俞紫芝字册、文氏书札册。"十一月初四日，与秦缃业交换所得的王麓台册页也由苏州送到宁波，顾氏一口一个"精妙之至"赞叹此册，他致顾承的家书中掩不住的兴奋，说："澹如所让麓台册，精妙之至，竟与烟客一样笔墨，审其落款，是

同时手笔，并无先后之说，特画境前八页密，后二页略疏耳。"对麓台册页是否一段时间内的作品，秦缃业与顾文彬持不同观点，泰氏认为前八页是王原祁中年之作，后两页是晚年的作品，顾氏对此百思不得其解，不知秦氏何来这样的观点。

虽然顾文彬得到了唐寅的《风木图》和秦氏所藏麓台册及《黄茅小景》，但顾文彬像着了魔的孩子，一直盘算着《出山图》，尽管《黄茅小景》"精绝，但出山卷亦足相埒，倘若能并得，则二美共矣"。顾文彬深知"过云楼收藏足称富有，我遇事皆存知足之念，惟于书画则贪多务得，此亦通人之蔽也"。可是秦缃业仍坚持以唐卷换杜册，始终没有松口。同治十三年正月，顾文彬写信告诉顾承："有信来，复申以杜易唐卷前议，我仍权词答之，并告以新得《黄茅小景》，六研斋推为天下唐卷第一者。言外见得，既有此卷，则其他皆在可舍之列。伊是聪明人，或者会意，不复再申前说，亦未可知。倘若竟缠绕不休，只得以直告之，唐画已多，杜画甚少，故不愿交易。如唐卷肯售，竟以两百元购之，亦我之所愿，汝意为何如？"从顾文彬的家书中，可以获知，他非常尊重顾承的意见，但为了获得心爱之物，也会一再表达自己的意愿，希望做儿子的理解并支持他。顾氏想着唐寅的《出山图》，秦氏则看中杜东原的《南村十景》册，两人各有所爱，各有所图。

显然，秦缃业没有达成自己的愿望，最后作了让步，顾文彬于三月一日致顾承的信中提到交换条件的变化："澹如欲觅四王、恽、吴扇面，可于所藏中择数页携来，以备价买唐卷作为腠物。既不肯践以杜易唐之约，必于备价外佐他物以饵之。"其实秦缃业还看中上年九月二十一日顾氏收藏的王鉴（廉州）册，三月初十日顾文彬在家书中说："前所得戴子余之廉州册，澹如亦欲得之，前有信来，又径提及此册甚精，断不能让。我家所藏廉州册，择其中驷，带一二本来，以备购买唐卷贴补之用。"秦缃业因为没有得到杜册，就不断提出自己的要求，而顾文彬因为要获得《出山图》，与儿子密切地讨论对策，并做出妥协："连接澹如两信，唐卷既为香严

(李鸿裔)叹赏，声价更增，幸尚可图。渠所要唐绢本卷已为香严购去，当以实告，作为罢论。渠所要廉州八页，虽亦是精品，不应舍夫，然再靳而不予，未免过于不恕。我意竟将此册予之，作价七十元，再加洋一百三十元，凑成二百元之数，择下人来宁者，令其持册与洋，走内河送至杭州，将唐卷易归，所赠南田、石谷、麓台扇面，只算白贴，不能计较矣。"顾文彬在书画收藏上有个"冤家"，即他的好友李鸿裔，此君在书画方面出手阔绰，所以他只得忍痛割爱廉州册，担心不抓住这次机会，《出山图》有朝一日"必为香严攫去"，就后悔莫及了。事隔四天，又将前信中的意见重述一遍，征求顾承意见，并关照抓紧时间。紧接着连续发出两封家信，谈论此事，决定由三孙顾麟诰将廉州册带到浙江。

然而秦缃业并不完全同意顾文彬的提议，除了廉州册外，他又明确提出新要求。五月初四日，他致信顾文彬："唐卷本意在易杜卷，不得已而及绢本一卷，亦聊以解嘲，且免外人以为求售图利耳。"进一步提出补偿扇面之事，"弟所有扇面中尚少烟客、渔山，而廉州亦无其白面，如能拣选至精者三扇及廉州册，并贴以百番，弟必将六如卷奉上，而先来之扇，亦仅留两恽二王也。如以整部未便拆散，而随便充数，则仍当奉璧，竟作罢论"。言下之意，所要扇面必须是精品，否则双方的协议就此中止。

顾文彬收到秦缃业的这封信有点小情绪，想不搭理，但一想到《出山图》"究属精品，不忍决然舍去，况所求扇面尚不难照办。汝择烟客、渔山、廉州扇面各一张，要好些的。此公眼光甚好，中下驷不能将就，待其退回，徒多周折"。最终秦缃业与顾文彬达成一致意见，三个扇面作价三十元，廉州册作价七十元，共一百元，再贴补一百元。顾文彬算了一笔账，即使加上之前送出的三个扇面，这桩生意并不算吃大亏。顾文彬认为秦缃业只提出要廉州白面，似乎要烟客与渔山金面，而他们的藏品中"烟客金面尚多，渔山金面尚少，汝酌量择取，无金即白亦可"。五月底，秦缃业又致信顾文彬，说自己想要"烟客、廉州、渔山三便面，以便配成六大家，

亦聊以解嘲意也"。王时敏、王鉴、王翚、王原祁、吴历、恽寿平被称为清六家，秦缃业在信中流露如果双方成交，他将以顾氏所贴经费购买其他作品："此间亦尚有九龙山人小卷、李太仆书画卷，沈恒吉山水轴可观，欲诶尊处津贴之百番以购之。"如果顾文彬不愿割爱王时敏、王鉴、吴历的扇面，那么他们的交易只得作罢。然而顾承回复没有合适的渔山金面，向父亲请示如何操作？顾文彬有点心急了，告知最近书画行情，"故交之物"都在上涨，没有金面就用白面替代，但务必抓紧，他实在担心秦缃业也跟着行情讨价还价。

三

同治十三年（1874）六月初一日，顾文彬终于收到顾承从苏州寄来的扇面，立即派人将三个扇面和廉州册带往杭州，"与澹如交易，事之成否，未可知耳"。应该说，他的心里还有点不踏实，担心对方心思活络，再出什么"幺蛾子"。但到六月四日顾文彬接到上述那封秦缃业写于五月底的信件，表示要将顾氏所贴百元购取其他作品的话语时，他的心顿时放宽了不少，认为秦氏"意在肯售，谅不致再有中变"。至此，顾文彬、秦缃业都向对方开出条件，并彼此得到满足，可谓皆大欢喜。

六月五日，秦缃业收到顾氏送来的廉州册与三个扇面时，并不满意，于第二天的回信中说，自己已有金面，所要扇面皆要白面，原打算配齐六大家扇面成一册，而金面与白面均匀才好，且烟客的作品"秀而欠苍"，推测是崇祯年间的作品，而吴历的"太荒率"，既然"尊处无白面可换，亦只得勉留，惟作价三十番，鄙意犹不值"。同时他说前两年见过廉州册，此册"原用致佳之印木面，今忽易以红木"，让他大失所望，认为"既作价换物，总求大家情愿，彼此求当"。再三说明并非要斤斤计较，故提出三个扇面与廉州册的作价都要作相应的调整。顾文彬连忙做出解释，以为印木与红木相等，故易去印木，改为红木，实是无心之为，他又许诺赠送笪重光的扇面作为补偿，而维持前议。六月十二日，顾文彬派人从杭州取回梦寐以求的唐寅《出山图》，

在当天的日记中写道:"澹如唐卷专由省取回,以王廉州册并烟客、廉州、石谷、南田、渔山扇面,贴以百洋易归。"同天他写信给顾承,说秦缃业"尚有许多不满意,得此一种已费千气万力矣。渠尚点戏,要龙友、尔唯、润甫、江上四家扇面,我思杨、张、卞三家扇面皆我家所求而未得者,即偶得之,安能分赠。惟笪扇或不甚爱惜,倘有之,即寄来转交,以了此公案"。

顾、秦一场书画交易到此已成定局,不料又起风波,原因在于顾文彬答应赠送的是笪重光的扇面,但秦缃业收到的却是卞文瑜的,且并非卞氏真迹。在一封信中表示了不满,认为顾氏所给的二王一吴的扇面并非"至精",廉州册印木面也被换掉,责备顾文彬"不惮其烦,而屡致徒劳往返也……已许赠江上(笪重光)一面,何忽易润甫?弟处九友本配不全,亦非定要江上,如冬心(金农)、新罗(华嵒)能得一面",他也能接受。以一个书画家的职业素养评判作品的优劣与真伪,他向顾氏一一说明。首先他觉得卞氏作品在九友中属于殿后,"魅力不如二王,秀逸不如程邵";其次落款辛卯年有问题,前一个辛卯在万历十九年,"烟客未生",后一个辛卯则在顺治六年,卞氏已死;最后一个问题是印章"文喻","从文不从玉",显然不是文瑜之瑜。明末清初的董其昌、杨文聪、程嘉燧、张学曾、卞文瑜、邵弥、李流芳、王时敏、王鉴被称为画中九友,因此对所谓的卞画做出如此判定。他表示自己所割让的《出山图》在《风木图》上,这是不言而喻的,而其"初意欲得杜册",既然无法以唐易杜,只得一再迁就,仅是出于"成人之美起见,而非图利于其间",而过云楼因此成为"海内甲观"。通过双方这次书画交易,可以看出他们的书画鉴赏水平不同一般,又是过目不忘的聪明人。他还和顾氏强调,"真伪不可不明,是非不可不辨",并非在至好前锱铢必较。顾文彬同样是一位高水平的书画鉴赏家,又颇具书画商人的精明。面对的"指责",顾文彬只得"虚心"接受,立即于七月初十日致信顾承,说"将不合意之扇面送还,尚要笪江上和冬心、新罗三家

中或一或二,我思此三家扇不甚值钱,尽可送一二,以了此局"。笪重光、金农、华嵒均为清代画家,他们的作品颇受推重。

顾文彬告知顾承一个信息,即大约在七月底回无锡,倘若经过苏州,就将扇面送给他。顾承是个颇有主见的人,对父亲的意见并不全部采纳,顾文彬只好让步,"新罗既不忍割爱,或以他件小名家任其拣取一二,即可塞责。正文已完,此特余波而已。"顾文彬毕竟是在官场历练的人,自个儿想要的已到手,没必要过多计较。他在七月初七的日记中写下"酌送扇面与澹翁,以酬其让唐之功",在家书中则说"澹如相让之意究属可感",可见他深知此画的价值及秦氏转让的情义。

顾文彬的好友李鸿裔评价《王文恪出山图》在唐寅的《黄茅小景》之上。顾文彬对此也有一番独特的见解:"两图同用斧劈皴,不点苔,而《黄茅小景》尚有纵横习气,《出山图》返虚入浑,积健为雄,实觉此胜于彼。"《风木图》《出山图》《黄茅小景》同归过云楼,顾文彬得意之极,"六如妙迹尽归我家,甲于天下"。顾文彬再次关照顾承,他日秦氏"道出吴门,汝检扇面中一二小精品酬之"。然而到七月底,仍未见人影,而顾承准备到宁波探望父亲,于是顾文彬叮嘱:"汝出门前,倘未来,新罗、冬心等扇面(次者)检出一二页交四孙,待其来访出示之,任其取去。"书画痴迷者,对收进书画不惜代价,但拿出去时则心有不舍。之前还要求顾承选精品送给秦氏,过了没多久,又改为次等的新罗和冬心的作品了。

从落款为九月二十六日致顾承的一封信中,可以了解秦缃业于八月到过苏州,并受到热情接待,只是与顾承擦肩而过。他在信中透露一个信息:"粤东何蓬庵挟书画、碑帖来游西湖,出以见示,美不胜收,尤以赏者宣和御题关仝画一轴,真希世之宝。"然而他并没有能力购买,希望过云楼能有所斩获。同时也将何氏要到苏州的信息告诉顾文彬,但顾文彬认为"此公大约即交易恽、吴卷者,此公索价极昂,碑帖多作覃溪赝跋,即使来访,恐无甚交

易也"。顾文彬听说何蓬庵鉴赏书画能力颇高，让顾承请他审定家中正在编纂的书画录。

与顾文彬相比，虽然在浙江做官，但秦缃业的生活并不富裕，同治十二年十月他因年关难过，想押一箱书画给顾氏，"押数百金"。顾文彬在十四日的家书中说，当年他们父子均看过秦氏之收藏，认为精品不多，"即使有精者，岂肯轻于抵出"，故顾文彬要求顾承告知有哪些入眼的东西，到时可向秦氏"指名相索"。顾文彬家书中没有说起押金多少，但他在十月二十七日的日记中写道："又复一信，并银票二百两，托朱令懋清带往省中。"从时间上来看，两百元极有可能是秦氏书画的押金。到十一月初四，送去书画八册十二卷，其中有几件精品，共抵押四百元，声明"非半载即一年定赎"，决不绝卖。顾文彬认为乃守信之人，绝不会食言，如果他来赎回时或许可以转让一两件精品，即使不来赎回，"亦不致吃亏"。实在出于急用才抵押书画，故对顾文彬的相助也十分感激，表示"如有不合意者，尽

可以调换"。这正中顾文彬下怀，他告诉儿子"明年进省拟换他几种，看似光景，意在必赎"。至光绪元年十月十一日，已辞职回苏的顾文彬在日记中写道："接澹如信，先还漕银一百两，在押局内算"，那么可以推测还未赎回所押书画。

从同治十二年正月顾文彬得见唐寅的《出山图》到第二年的六月正式成交，顾文彬可谓花尽心思，用尽"千气万力"。然而不知传到哪一房子孙，已更换了主人，书画于人，确是过眼烟云。《出山图》上有四个收藏印章，即"商丘陈氏书画印"朱文印、"鲍氏约亭珍藏"朱文印、"顾子山秘箧印"朱文印、"孙邦瑞珍藏印"朱文印，秦缃业虽然一度是此画的主人，但并没有留下痕迹。江阴人孙邦瑞是民国著名的书画收藏家，和吴湖帆是好友，这幅画上留有吴湖帆的墨宝："辛巳中秋，孙邦瑞见示乡贤名迹。吴湖帆谨观。"辛巳年即 1941 年，这说明 1941 年或更早些时候此画已归入孙家，如今唐寅的《出山图》成为故宫博物院的珍品。

清朝宫廷中的苏州画家

聂崇正（故宫博物院）

内容摘要：清朝苏州地区画坛的主流，虽然主要是以文人画为主，其影响力也最大。但是有一个现象同样也应当引起注意，即清朝的宫廷里，却有着相当多的苏州画家供职。其最早的始于清初的康熙朝，最晚的延续到清末的光绪朝，几乎贯穿了整个清朝三百年。可以说，清朝苏州地区为宫廷提供了大量的艺术人才，由此形成了与"欧派绘画"相并列的"本土绘画"。本文根据清宫档案以及相关画史著录，主要以画家杜元枚和张宗苍、方琮师生为例，对清朝供职宫廷的苏州画家做出考察。

关键词：宫廷画家　苏州　杜元枚　张宗苍　方琮

在一般人的印象中，明清时期的苏州地区（此处所用的苏州是"大苏州"的概念，即包括苏州周边），是文人画家集中的所在，其中最最著名的就是明朝的"吴门四家"（沈周、文徵明、唐寅、仇英），确实美术史、绘画史基本上就是这么叙述的。在"文人画"流行后，相当多并非具有"文人"身份的画家亦纷纷仿效文人绘画的样式与风格从事绘画创作，以至形成了一股相对自我认同的势力。这是由于一种绘画风格样式流行之后，就会向周边辐射其影响力，使之成为这一地区主流的样式和风格。

不过即便以"吴门四家"而言，其中的沈周和文徵明可以说是十分典型的文人画家，后两位的唐寅和仇英，就已经不属于纯粹的文人画家或根本就不是文人画家了，比如"四家"中的仇英，就是一位画匠出身而成名的职业画家。当然明朝后期在苏州地区（包括苏州的周边）流行的主要仍是沈周、文徵明一脉的文人画系统，但是在此地唐寅和仇英这后两位画家的影响力同样亦不可忽视、不可低估。这样的画坛风气和格局，一直延续到了清朝。

不过在美术史和绘画史的叙述中，叙述者仍然很少把苏州的画家和画风与清朝的宫廷绘画联系在一起。清朝苏州地区画坛的主流，确实仍然还是以文人画为主，其影响力也最大。但是有一个现象同样也应当引起注意，即此时清朝的宫廷里，却有着相当多的苏州画家在供职。清朝的康熙、雍正、乾隆三代皇帝在位期间，朝廷在江南富庶地区的江宁（今江苏南京）、苏州、杭州三地设立了"织造府"，利用当地的经济、物质、技术、人文和艺术的优势，为皇室提供各类高档的奢侈品和消费品。

按照清代胡敬所著的《国朝院画录》一书中收录的，就有不少苏州及其周边地区（如松江、嘉定、娄县、常熟等）的画家。如：徐玫、陈枚、程志道、孙祜、杜元枚、余省、余穉、周鲲、徐璋、袁瑛、徐扬、李秉德、吴璋、吴械、金永熙、张宗苍、陆授诗、陆遵书、黄增、蒋懋德、陆灿、沈映辉等；见于其他画史、地方志记载的还有：文永丰、周道、王简、顾见龙、邹元斗、孙阜、孙威凤、谢淞洲、王敬铭、周安节、薛周翰、毕大椿、刘公基、张恺、王简、俞榕、姚匡、胡桂、许佑、严钰、沈世勋、沈振麟、管念慈等；除此以外尚有见于清"内务府造办处档案"留下姓名的若干苏州画家：吴维乾、徐大年、顾方乐、顾鹤琴、何文起、赵丹红、陈兆龙、陈维德、沈心诚、沈赓载、陈云藻、江运昌、张仲超、徐周望、马兰生、袁文彩、李东图、许瀛洲、范章蘅、曹东来、胡大振、戴士宏、陈鹤坡、吴玉行、徐兰圃、徐光裕、朱鹤文、王焕章。以上见于清宫档案中的苏州画家的姓名，几乎都没有被画史和地方志以及笔记史料所收录。他们中有的人此后被选送京师，供职宫廷，有的人就地在苏州织造府内为宫廷服务。

几种资料的数目相加，累计达到了七十多人，这可不是一个小数目。而且史料中或许尚有没有注明画家籍贯，而被遗漏的人。此外，见于画史记载的如画家沈钦："善画山水花鸟，亦能人物，乾隆初次南巡，曾献画。后在尚衣署二十余年，至七十尤能作画。"像沈钦这样的画家，进入宫廷后在"尚衣署"供职，担当的是"画样人"的工作，如果把从苏州地区征召来的如此身份的艺匠也算上的话，人数还会要增加很多。

这样一个长长的画家名单，最早的始于清初的康熙朝，最晚的延续到清末的光绪朝，几乎贯穿了整个清朝三百年。

以上提到的画家，其中一半左右都留有作品，胡敬的《国朝院画录》一书中记录有比较详细的文字资料；此外现时北京故宫博物院和台北故宫博物院的收藏品中，也有不少这些苏州画家在清宫中所画的作品。当然亦有相当多的画家的作品目前已然不见了踪迹。

清朝宫廷内供职的画家，同样也可以分成两部分，一部分属于画技比较写实工能的，另一部分属于画法比较写意的，而正好与苏州地区画家的实际状况相符合。不同的绘画擅长及绘画风格，适应和满足了宫廷中不同的需要。前一部分画家主要参与宫中纪实性绘画的绘制，而这类的绘画作品正是清廷绘画题材方面的特色，也是宫廷绘画最主要的部分；后一部分画家，则多从事的是宫廷中装饰性绘画的绘制。根据各自的优势，画家们各有各的分工与侧重，所以苏州地区画坛的多样性、作品的多种风格，就恰恰满足了宫廷中的不同需求。

画家徐玫、陈枚等，人物画相当出色，同时兼善"写真"，故而宫廷中的康熙、雍正时期的"御容"，可能都出自他们之手（因帝后肖像画上，画家均不署写名款，所以无法确指作者），应当所传为"波臣派"（曾鲸）的遗脉。又如余省、余穉兄弟与周鲲等画家擅长较为工细的花鸟画，经常独立或与其他画家合画此类题材的作品。画家徐扬的画风面貌和绘画手段多样，兼工带写，既能绘制如《乾隆南巡图》卷这样大型的纪实性绘画，也画了不少颇具写意味道的山水画小品。当乾隆晚期宫中缺乏"写真"高手时（大部分供职宫廷的欧洲画家都已去世），皇帝特地从苏州征召画家陆灿北上，来绘制乾隆老年时的肖像。

清朝宫中有一类称之为"贴落"的画幅，均为装饰殿内房间所需，多为山水画及花卉画，从事此类画幅制作的画家，知名度都不是很高，其中也有不少苏州地区的画家参与。山水画都传"四王"风格、花卉画以恽南田的样式为主。

从以上所列出的画家情形来看，基本上可以扭转苏州地区只流行"四王"风格的山水画、只流行恽寿平风格的花卉画，只是由"文人绘画"一统天下的传统说法。彼时苏州地区的画坛是一个多样画风并存，多种画题争辉的所在。所以，在清朝苏州地区为宫廷提供了大量的艺术人才，由此形成了与"欧派绘画"相并列的"本土绘画"。

下面试以画家杜元枚和张宗苍、方琮师生为例，重点予以叙述，以窥全豹：

苏州织造府选送的画家杜元枚

清朝的宫廷画家中，很多都是南方长江下游江浙一带的人，其进入宫廷供职的途径：有地方官推荐的；有皇帝巡视时自己进献作品被招募的；有经地方的织造府物色的，然后通过一定的形式的考核，认定其水平适合在宫中供职的人员，就成为一名宫廷画家。

下面要提到的这位宫廷画家杜元枚，就是由乾隆时代的苏州织造府推荐给内务府造办处，经过考核同意而进入宫廷供职的。

有关画家杜元枚的简况，画史中有不多的记述。胡敬在其著作《国朝院画录》一书的"卷下"中，就提到了"杜元枚"的名字："杜元枚，字友梅，长洲人。顾铨、贾全、杜元枚合仿严宏滋《三元星官图》一卷。"[1]文内注明画家杜元枚字友梅，是"长洲人"，即苏州（今属江苏）人，仅此而已，其他有关画家杜元枚的情况则一无所知。那么清宫内务府造办处的档案中有无关于画家杜元枚的资料呢？经查阅，果然有所记述，转录于下。

乾隆二十一年（1756）"六月初八日接得员外郎郎正培押帖一件，内开本月初七日太监胡世杰传旨：将如意馆现起《万寿图》稿手卷四卷，着瑞保先带去第二卷、第四卷，或四人画一卷、或五人画一卷。先着每人画一段各粘名签呈览，好的指名留用，不好的另挑人画来呈览，其余二卷稿俟准时发去；再应画手卷画绢四卷，俱着带去。于八月初八日将苏州织造瑞保送到《万寿图》画稿十四段，随人名签十四个，持进交太监张永泰呈览。于初九日太监张永泰传旨：准吴维乾、徐大年、顾方乐、顾鹤琴、何文起、赵丹红六人画。钦此。于闰九月三十一日将苏州织造瑞保送到《万寿图》画稿三十二段，各随人名签持进呈览。奉旨：准陈兆龙、陈维德、沈心诚、沈赓载、陈云藻、杜友美、江运昌、张仲超、徐周望、马兰生、袁文彩、李东图、许瀛洲、范章蘅、曹东来、胡大振、戴士宏、陈鹤坡、吴玉行、徐兰圃、徐光裕、朱鹤文、王焕章等二十三人画。钦此。于二十二年六月初四日接得员外郎郎正培、催总德魁押帖一件，内开本年五月三十日员外郎郎正培将张廷彦画得《万寿图》第三卷画稿呈览。奉旨：着张廷彦即画此第三卷，将从前发去苏州安宁处稿四批内作速要一卷来画。钦此。于二十二年七月二十四日，苏州织造瑞保送到原发去画《万寿图》画绢一卷，交如意馆催总德魁领去讫"[2]。这则档案资料说明了《万寿图》卷一画绘制过程中的事情，文中所提及的杜友美，应当就是杜元枚，因为按照吴语念"杜友美""杜友梅"和"杜元枚"，三者发音是完全一样的。所以我们据此知道，画家杜元枚在进入内务府造办处之前，就是在苏州织造府内供职，并且参与了《万寿图》卷的绘制工作，是众多作者中的一个。至于档案中提到的其他参与绘制《万寿图》的二十八位画家的姓名，也都失载于画史。

十一年之后的乾隆三十二年（1767）档案中又出现了画家杜元枚的名字："奴才西宁跪奏为遵旨选送事，窃奴才于乾隆三十二年十二月内接准造办处文，开乾隆三十二年十一月初九日奉旨：着传与西

宁，似金廷标手艺，会画人物别艺之人，愿意来京者挑选一、二名送来，如有此等手艺不愿来京，或无此等手艺之人，即不必送来。钦此、钦遵等因。奴才即于苏州、杭州二处遍加访询会画人物之人，无不情愿来京冀图效用。奴才随各试其所画，多未能如金廷标之手艺，因就中再三挑选，内有黄增一名，年四十五岁，苏州府长洲县人；杜元枚一名，年五十五岁，苏州府吴县人，均能绘画人物，兼画山水，看其笔墨虽较逊于金廷标，然俱尚堪学习。奴才现在专差将黄增、杜元枚二人送至造办处预备，仅将二人试画各一幅，恭呈御览，是否堪用，伏乞皇上训示。谨奏。乾隆三十三年四月二十六日。"[3]这则档案提供了很多的信息，其一是说该年画家杜元枚为五十五岁，以此推之，杜元枚应当生于康熙五十一年（1712），这是过去从来都未见提及的信息；其二是该年画家杜元枚是和另一位画家黄增，一同北上进宫的；其三是因为在宫中特别受到皇帝器重的画家金廷标，于该年（乾隆三十二年，1767）的四月去世[4]，宫中缺少了一位多面手的画家，急需有人顶替，故而下旨要苏州织造府寻找类似的画家，于是画家杜元枚、黄增就这样被挑选上了；其四是被挑选上的画家，还需要征得本人的同意，愿意北上进宫效力的才能确定下来。向皇帝汇报此事的西宁当时是苏州织造府的织造，负责此类事项。

由此杜元枚就在宫中的造办处内当差，正式成为了一名宫廷画家。乾隆三十五年（1770）的档案里就出现来了杜元枚的名字："正月初九日接得郎中李文照押帖，内开三十四年十二月二十三日太监胡世杰传旨：配《西清古鉴》用画册页三十二册，每册八开，着谢遂、杜元枚、沈映辉、袁瑛分画十六册，着方琮画山水十六册。钦此。"[5]同年"二月十六日接得郎中李文照押帖一件，内开二月初八日太监胡世杰传旨：将三官图手卷着贾全、杜元枚、顾铨着色画三卷。钦此"[6]。

但是为时未久，我们就在档案资料中看到了如下的记载：乾隆三十五年（1770）"七月初九日接得郎中李文照押帖一件，内开本月初一日太监胡世杰

传旨：画画人多，其杜元枚、徐溥已久病，不能当差，将二人退出。钦此"[7]。这是这位画家在宫中最后的消息，杜元枚自乾隆三十二年进得宫来，到乾隆三十五按照皇帝的命令"退出"，仅仅只有三年的时间，十分的短暂。其退出的缘由是"画画人多"和"久病，不能当差"。此时画家杜元枚为五十八岁，已近"耳顺"之年。

看来杜元枚的画艺比较一般，还是不能顶替金廷标在宫中的工作。也说明当初推荐他来宫中的苏州织造府的西宁，并没有找对人选。再加上杜元枚一个南方人，虽然此次来到北方，由于水土不服，造成身体不适，以致无法坚持正常的工作，是很可以理解的。从其他宫中画家的经历看，南方人来到北方，身体有病，此类事情还不是孤立的现象[8]。不过画家杜元枚为皇帝服务，并非就是这三年，按照档案的记述，他起码于乾隆二十一年（1756），杜元枚的年纪为四十四岁时，在苏州织造府内，就是《万寿图》卷的作者之一，从那时算起，也已经有十几年的时间了。杜元枚什么时间开始为宫廷服务的，没有见到记载。至于同杜元枚一起合作《万寿图》的其他画家，好像没有一个后来被选派到北京宫中供奉作画的。

至于杜元枚留存下来的作品，我们现在还能见到一些，这些画幅几乎都保存在北京故宫博物院中，《下元水官图》卷即为其中之一，此图为纸本墨笔画，纵 50.9 厘米、横 642.3 厘米，画卷末款作："下元水官图，乾隆三十五年二月臣杜元枚奉敕恭摹严宏滋笔意。"从时间上看，这幅手卷画就是前面档案中提及"三官图手卷"之一，也即是《国朝院画录》一书内提到的那幅作品。按照乾隆皇帝的原意，是要将此图画成"着色画"的，但是此图卷仍为水墨画，还没有来得及着色，图作于该年二月，不到半年后的七月，画家杜元枚便由于身体"久病，不能当差"的原因离开了宫廷，回南方原籍苏州去了。杜元枚从乾隆三十二年（1767）十二月进入宫廷供职，于乾隆三十五年（1770）七月便已离开宫廷，只在北京宫中当差了不到三年的时间，相当短暂。

此为道教题材绘画。道教称天、地、水为三元，三元之神即天官、地官、水官。天官赐福、地官赦罪、水官解厄。原图是乾隆前期的宫廷画家严宏滋所画[9]。

十分有趣的是，画家杜元枚在画上的署款，均为工工整整的楷书，当然那都不会是画家本人书写的，但是杜元枚的"枚"字，看上去总觉得像个"枝"字；同样情形，在内务府造办处档案的文字中，那些记录的太监，也常常将"枚"字错写成"枝"字，以致在写作画史时引起了误会。

因为近日读到《紫禁城》2015 年 10 月号上林姝女士的《崇庆皇太后的万寿庆典图》一文[10]，其中引用了清内务府造办处的档案材料，提及绘制此图的众多画家中有"杜友美"其人，便写成此文，对这位画家的生平和在宫廷内的绘事活动作了些补充。

宫廷师徒画家张宗苍与方琮

清朝的宫廷画家中，有若干父子、兄弟同时供奉，形成很独特的文化景观，笔者已撰写有多篇文章加以介绍。除去父子、兄弟之外，还有不少是师徒同时在宫中供职的现象，也很有特色。这类师徒同时出现在宫中的现象，不仅仅局限于工匠式的职业画家中，还见于文人性质的画家里。

笔者已经在以前所写的若干文章中说明，清朝的宫廷画家中具有两种类型的人物，一类是具有较强写实能力的工笔画家，一类是擅长传统文人写意风格的画家。在宫中这样两类画家各派各的用场。注重写实的工笔画家重点绘制纪实性质的绘画作品，而传统文人写意风格的画家则着重于装饰性画幅的创作。而在偏重传统文人写意风格的文人画家当中，最有代表性的师徒人物，便是张宗苍和方琮二人。

清代宫廷的山水画，总体上来讲是受到清初"四王"（王时敏、王鉴、王翚、王原祁）的画风影响很深，因为以上这四个画家在艺术师承和艺术主张等方面有着极其密切的关系。如果再细加分析，应当说对清代宫廷山水画影响最大的画家是"四王"中的王原祁。这是由于王原祁的众多弟子和学生（包括再传弟子）后来都陆陆续续进入宫廷供职，成为宫廷的职业画师。比如唐岱、金永熙、余熙璋、王敬铭、孙阜、张宗苍、陈善、方琮、王炳等。

张宗苍和方琮这两位画家，在艺术师承方面，就完全继承的是清初"四王"的路子，代表了当时画坛的主流审美趣味。清初"四王"的画风属于画坛的主流风格，这已经为中国美术史和中国绘画史所公认。清朝宫廷中的山水画就完全属于当时的主流风格。

而在王原祁的再传弟子中则以张宗苍名声最为显赫。所有宫廷画家中，作品被收入《石渠宝笈》数量最多的就是张宗苍，一共达一百一十六件。不但画作被收载的数量最多，而且还有不少画幅上有乾隆皇帝的题诗，可见他在宫中的地位之高以及得到皇帝喜爱的程度。

张宗苍生于康熙二十五年（1686）、卒于乾隆二十一年（1756）。关于他的生平，各种画史上有详略不一的记载。"张宗苍，字默存，一字墨岑，号篁村，自号太湖渔人，横渠十七世孙，吴县黄村人。工山水，出黄鼎之门。乾隆间以主簿衔需次河工，十六年南巡，献画册受特知，供职画院；十九年授户部主事，逾年以老乞归"[11]，其他史料的内容与此大同小异，冯金伯《国朝画识》一书中，对张宗苍所献画册具体称为《吴中十六景》。据以上资料得知，张宗苍为北宋张载（1020—1077）之后人，吴县（今苏州）黄村人，在供奉宫廷之前，曾经担任过负责河工的主簿职务，其时应在扬州，李斗在其著作《扬州画舫录》一书中写道："张宗苍……以淮北盐官为公僚属，与之定友"，张宗苍在扬州的时间不会很短，所以李斗将他的姓名，写进了专门记录扬州本地画家和流寓扬州画家的著作《扬州画舫录》一书中。乾隆十六年（1751）皇帝南巡，路过苏州时，张宗苍呈献《吴中十六景图》册页，受到称赞，随之北上京师，进入宫中如意馆供职。同年七月十二日的内务府造办处"各作成做活计清档·如意馆"中就出现了张宗苍的名字，档案记载："副催总佛保持来员外郎郎正培、催总德魁押帖一件，内开为六月初二日员外郎郎正培奉旨：画画人张宗苍、徐扬

每月钱粮公费照余省、丁观鹏一样赏给，于六月起。钦此。"[12]据此可以知道张宗苍到达北京的确切时间是乾隆十六年的五月底、六月初，是与另一位宫廷画家徐扬一起进入宫中供职的。

进入宫廷的张宗苍，由此便专门在如意馆内作山水画。乾隆皇帝十分欣赏张宗苍的画艺，经常在他的画上题诗，《乾隆御制诗》中多有记载，如"学王无刻划，似米不糊涂"；"从来诗画要法古，不贵形似贵得神。艺苑于今谁巨擘，中吴宗苍真其人"；"他人之画画其法，宗苍之画画其理，求之于今几莫俦，求之于古竟堪比，黄大痴、倪高士，之二子中得神髓"；"宗苍虽物故，画自有精神，逢著便题句，笑今始解珍"；"孰谓宗苍为古客，山房与画永千秋"；"莫道山房无长物，宗苍画可匹倪黄"；"油然气韵蔚屏端，那作寻常图画看"；"本欲默然舍之去，未能神韵舍宗苍"；"杜老传名语，曰惟能事迟，宗苍得其秘，神绘对斯奇，山耸天如楼，云低树带滋，忙前看画就，四气韵来时"（此诗有乾隆皇帝注曰："昔每观宗苍画，问成否？曰'气韵未至'，少旋，曰'气韵来'，则画就矣，此最得画法三昧，庸史不知也"）；题仿黄公望山水有"成画之时人未识，兹看画似识人时"句（乾隆皇帝注云："此帧作于乾隆丁卯，其时宗苍犹未入画苑。今观其画，如觑其人，而宗苍久已作古矣"）。以上仅是乾隆皇帝题张宗苍画诗句的一小部分，可见他在乾隆皇帝心目中的地位和在宫廷众多画家中是绝不一般的。

画史上说张宗苍于乾隆十九年（1754）"授户部主事"[13]，此事《皇朝文献通考》一书中作乾隆十八年（1753）"奉谕旨：内廷行走之县丞张宗苍、监生徐扬、杨瑞莲，效力皆已数年，甚属黾勉安静，张宗苍年已及暮，著加恩赏给户部额外主事；徐扬、杨瑞莲著加恩赏给举人，一体会试"。但是张宗苍"逾年以老乞归"[14]，看来他在乾隆十八或十九年就已离开了宫廷。张宗苍在宫中只供职了两三年，时间很短暂，可是却画了大量的作品，可以想见其每天不停笔耕，作画量一定是很大的。

笔者前面已经提及，张宗苍的山水画继承的是

"四王"中王原祁的画风，王原祁在清初画坛上的地位是非同小可的。画史上称张宗苍"出黄尊古之门"[15]，黄尊古即黄鼎，而黄鼎便是王原祁的学生，"师王侍郎麓台"[16]，"山水受学于王少司农"[17]。由此可见，张宗苍是王原祁一脉相承的再传弟子。胡敬评论张宗苍的作品有如下的说法："宗苍山水，气体深厚沉著，多以皴擦笔钩取韵致，胸次高卓，一洗画院甜熟之习，即使优处衡茅，亦当传世，矧遭际盛时耶？群工一艺之长，高庙靡不节取，独于去宗苍尝鉴尤挚。曰气韵、曰精神，比拟倪黄，定为艺苑中巨擘，圣怀特契，恩遇殊常，旷代一时，垂名千古矣。"[18] 评价可谓高矣，但是似乎是以乾隆皇帝所订的标准为高下的，不免有些言过其实。

方琮，是清朝乾隆时期的宫廷画家，生卒年不详，其姓名见于画史记载，如胡敬所著之《国朝院画录》卷下云："方琮，字黄山，张宗苍弟子，工山水。《石渠》著录四十有八。"[19] 佚名的《读画辑略》一书云："方琮，字友璜，号石颠，浙江人。善山水，从学于张宗苍，笔致能相似，深得其传，供奉内廷。"[20] 一般来说，画史上对于宫廷职业画家的文字记述都是十分简略的，方琮也同样如此。不过从方琮的作品被《石渠宝笈》著录的数量来看，他还是宫廷中一位比较重要的画家。即便是这样，我们在画史上仍然得不到方琮是何时进入宫廷供职等重要的信息，好在清朝内务府造办处的档案内，多少有些这方面的线索，可供探寻。乾隆十六年（1751）六月的一则档案记载："六月二十六日接得员外郎郎正培、催总德魁押帖一件，内开六月初三日太监胡世杰传旨：张宗苍所带徒弟方琮，着内大臣海望、承恩公德保问伊愿在内廷行走？并验看其人如何。钦此。于本月十五日内大臣海望、承恩公德保闻奉旨：准其内廷行走。钦此。于七月初四日内大臣海望、承恩公德保拟得方琮在内廷行走，每月给钱粮银三两、工食银三两，可否之处缮折员外郎白世秀持进交太监胡世杰转。奉旨：知道了。钦此。"[21]

画史和档案中都说方琮是画家张宗苍的学生。乾隆十六年（1751）七月十二日的内务府造办处"各作成做活计清档·如意馆"中记载："闰五月初四日员外郎白世秀、催总德魁将大学士高斌送来画画人张宗苍折片一件，并画得画一张，持进交太监胡世杰转奏。奉旨：准在如意馆行走，其画留下。钦此。"[22] 同年另一则档案中记载："副催总佛保持来员外郎郎正培、催总德魁押帖一件，内开为六月初二日员外郎郎正培奉旨：画画人张宗苍、徐扬每月钱粮公费照余省、丁观鹏一样赏给，于六月起。钦此。"[23] 据此可以知道张宗苍到达北京的确切时间是乾隆十六年的五月底、六月初。同样还可以可以知道，师傅张宗苍和徒弟方琮几乎是同时前后脚进的宫，显然在张宗苍、方琮二人进宫供奉之前，他们就应当已经是师徒关系了，而不是进了宫之后方琮再向张宗苍学画请教画艺的。

在故宫博物院内收藏的张宗苍以及方琮的作品数量很多，超过其他供奉画家数倍，可以想见当时他们在宫中几乎是不停歇的作画状态。他们的作品都是装饰殿堂用的"贴落"画，风格变化不多，构图也大同小异，看多了、看久了就觉不出有什么美感。

注释：

[1]〔清〕胡敬：《国朝院画录》"卷下"，"画史丛书"本，上海人民美术出版社 1963 年。

[2]〔清〕内务府造办处"各作成做活计清档·如意馆"。

[3]〔清〕内务府"宫中档"。

[4] 聂崇正：《宫廷画家金廷标作品及其卒年》，《紫禁城》2011 年第 6 期。

[5]〔清〕内务府造办处"各作成做活计清档·如意馆"。

［6］〔清〕内务府造办处"各作成做活计清档·如意馆"。

［7］〔清〕内务府造办处"各作成做活计清档·如意馆"。

［8］聂崇正：《乾隆朝宫廷画家周鲲》，《紫禁城》2012 年第 10 期。

［9］聂崇正：《乾隆时宫廷画家严宏滋及作品》，《收藏家》2013 年第 11 期。

［10］林姝：《崇庆皇太后的万寿庆典图》，《紫禁城》2015 年第 10 期。

［11］〔清〕胡敬：《国朝院画录》卷下，"画史丛书"标点本，上海人民美术出版社 1963 年。

［12］〔清〕内务府造办处"各作成做活计清档·如意馆"。

［13］〔清〕胡敬：《国朝院画录》卷下，"画史丛书"标点本，上海人民美术出版社 1963 年。

［14］〔清〕胡敬：《国朝院画录》卷下，"画史丛书"标点本，上海人民美术出版社 1963 年。

［15］〔清〕张庚：《国朝画徵录》。

［16］〔清〕鱼翼：《海虞画苑录》。

［17］〔清〕张庚：《国朝画徵录》。

［18］〔清〕胡敬：《国朝院画录》卷下，"画史丛书"标点本，上海人民美术出版社 1963 年。

［19］〔清〕胡敬：《国朝院画录》卷下，"画史丛书"标点本，上海人民美术出版社 1963 年。

［20］〔清〕佚名：《读画辑略》。

［21］〔清〕内务府造办处"各作成做活计清档·如意馆"。

［22］〔清〕内务府造办处"各作成做活计清档·如意馆"。

［23］〔清〕内务府造办处"各作成做活计清档·如意馆"。

宫廷与苏作：明清"苏作"
雕刻工艺及其风格演变

郑丽虹（苏州大学）

内容摘要： 以雕刻为代表的"苏作"工艺美术系明清工艺美术发展史中的典范。其风格的形成离不开明清社会转型的催化，文人文化的导引，以及各类手工技艺的相互采借。"苏作"雕刻工艺以诗书画印相结合的结构形式、古雅空灵的审美趣味、巧夺天工的价值取向和秀美小巧的形态特征引领了明清工艺美术的风尚。"苏作"雕刻工艺在明清时期的发展经历了三个阶段，其中最辉煌也是风格转最为明显的时期是乾隆时期，而这与宫廷的影响不无关系。

关键词： 宫廷 苏作 雕刻工艺 风格 演变

"苏作"工艺美术作为中国传统工艺美术发展史上的一个重要现象，已引起很多人的关注，它代表了明中期以后中国工艺美术的最高水平，不但工精艺绝，而且以典雅秀美的审美风尚引领时尚潮流，成为区分雅俗、高下、文野的新标准。以至于连宫廷都对"苏作"另眼相看，甚至把吴中种种新奇样式引入宫中，把最享用的宫廷用品下放苏州制作。这就使"苏作"无形中渗透到宫廷艺术的躯体中。同时，掌握了最高工艺水平的苏州工匠也不断被召至宫中服役，他们兢兢业业献技献艺，又在客观上促成了宫廷工艺对"苏作"的吸收。明清两代，"苏作"都曾北上进入宫廷生活、牵动着上层社会的审美取向。这种"下行上效"与古代社会"上行下效"的惯例背道而驰，在历史上是不多见的。

自唐宋始，江南成为中国经济文化的重心，苏州得自然、经济、人文生态之利，经济繁盛，人文荟萃。尤其是到明代中叶，经过约百年的沉寂，苏州出现城市繁荣的新局面。借助于经济上的宏观调整，本已具有相当基础的手工业迅速发展，与农业一起成为苏州国民经济的两大支柱。手工业生产和消费成为城市的一道亮丽景观，"凡上供锦绮、文具、花果、珍羞奇异之物，岁有所增，若刻丝累漆之属，自浙宋以来，其艺久废，今皆精妙，人性益巧而物产益多"。及至嘉靖、万历年间，苏州手工业，如金银器、铜器、玉雕、木雕、竹雕、牙角器、漆器、灯彩、装裱、刺绣、缂丝、织锦、制笺、制扇、乐器、玩具、家具等，全面蓬勃发展，并在内部有了比过去更加细密的专业分工，不但由此形成了以手工业者为主体的新市民阶层，并且手工艺制作风尚高雅，巧夺天工，成为全国的楷模。入清以后，其势炽盛，据孙嘉淦《南游记》记载，苏州在康熙年间已是"阊门内外，居货山积，行人水流，列肆招牌，灿若云锦，语其繁华，都门不逮。然俗浮靡，人夸诈，百工士庶，殚智竭力以为奇技淫巧，所谓作无益以害有益者与"[1]。所谓的"奇技淫巧"，指的就是包括工艺品在内的各种手工制作。以苏州的观念、意蕴、工艺、标准的物化概念在明末清初开始流行，如"苏作"、"苏工"、"苏式"、"苏意"、"苏样"、"苏派"等。其中，"苏作"成为对苏州工艺美术制作及技艺的指称，"作"在这里既可以指制作、造作，也可以指"作坊"，还可以指苏州匠人的优秀手工技艺或苏州生产的某种知名产品。

为探究"苏作"工艺的历史文化价值，研究其风格形成和地位确立的动因机制，为"苏作"工艺美术的现代发展提供镜鉴，本文选取"苏作"雕刻工艺为视角进行研究。研究发现，"苏作"雕刻工艺风格的形成与引领明清风尚地位的确立离不开社会转型的催化，文人文化的导引，各类手工技艺的相互采借；其风格的演变则与宫廷与"苏作"的互动有关。

一　明代中晚期是"苏作"雕刻工艺全面发展与地位确立的重要时期

在明代中晚期苏州特殊的社会、经济和文化背景下，苏州工艺美术逐渐形成了自己的内在动力结构和风格样式，承载了独特的文化内涵。明代中晚期的文化"解禁"，使苏州文化脱颖而出，苏州成为东方文化艺术的中心，这使"苏作"得到了前所未有的发展机遇。这一机遇基于两个方面的生存环境：人文生态和经济生态。前者决定了特殊社会条件下特殊人群的行为方式，为"苏作"准备了创造者；后者决定了雄厚的社会经济基础，为"苏作"准备了物质条件和消费者。在两者的共同作用下，苏州实现了社会转型，也由此催生了"苏作"雕刻工艺的全面发展。

虽然，苏州的雕刻工艺自宋元开始已经有了一定的基础，然而应用范围仅限于石雕、版刻和一些工艺摆件，且工艺相对简单，主要以平面浅浮雕和圆雕为主。以苏州双塔罗汉院的石柱雕刻为代表，可窥其貌。明代中叶以后，一直到清盛期，作为全国商业经济中心和文化中心的苏州，其艺术发展已经由过去主要依赖地理条件和艺人的个人发挥，转变为更多的受商业影响、由市场左右的新局面。而宋元时期逐渐形成的分散中心，也在进一步的集聚，且生产规模更大、范围更广、能力更强。苏州工艺美术的整体水平明显提高。在阊门内外，逐渐形成了工艺品的专业产销市场，城外主要集中在山塘街、南濠街，城内则以今西中市、东中市为轴心，南北巷陌，分布几遍，匠作麇集，工巧百出。同时，这里也是最发达的商业中心和文化中心。崇祯《吴县志》中列举了当地出产的各类珍玩，包括"珠宝花、翠花、玉器、水晶器、玛瑙器、雄黄雕器、香雕器、玳瑁器、象牙器、烧料器、金扇"等，绝大多数都属于雕刻工艺品，可见苏州雕刻工艺的发达。此后清人纳兰常安在其笔记中又提到："苏州专诸巷，琢玉雕金，镂木刻竹，与夫髹漆、装潢、像生、针绣，咸类聚而列肆焉。其曰鬼工者，以显微镜烛之，方施刀错；其曰水盘者，以砂水涤漉，泯其痕纹。凡

金银琉璃绮铭绣之属，无不极其精巧，概之曰苏作。广东匠役亦以巧驰名，是以有'广东匠，苏州样'之谚。然苏人善开生面，以逞新奇。粤人为其所驱使，设令舍旧式，而创一格，不能也。故苏之巧甲于天下。"[2]显然，这里的"苏作"就是针对制作工艺而言的。纳兰常安生于康熙二十年，主要宦游经历在雍正、乾隆年间，目前所见《受宜室宦游随笔》最早的刻本是乾隆十一年，所以文中反映的就是清盛期"苏作"工艺的面貌，可见这时期的玉、金、木、竹、漆等"苏作"雕刻工艺已成为一种典范，深入人心。而其驰名天下的突出特点就是精巧，其中所蕴含的则是不拘一格的创新能力。

这既依赖高超的手工技艺，更与时代环境和工艺观念有关。

首先，"苏作"作为一个时尚概念，它的产生和流行，与以往有着不同的时代背景。明代中期，随着苏州商品经济的繁盛，消费生活的发展，传统礼制对于衣食住行等物质文化的森严规范已得到一定程度的突破，人们的价值观和人生理想都发生了异化，开始对人与社会展开新的思考，自我意识增强，人的价值和欲望受到从未有过的重视。与王守仁创立心学的同时，祝允明、唐寅、桑悦、徐威、张灵等一批文人张扬个性，或"狂简"，或"放荡不羁"，一股反叛传统文化模式、冲撞僵化文化结构的启蒙思潮涌动在明代中期苏州文化的各个领域。然而受制于社会政治权利与意识形态统一的官僚统治影响下的超稳定的社会结构，加上人文主义者本身的时代性缺陷，使得吴中文人始终处于现实和理想的矛盾之中，最终又走向传统文化的老路。然而他们并没有放弃对世俗物质生活的享受。于是便产生了对物质生活的新要求、新标尺。这在苏州民居建筑的形制变化中可以得到充分体现。

苏州的民宅在宋朝时还大多狭小，如苏舜钦的《沧浪亭记》所记"土居皆褊狭，不能出气"。明代早期，延续传统社会等级规范的制约，苏州的民宅厅堂还不过三间五架，没有斗拱和彩色装饰。然而自明代中期，苏州成为东南最大的商业都会。繁重

的赋税压力驱使大量的农民通过手工艺来填补收入，对土地依赖减少；同时大多数地主迁出农村进入城市，城市人口剧增。他们当中的许多人成为商人，而富裕的城市居民也开始买地购屋，城市用地日益紧张。相城人王锜在《寓圃杂记》卷五里就说道："正统、天顺间，余尝入城，咸谓稍复其旧，然犹未盛也。迨成化间，余恒三四年一入，则见其迥若异境，以至于今，愈益繁盛。闾檐辐辏，万瓦甃鳞，城隅濠股，亭馆布列，略无隙地。"据清初《苏州府志》记载，明朝苏州园林有记载可寻的，达到二百多处。黄省曾在《吴风录》中道，吴中富豪竞以湖石筑峙奇峰阴洞，至诸贵占据名岛以凿凿而嵌空妙绝，珍花异木，错映阑圃，虽闾阎下户，亦饰小小盆岛为玩，以此务为饕贪，积金以克众欲[3]。顾起元在《客座赘语》卷五《建业风俗记》中又具体描绘了江南民居由正德至嘉靖期间发生的巨变："又云正德以前，房屋矮小，厅堂多在后面，或有好事者，画以罗木，皆朴素浑坚不淫。嘉靖末年，士大夫家不必言，至于百姓有三间客厅费千金者，金碧辉煌，高耸过倍，往往重檐兽脊如官衙然，园囿僭似公侯。"又有人就说："江南富翁，一命未沾，辄大为营建，五间七间，九架十架，犹为常耳，曾不以越分为愧。"[4]可见僭越已属常事。不仅如此，厅堂也普遍变得高大。到清初时苏州地价已变得非常高，"物价已较明代为昂，此不第苏州为然，而苏州尤甚"[5]。住宅和园林面积的缩小和集中就不可避免，而这就成为一种反作用力，会激发出更多的创造性。如何在有限的空间内营造出深广的艺术空间，以及容纳丰富的艺术变化，就形成了苏州园林小中见大，变化丰富的特点。同时，在横向空间尺度的压力下，苏州的厅堂形制进一步向高耸发展，而砖砌技术的发展，也为厅堂的升高提供了功能上的帮助。明代以前，中国的木构建筑主要依靠柱子承重，南方建筑外围多有可安装拆卸的门窗，即使有泥墙，也不承担承重功能。厅堂内部也不分间，而是用屏风或帷帐作灵活隔断。明代苏州的造砖业特别发达，官营烧造的细料方砖直接供应皇宫正殿。因此，苏州

最有可能成为民居中较早采用砖墙的地区之一。砖墙的使用，在一定程度上减轻了柱子的承重，柱身转向细长，扶墙柱加密，相应的柱形、柱础开始以圆形为主，整个厅堂结构变得灵巧秀美，厅堂也因此变得高大、敞亮。室内活动空间的增大，就需要更多的家具陈设及其装饰进行填充。而这在明代苏州的版画中都可以找到明显的证明（图一）。园林、厅堂生活成为重要的装饰主题。

图一　明代版画《玉环记·玉箫寄真》中的厅堂

明代中期以后的苏州号称奢靡为天下最，"天下财货莫胜于苏州"[6]。在奢靡生活观念的影响下，消费与享受之风盛行，然而，由于国家在营造制度上的严格规定，使得聚集在苏州的大量商贾豪绅不得不选择在装饰上下功夫，以满足日益膨胀的虚浮之心。这极大地促进了建筑装饰的发展和赏玩类工艺品的发展。这时候的苏州一反"非世家不架高屋，

衣饰器皿不敢奢侈"的简质风尚，城市中的士商阶层开始绣户雕栋，花石园林。这样一来，与建筑装修有关的小木作有了用武之地，匠人们在门板、匾额、挂落、窗格、隔扇、挂屏、家具、地罩、栏杆等生产中充分伸展才艺，与砖石木雕相关的小木作制作水平得以大幅度提高。同时，这又为观赏类小件器具的发展提供了技术支持，工艺向精细化道路发展。

而前文所述的室内环境的变化，台案家具的广泛使用，还带动了一些陈设品，如盘、匣、筒、座子、台屏、花架、花插、香薰等器具的发展。而文人士大夫阶层导引的对精致生活的需求，则直接导致了社会普遍的"清玩"之风，古琴、钟鼎彝器、书画、怪石、古器、盆景、文房四宝等成为清雅玩品。《天水冰山录》所收录的苏州文具（共 3 幅，每幅内文具 153 件），大概就是指这类赏玩工艺品。这就使他们从原来大件的形制中独立出来，以体型规格的小巧，成为主供观赏的小器具。其中就包括了通过雕、刻、镂、镶、嵌、拼等手段制作出来的竹木牙雕品，它们不仅成为时尚工艺品，书房几案的必备陈设，还由此形成专门的艺术门类，题材丰富，风格清新。

隆庆之后，开放海禁，允许私人从事海外贸易，直接促进了各种海外珍稀材料进入中国，这为象牙、犀角、硬木等雕刻的从业者提供了材料运用上的发展机会。如大量进口木材的使用，为硬木家具的生产创作了条件。紫檀木与黄花梨，最初是被当作香料和药材进口到中国的，而后被匠人们创造性地运用于家具和其他文房陈设用具的生产中。据范濂《云间据目钞》载："细木家伙，如书桌、禅椅之类，余少年曾不一见。民间止用银杏金漆方桌。自莫廷韩与顾、宋两家公子，用细木数件，亦从吴门购之。隆万以来，虽奴隶快甲之家，皆用细器……纨绔豪奢，又以柜木不足贵，凡床厨几桌，皆用花梨、瘿木、乌木、相思木与黄杨木，极其贵巧，动费万钱，亦俗之一靡也。"硬木家具的流行不仅为雕刻业的发展提供了材料上的优势条件，由于制作"小件"需

要相当高的技艺，在做"苏式"家具的制作过程中，一些工匠便发挥了这方面的优势。是否还有这种可能，即由于硬木家具材料的贵重，匠人们在制作家具的过程中，在偶然中发现了这种可以变废为宝的途径，因此开辟了另一个木作的天地，逐渐形成了"苏作"小件制作的传统。这些小件虽然看似小巧，但是因为所含的技术含量并不亚于大件家具，甚至还有过之，再加上紫檀等高档材料本身的质地细腻，纹理华美且色彩静穆，所以更易受到文人雅士的喜爱，成为他们台案上精致的点缀。随后匠人们的这种巧思得到进一步发挥，制作雕刻出更多以紫檀为材质的各类笔筒、扇骨、棋盘、如意、雕像等工艺品，灵巧之处浸透古意。由于大件的紫檀木大多为皇室贵族所占有，所以拥有精致的紫檀小件，就成为满足民间普通士人对高档消费品的渴求。特别是名家的制品或者雕有名家手迹的作品，更是被当作古董被收藏，成为所谓的"时玩"，从而进一步刺激了这类手工艺的发展。这在许多明人笔记中都有陈述。如沈德符《万历野获篇》卷二十六记载："嘉靖末年，海内晏安，士大夫富厚者，以治园亭、教歌舞之隙，间及古玩。"袁宏道谈及苏州时也提到"士大夫宝玩欣赏，与诗画并重"[7]。

其次，"苏作"等概念的出现，也说明工艺思想在发生深刻变化。"技艺神圣，人自重之"[8]。鄙视百工和奇巧淫技的观念逐渐淡薄，文人士大夫都开始讲俗事，重治生，甚至认为工匠之名比士大夫更能流传后世。受此观念的推动，"苏作"雕刻工艺有了较大程度的发展，还集中表现为涌现出了许多身怀绝技，声名远扬，堪与"缙绅列坐抗礼"的能工巧匠。黄省曾《吴风录》说："自吴民刘永晖氏精造文具，自此吴人争奇斗巧以治文具。"张岱称明代苏州工艺的鼎盛为"吴中绝技"，《陶庵梦忆》卷一说："吴中绝技，陆子冈之治玉，鲍天成之治犀，周柱之治嵌镶，赵良璧之治梳，朱碧山之治金银，马勋、荷叶李之治扇，张寄修之治琴，范昆白之治三弦，俱可上下百年，保无敌手。其良工苦心，亦技艺之能事。至其厚薄深浅，浓淡疏密，适与后世赏

鉴家之心力、目力针芥相投，是岂工匠之所能办乎？盖技也而进乎道矣。"

"苏作"不但是生活时尚，也是生活方式的反映。城市生活的繁荣，奢靡风之风的弥漫，必然改变着人们的思想和生活情趣。正如张瀚《松窗梦语》卷四中所论："至于民间风俗，大都江南侈于江北，而江南之侈尤莫过于三吴。自昔吴俗习奢华、乐奇异，人情皆观赴焉。吴制服而华，以为非是弗文也；吴制器而美，以为非是弗珍也。四方重吴服，而吴益工于服；四方贵吴器，而吴益工于器。是吴俗之侈者愈侈，而四方之观赴于吴者，又安能挽而之俭也。盖人情自俭而趋于奢也易，自奢而返之俭也难。今以浮靡之后，而欲回朴茂之初，胡可得也？刓工于器者，终日雕镂，器不盈握，而岁月积劳，取利倍蓰。工于织者，终岁纂组，币不盈寸，而锱铢之缣，胜于寻丈。是盈握之器，足以当终岁之耕；累寸之华，足以当终岁之织也。兹欲使其去厚而就薄，岂不难哉。"受此影响，苏州工艺美术也必然会渐离宋元形神兼备的艺术轨道，向商品化、陈设化、文玩化方向发展。

二　"苏作"雕刻工艺风格的形成

入明以后，苏州的文风与经济共盛。苏州文化人对工艺思想的推进、工艺技术的提升、民间工匠与士大夫的交流，起着十分重要的作用，特别是形成了以诗书画印为主要结构形式，以古雅精巧为审美特征的"苏作"雕刻工艺风格，在美学上作了全面观照。

（一）诗书画印相结合的艺术形式

中国自宋元以来，在文人画艺术一主风骚的格局中逐渐发展出来的诗、书、画、印一体的艺术结构形式，以更加成熟和程式化的面貌出现，从而影响了工艺美术的形式内容，使之更具人文气息。

文人画是中国画的重要流派，该称谓最早由明代晚期的董其昌提出。张朋川先生认为虽然"诗中有画，画中有诗"的诗画结合是文人画的基本要素，然而宋人画面上题诗的现象并不多见，更多的是表达诗意的内涵。直至元代，绘画上才普遍出现了诗、书、画相结合的特点。正是元代晚期苏州地区的文人雅集之风的繁盛促成了诗、书、画结合的联姻。雅集的召集人和参与者中很多是从事贸易的大商人，只有富甲一方的巨富才有雄厚的资产支撑起频繁的雅集活动，如昆山的顾阿瑛在玉山镇召集的雅集，就达七十多次。参加雅集的名流或擅吟诗、或专写书画、亦有爱好刻印者；他们或联手书画于卷，或合作绘写于册，从而使作品集诗、书、画、印于一体。元代晚期，在画作上大段题诗和作跋的风气已成蔚然，并一直延续到明代。正如开篇所述，明代中期的苏州，其社会经济文化结构发生了很大的变化。与元人在出世思想指导下大多描绘深山野岭、荒木疏树，空山无人不同，明代苏州的文人书画则多以山水园林、农耕渔乐、山居雅集、禽鸟花卉等为主要题材，表现出明显的世俗化特征，显得生机盎然，体现了入世思想。由此开创出明代文人画的新风貌。尽管吴门画家的风格和绘画品种多种多样，诗、书、画、印相结合的文人画，则是吴门画派的标志性特色。吴门画家的书画册页上开始出现左面为图、右面为诗文的形式。折扇上也出现了一面为图、一面为诗文的形式。而这种形式到明代中晚期时已普遍出现在许多工艺品种上，如文房用具中的竹雕笔筒、扇骨雕刻、玉雕、书籍插图、笺纸、刺绣、缂丝等，从而开创了中国工艺美术发展的新阶段。这种形式在此后的中国工艺史中始终占有主要地位[9]。张大复《梅花草堂笔谈》卷十四中提到制扇骨高手马勋时说："马勋者，见仇十洲为周氏写《六观堂图》，如丝如发，宫室竹树器皿畜牧毕具。堂外广庭不盈咫，庭中母鸡哺数子，嘴距宛然，不碍庭广，其致圆根疏骨，阖辟信手。"汪砢玉《珊瑚网》卷四十六也说："马勋善圆头，棕竹尤精。"陈贞慧《秋园杂佩》也提到："后又有蒋三苏台、荷叶李、玉台柳、邵明，若李文甫燿、濮仲谦雕边之最精者也。"这些都是当时声名赫赫的扇骨雕刻高手。还有开创嘉定派竹刻的朱鹤，号松邻，《竹人录》小序中是这样说他的："嘉靖时朱松邻模宋元小景，创始刻竹，嗣后专门名家，或行草楷隶，或人物山水，并称绝技。"[10]正是朱鹤将书画艺术引入竹刻，开创了透雕、深雕等竹刻技法，从而形成了嘉定派竹刻的独特风格。其子朱缨（号小松）、孙朱稚征（号三松）皆承其技艺，成为名噪一时的竹刻艺人。尤其是朱稚征，技臻极妙，时人谓其竹刻花鸟不次于徐熙、而写意人物、山水则在马远夏圭间。1966年4月，在上海宝山县顾村镇明万历年间朱守城夫妇墓中出土了一件"刘阮入天台"竹刻香熏，上有阴文"朱缨"和阴刻方印篆文"小松"款识。朱小松深得其父朱松邻的真传，此香熏作长筒形，两端有盖和底，皆为楠木所制，并刻以蟠螭纹，器身以浅雕、浮雕、透雕、留青等多种手法刻出，表现了刘阮入天台与仙女对弈的情境，布局层次分明，人物神态生动，构思精妙，实为罕见（图二）。之后的程嘉燧、唐时升、李流芳、娄坚，人称"嘉定四先生"，他们各以诗文书画蜚声海内，亦以朱氏"深刻法"刻竹为乐。到清代初年，嘉定竹刻已成为宫廷贡品。

图二　朱小松《刘阮入天台》竹刻香熏
1. 竹刻香熏　2. 线描图

此后，许多艺人均被征召入内廷供奉。今日所见"子冈"款玉器，大多偏于平面阳文雕刻，突出的结构模式就是诗书画印一体。看他的作品，图文设法巧妙，很多为四言、五言铭文诗句。字体以篆书和隶书为主。刻款形式均为图章式印款。如常熟博物馆藏的"白玉二乔观书牌"，正面阳文雕刻边框内琢浅浮雕"二乔观书"，图中两位妙龄少女并肩而坐，凝神观书。玉牌背面边框内去地琢阳文隶书五言诗

一首："国色人间少，乔家竟得双。共观黄石略，佳婿足安邦。"整个造型规整典雅，线条圆转流畅（图三）。这种艺术结构形式，与创作主体的个人文化修养和生活环境都有联系，对匠人的综合文化素养提出了更高的要求，这只能发生发展在明代中晚期以文人士大夫阶层为主导的苏州城市文化特定的时空环境和生活土壤中。

1

2

图三　《二乔观书》白玉牌（常熟博物馆藏）
1. 正面　2. 背面

（二）古雅空灵的审美趣味

明代的苏州是其历史上的人文鼎盛之时。陆师道《袁永之文集序》说："吴自季札、言游而降，代多文士。至于我明受命，郡重扶冯，王化所先。英奇瑰杰之才，应运而出，尤特盛于天下。洪武初，高、杨四隽领袖艺苑；永宣间，王、陈诸公矩矱词

林；至于英孝之际，徐武功、吴文定、王文恪三公者出，任当钧冶，主握文柄，天下操觚之士响风景服，靡然而从之。时则有若李太仆贞伯、沈处士启南、祝通判希哲、杨仪制君谦、都少卿玄敬、文待诏徵仲、唐解元伯虎、徐博士昌国、蔡孔目九逵，先后继起，声景比附，名实彰流，金玉相宜，黼黻并丽。吴下文献，于斯为盛，彬彬乎不可尚已。"诸多才华横溢、成就卓绝的人物集聚苏州，腹心肝照、声气相投，且各擅所长，风采迥异，呈现一道丰富多彩的文化景观，这在中国文化史上是罕见的。以倡导精英和地方文化为己任的苏州士大夫群体，以本帮地域为纽带，在共同的社会活动和精神追求中，在一定的知识结构和理解力基础上，于自觉或不自觉中结合成舆论群体，以鲜明而有力的话语权，倡导一种雅致的艺术化生活方式，他们品评书画、把玩收藏、诗酒唱酬、交游畅玩，以极大的热情投身于文化事业，甚至身体力行，参与到园林、家具、雕刻、髹漆、文房清玩等工艺活动中，将自古以来士人所具有的文化品性大大地发掘了出来。其雅致的趣味也通过器物的结构、造型、纹饰等方面表现出来，各种精美的工艺品不断涌现，与之相适应的"苏作"工艺品格有了极大的提升。

明代中叶之后，以社会的急剧变化为特征的苏州，举凡社会经济、思想、心态的各个方面都异常复杂，社会上充斥着因循与躁动的交织。经济的竞争导致人欲的横流，被理学观念、伦理教条所长期压抑的人的情欲要求，成为一种"俗"的精神力量，给时代和艺术审美注入了新的生命力，雅俗之间出现了相互渗透和融合。社会阶层之间的开放性流动，也促进了各个阶层之间伦理价值和审美观念的互相整合。当审美趣味的雅俗基本不存在差异时，以正统文化品位自居的文人又会想方设法创造出更高一级的文化品位和物质生活，并借助于自己的文化地位，通过书籍、集会等舆论工具和途径，将其传播出去。所以嗜古之风的出现，就不仅仅是一种个人喜好的高雅行为，而是成为维持精英阶层之社会"区隔"的不可或缺的消费模式。也是文人在明代中

晚期面对社会伦理的背离倾向、传统地位受到撼动的情形之下，重拾过去的美学标准，以区分雅俗为手段，借以彰显地位的心理反应。文震亨在《长物志》卷七"器具"开篇中所言："今人见闻不广，又习见时世所尚，遂致雅俗莫辨。更有专事绚丽，目不识古，轩窗几案，毫无韵物，而侈言陈设，未之敢轻许也。"此处所言已经非常明显地揭示了文人清高的主题。这也从另一个侧面反映了雅俗相渗的普遍性，否则就不需要有人出来加以匡正。而思想文化的复古进而又产生出生活情趣上的追古慕古，力求营造古朴典雅的生活氛围。符合古制，即为雅的体现，所以图案要"古雅"、色调要"古色"、式样要"古式"[11]。如苏州的仿古玉，成为被推介的高价工艺品，为了带有仿古意味，有的还托名人如梅道人、赵子昂之名，在古玉上赋诗作画。追求诗书画印四绝、具有写意风格的玉器，特别受到欢迎。器形也多古彝、配饰、文具之类。受此风尚影响，明代中晚期的苏州还兴起了收藏、玩赏古玉器之风，工艺技术的优势又使其成为仿造古玉器的中心。正如明人高濂所云："近日吴中工巧，模拟汉宋螭玦钩环，用苍黄、杂色、边皮、葱玉或带墨色玉，如式琢成，伪乱古制，每得高值。"[12]在利益的驱动下，再加上苏州琢玉业本身的发达，所以作伪的人多，而后来专诸巷仿古玉中心的形成，说明这种工艺已成为规模化产业。

而以文震亨为代表的吴中文人还非常重视质朴与自然的感觉，反对过分及过度的雕刻与装饰，这显然是以宋人美学标准为尚的一种物化反映。文震亨所著《长物志》中，"古""雅""韵"是使用频率极高的词语，书中反复强调的审美标准是"古朴""清雅""天趣""自然""不露斧斤""无脂粉气"等。凡与上述标准相左的，皆遭摒弃，被斥为"恶俗""最忌""不入品""俱入恶道""断不可用""俗不可耐"等。如论漆雕，"雕刻精妙者，以宋为贵。俗子辄论金银胎，最为可笑。盖其妙处在刀法圆熟，藏锋不露，用朱极鲜，漆坚厚而无敲裂，所刻山水、楼阁、人物、鸟兽，皆俨若图画，为绝佳

耳"。至于世俗喜爱的雕刻果核，"虽极人工之巧，终是恶道"。所以，"宁古无时"、"宁朴无巧"、"宁俭无俗"贯穿于苏州造园、器物陈设、服饰穿戴等生活起居设计的方方面面。正如王士性《广志绎》卷二中所说："姑苏人聪慧好古，亦善仿古法为之，书画之临摹，鼎彝之冶淬，能令真赝不辨。又善操海内上下进退之权，苏人以为雅者，则四方随而雅之，俗者，则随而俗之，其赏识品第本精，故物莫能违。又如斋头清玩、几案、床榻，近皆以紫檀、花梨为尚，尚古朴不尚雕镂，亦皆商、周、秦、汉之式，海内僻远皆效尤之，此亦嘉、隆、万三朝为盛。至于寸竹片石摩弄成物，动辄千文百缗，如陆子冈之玉，马小官之扇，赵良璧之锻，得者竞赛，咸不论钱，几成物妖，亦为俗蠹。"从中我们可以明确地感受到，他是极其反感在器物上进行雕镂的。这种工艺思想一直延续到清初，即使到了道光前后，钱泳在《履园丛话》卷十二里仍然说："吾乡造物，大厅前必有门楼，砖上雕刻人马戏文，灵珑剔透，尤为可笑。"人物、车马、戏文故事是清中期普遍流行的纹饰，这是文人眼里所诟病的"俗"。

事实上，吴人的好古之风，赏物之雅，也是由来已久。晋人陆云曾贻书兄陆机一通，有曰："一日案行，并视曹公器物、床荐席具、寒夏被七枚，介帻如吴帻，平天冠、远游冠具在。严器方七八寸，高四寸余，中无鬲，如吴小人严具状，刷腻处尚可识，梳枇、剔齿、纤缒皆在。拭目黄絮二在，有垢黑，目泪所沾污。手衣、卧笼、挽蒲、棋局、书箱亦在，奏案大小五枚。书车又作敧枕，以卧视书。扇如吴扇、要扇亦在。书箱五枚，想兄识彦高书箱，甚似之。笔亦如吴笔，砚亦尔。书刀五枚，琉璃笔一枚，所希闻，景初三年七月七日刘婕好折之，见此期复使人怅然有感处。"（《与兄平原书》）由此可见吴人的好尚，而对吴帻、吴扇、吴笔等本地产品，更表现出格外的关注。高濂《遵生八笺·起居安乐笺下》说："靠几，以水磨为之，高六寸，长二尺，阔一尺，有多置之榻上，侧坐靠肘，或置熏炉、香

合、书卷，最便三物。吴中之式雅甚，又且适中。"再如茶注，谢肇淛《五石组》卷十二说："岭南锡至佳，而制多不典。吴中造者，紫檀为柄，圆玉为纽，置几案间，足称大雅。"万历间袁宏道在《时尚》里说："近日小技著名者尤多，然皆吴人。瓦瓶如龚春、时大彬，价至二三千钱；龚春尤称难得，黄质而腻，光华若玉。铜炉称胡四，苏、松人有效铸者，皆不能及。扇面称何得之。锡器称赵良璧，一瓶可值千钱，敲之作金石声，一时好事家争购之，如恐不及。其事皆始于吴中，猾子转相售受，以欺富人公子，动得重赀，浸淫至士大夫间，遂以成风。然其器实精良，他工不及，其得名不虚也。"显然，精工而又士气的"苏作"已成为最合乎士大夫审美理想的工艺标杆。

明代中晚期的文艺思潮在苏州主要有两股，除了占主流地位的以追求古雅为主的文震亨为代表的复古派以外，还有一股就是以袁宏道为代表的提倡真趣的"性灵派"。此时的苏州一方面是经济的发展，物质的丰富；另一方面是理学的崩溃，解放思潮的涌起，两方面的相互作用形成了苏州奢靡享乐的风尚，追求感官享乐，注重物质体验。当时文人士子的文化品位又使这种物欲生活变得精致而富有情趣。在衣食生机中，可以营造出一种雅致而又富有情趣的氛围，从而提高俗世生活的品位。文徵明在《〈何氏语林〉叙》中盛赞"单词造句，往往令人意消。思致简远，足深唱叹。诚亦至理攸寓，文学行义之渊也"[13]，表现出苏州文人"简远"的美学追求，以及重"意"的审美情趣。所以，苏州的书画性格并非"柔弱无骨"，而是柔美之中透出一股"雄恣劲气"。

由于经济繁荣，文化昌明，明代的苏州人出现了造园的狂热，就连远在城外的东山、光福也都有隐秘的私家园林。当时的园主人大都是一些退隐的官宦、商贾和富豪，其中，起主导作用的是文人，他们将诗情画意的审美趣味充分融入造园活动中，"主人无俗态，作圃见人心"。流传下来的文徵明《拙政园诗画册》所描绘的园林三十一景，每一景都

似为一幅独立的山水画，依山顺水，疏朗空透，风韵清新，简洁淡泊，轩栏池台，若隐若现，绝无人工斧凿之痕。几乎所有的园林都基本以画本构园。褚人获《坚瓠集》中"为园"篇提到有人问沈周造园之道，他的回答是："多种树，少起屋。"这种现象同样反映到"苏作"雕刻工艺的审美体系中。看明代苏州遗留的建筑石雕、砖雕、木雕，大都线条苍劲，笔力雄健，大方疏朗。于秀丽中透着刚劲与浑朴。以明代苏州砖雕为例，无论是中期的无梁殿，还是晚期的明善堂、徐氏祠堂，雕刻的单体都比较大，而且装饰部位非常讲究，并非无处不雕，而是注重整体的节奏，疏密相间，层次分明。这与清代的风格有很大不同。而明代苏州的玉器也是浑厚刚劲、简练古雅。既不同于元代琢工的朴素，多层透雕，简素中见清丽；又区别于清代的繁缛纤巧，有别具一格的美。其他雕刻工艺也是如此，如"嘉定派"竹雕创始人朱三松的作品、鲍天成的象牙雕刻，以及其他名家的橄榄核雕、扇骨雕刻等，多以平面雕刻为主，不讲究细腻的线条，注重整体的节奏感，疏密相间，层次分明，写意性极强（图四）。还有就是重视造型与装饰的和谐，反对过分繁缛的雕刻。就家具而言，不作大面积雕镂，常用小面积浮雕、

图四　鲍天成雕银杏木竹节小虫香筒

线刻、嵌石、嵌木等手法。所施雕刻，也多选择在家具的牙板、背板的端部，起点缀作用，整个构图简单疏朗。而与砖、石、竹、木、牙、角雕　样，明代苏州的玉雕，也是追求婉约流畅、传神达意之美，所制玉器精巧玲珑、具有空而灵的艺术特色。

（三）巧夺天工的价值取向

工艺技术本身是一种文化更是一种艺术。虽然，"巧夺天工"是中国各个历史时期的工匠追求的标准之一。然而，从明代中期开始，由于艺术活动不再是手工匠人的专属，越来越多的文人士大夫以及其他阶层的人士参与进来，传递心声，抒发性灵，从而赋予形式功能以新的内涵，使技术与艺术理想得以和谐统一。

首先是异于常人的制度造法。明代中晚期，"苏作"雕刻工艺大师云集，他们的设计多有不凡之处，布画巧妙，匠心独运。由此才奠定了"苏作"雕刻工艺卓著的地位，受到文人士大夫们的追捧（图五）。明高濂《遵生八笺》里，列举了当时名声显赫的一批匠师，其中大部分出自苏州。"又若我明宣德年间，夏白眼所刻诸物，若乌榄核上，雕有十六娃娃，状米半粒，眉目喜怒悉具。又如荷花九鹭飞走作态，成于方寸小核，可称一代奇绝。传之久远，人皆宝藏，堪为往世一物，去镶嵌何如。嗣后有鲍天成、朱小松、王百户、朱浒崖、袁友竹、朱龙川、方古林辈，皆能雕琢犀香料紫檀图匣、香盒、扇坠、簪纽之类，种种奇巧，迥迈前人。若方之取材工巧，别有精思。如方所制瘿瓢、竹佛、如意、几杖，就其物制作，妙用入神，亦称明朝妙技。近之仿效倭器物，若吴中蒋回回者，制度造法，极善模拟。用铅钦口，金银花片，钿嵌树石，泥金描彩，种种克肖，人亦称佳。但造胎用布少厚，入手不轻，比倭似远。闽中牙刻人物，工致纤巧，奈无置放处，不入清赏。"[14]另见《苏州府志》云："陆子冈，碾玉妙手，造水仙簪，玲珑奇巧，花茎细如毫发。"

王士性在广游江南后得出一个结论："人既繁且慧，亡论冠盖文物，即百工技艺，心智咸擐巧异常。虽五商辏集，物产不称乏，然非天产也，多人工所

图五 "三松"款竹雕侍女笔筒（台北故宫博物院藏）

成，足夺造化。"[15] 在他看来，江南物质文化的发达，乃"人工巧智"使然，这恐怕是许多人对于江南（包括苏州）的看法和认识。《五杂俎》说："天下雕工随处有之，宁国、徽州、苏州最盛，亦最巧。"[16] 而对于巧的由来，正德《姑苏志》从人文、地理两个方面概括以言之："郡城之俗，大校尚文，……固依水者多智或失之讦，滨海者多润疏或失之悍，……孔子谓宽柔以教，不抱无道，南方之强也，斯言尽之，终古不易，今吴民大率柔蔥，或遇上慢下暴，往往容隐弗之校焉。"

所以苏州人从事手工艺，就有一种天然的态度，力求工巧精细。《园冶》中就曾讲到"凡造作难于装修"，要求格子门窗中各种棂条的搭交都应是"嵌不窥丝"，精细程度可想而知。《竹人录》提到朱稚征时也说他"雕刻刀不苟下，兴至始为之，一器常历岁月乃成"[17]。举凡琢玉、雕金、镂木、刻竹、髹漆等各个门类的雕刻工艺，苏州人都能极尽工巧，其

而到达了一种"鬼使神工"的地步，因此，"苏作"完全代表着一种最高的技艺水准。徐珂《清稗类抄》中描绘江西龙南的髹漆工艺，"其漆色之光腻，雕镂之精致，虽三吴巧工，无以过之"。这里的"三吴巧工"俨然是衡量工艺水平的一个标尺。

其次是追逐精良稀贵的材料。"材美工巧"一直是中国古代工艺美术的传统，它不仅体现了古人对物质材料的认识和选择，而且强调了人的技艺的发挥，体现了对材料和技艺的最大尊重。明代中晚期的苏州，面对商品经济发展带来的更广阔的材料选择，为满足城市奢靡生活的需要，进一步发展了工艺美术"材美工巧"的传统，一方面追逐更为精良稀贵的材质，另一方面最大程度上发挥自己的技艺水平，形成了一定程度的材料和技艺竞赛，为"苏作"雕刻工艺的精美化打下了坚实的基础。在城市奢靡风尚的撩拨下，苏州的许多工艺品也已经越来越超出了它的使用功能，成为身份地位和财富的象征，因此，制作中更加讲究上等名贵材料的使用。据范濂《云间据目钞》载："细木家伙，如书桌、禅椅之类，余少年曾不一见。民间止用银杏金漆方桌。自莫廷韩与顾、宋两家公子，用细木数件，亦从吴门购之。隆万以来，虽奴隶快甲之家，皆用细器……纨绔豪奢，又以椐木不足贵，凡床厨几桌，皆用花梨、瘿木、乌木、相思木与黄杨木，极其贵巧，动费万钱，亦俗之一靡也。"以上史实在考古发掘中得到了进一步证实。上海宝山明朱守城夫妇合葬墓中出土了各类高档材料制作的文房器具，从砖石地券中知其主人为苏州府嘉定县依仁乡人。朱守城棺中总共出土了 14 件文房用具，有笔筒、笔插瓶、砚台、镇纸、印盒、香熏、瓶等。再分述如下：1 件紫檀木制笔筒；1 件紫檀木嵌大理石制成的笔插屏，笔架和边框也是以紫檀木制成，插屏上嵌有呈自然山水景色纹路的大理石；1 件紫檀木制文房盒；3 件镇纸，均为红木所制（一件是中间嵌白玉质的卧犬；另一件中间镶嵌一块素面桥形白玉饰；还有一件呈长方形，正面边缘以银丝镶嵌一周云雷纹图案，面上嵌饰螺钿，大半已脱落。从残存痕迹分析，左

边镶嵌的是一头狻猊，前肢着地，后肢倒竖；右边是一手舞足蹈身佩宝刀的卫士）；3 件印盒（一件为红木制，盒盖以螺钿嵌螭虎纹，大部分脱落，与紫檀瓶、白玉挂饰上所饰螭虎纹相同；一件也是红木制，圆形，素面，圈足；另一件则为紫檀木制，圆形，盒面原嵌螺钿，图案为两立鹤，旁有一棵苍松，寓意"松鹤延年"。在盒面和盒底边沿还各嵌一周银丝缠枝和螺钿花卉图案）；1 件圆盒，桂圆木制，椭圆形，通体素面，系利用桂圆木本色抛光制成。盒盖内刻有篆体"昭来堂"三字；1 件"朱小松"款竹刻香熏，香熏的盖和底座均用紫檀木制成；2 件砚台，一为端砚，一为青玉砚；1 件紫檀木制瓶，通体浮雕螭虎纹，在口沿和圈足部位各有一周以细银丝镶嵌的云雷纹和变体雷纹。另外还有一件随葬剑柄，握柄部位系紫檀木所制，浮雕螭虎纹，其形象与紫檀瓶和竹刻香熏盖、底座上的螭虎纹基本相同，可能出于同一工匠之手。另有 3 件木梳，放置在一红木盒中[18]。从以上详细资料可以判断，当时紫檀木、红木在文房器具中的使用已经相当普遍，而且制作和雕刻工艺非常成熟、高超，并与其他工艺巧妙地配合在一起，形成了综合艺术加工手法。

再有就是标新立异的内在动力。时尚是建立在高质量的物质和精神生活基础之上的。苏州社会向以奢侈著称，然奢侈与社会发展有密切的关系。陆楫《蒹葭堂杂著摘钞》中对此有深刻地认识："予每博观天下之势，大抵其地奢则其民必易为生，其地俭则其民必不易为生者也。何者，势使然也。今天下之财赋在吴越，吴俗之奢，莫盛于苏杭之民，有不耕寸土而口食膏粱，不操一杼而身衣文绣者，不知其几何也，盖俗奢而逐末者众也。只以苏杭之湖山言之，其居人按时出游，游必画舫、肩舆、珍羞、良酝、歌舞而行，可谓奢矣，而不知舆夫舟子、歌童舞妓仰湖山而待爨者，不知其几。故曰彼有所损，则此有所益。若使倾财而委之沟壑，则奢可禁，不知所谓奢者，不过富商大贾、豪家巨族自侈其宫室车马、饮食衣服之奉而已，彼以粱肉奢，则耕者庖

者分其利；彼以纨绮奢，则鬻者织者分其利。正《孟子》所谓通功易市，羡补不足者也。"张瀚《松窗梦语》卷·七也说，苏州地方"人情以放荡为快，世风以侈靡相高，虽逾制犯禁，不知忌也"。而这种奢侈之风，自然体现在包括衣、食、住、行、玩、乐、百工乃至言行举止的诸多方面，影响波及各地，便成为最新的时代风尚，被好事者仿效。苏州人有意识地倡导和引领这种风尚，也就需要标新立异，从而形成了"苏作"雕刻工艺追求和创造新样奇致的特点与风格。

苏州作为东南重要交通枢纽，工艺品不但能远销各地，题材广泛，体裁多样，具有较强的适应性，并且接受来自海内外的工艺精华，取长补短，使"苏作"雕刻工艺愈发精益求精。

（四）小巧秀美的体态特征

体态就是形态。"苏作"雕刻工艺往往以体态秀美、小巧著称，从而使她具有江南文化特有的婀娜风韵，这或许也是"苏作"雕刻工艺受到世人赏识的重要原因。

当我们面对"苏作"雕刻工艺品时，会非常自然地感知到他们所共有的审美内涵"典雅优美"。即不仅有着曲而静的线性柔美造型，而且体态多小巧、空灵，介于雅韵与俗趣之间，具有浓浓的地域风格。所谓的"曲而静"，是指造型的动静结合、隅动于静，从而表现为秀美的外部线性特征。如"苏作"雕刻工艺在边缘线和转角处多采用自然柔美的弧圆形，并且兼容方圆调和的造型，结构上少用方直的横竖直切方式，加上极其重视揩磨，因而整个造型含蓄内敛，线条曲度不大，呈现出一种静态的美。为此所付出的时间和人力成本都非常高。

苏州受历史地理环境的影响，高档工艺品的材料来源不是非常充裕，一来不能像宫廷那样依靠特权获取，二来不能像广州等城市可以借助进口。所以苏作匠师对于珍贵材料的使用，极为用心，不仅用料上较其他地区小得多，而且破料动工之前，多经反复琢磨和精心设计，这是资源方面的因素。

明代中晚期，"苏作"雕刻工艺创作，出现了以

小见长的风尚，小而巧，就是一种趣味。如袁中道所言："凡慧则流，流极而趣生焉。天下之趣，未有不自慧生也。"[19] 故"趣"是天生之"慧"的审美体现。正因为精致小巧的工艺品，体现了"慧"心，而受到文人士大夫的普遍推崇。如明代常熟核雕大师王毅将其创作的微雕核舟，送给鉴藏家李日华，李日华便将此物连同自己的赞赏写入《六研斋笔记》中。前文所引明高濂《遵生八笺·燕闲清赏笺》中所记夏白眼乌橄榄核雕，于半粒状十六娃娃之喜怒，在方寸之间刻荷花九鸶之飞走作态，成为旷世奇作。冯梦龙更是著文《雕刻绝艺》大加赞叹苏州核雕艺人顾四和小章的绝技[20]。"吴人顾四，刻桃核作小舸子，大可两寸许，蓬樯舵橹绛索，莫不悉具，一人岸帻，卸衣盘礴，于船头衔杯自若，一人脱巾，袒卧船头，横笛而吹，其傍有覆笠一人，蹲于船尾，相对风炉，扇火温酒，作妆舵不行状，船中壶觞饤案，左右皆格子眼窗，玲珑相望，窗楣两边有春帖子，一联是好风能自至，明月不须期，十字，其人物之细眉发机无不历历分明。又曾见一橄榄花篮，是小章所造也，形制精工细缕若析，其盖可开合，上有提当，孔之中穿條，与真者无异。又曾见小顾雕一胡桃壳，壳色摩刷作橘皮文，光泽可鑑，揭开中间，有象牙壁，门双扇，复启视之，则红勾欄内安紫檀床一张，罗帏小开，男女秘戏，其中，眉目疑画，形体毕露，宛如人间横陈之状，施闭发机，皆能摇动如生，虽古棘刺木，猴无过也，其弟子沈子叙亦良工有名。"为了学此手艺，有的苏州人竟不惜花费八九年的时间，见清高士奇（1644—1703）《记核桃念珠》所记："长州周汝瑚言：吴中人业此者，研思殚精，积八九年，及其成。"[21]

三 "苏作"雕刻工艺风格的演变

"苏作"雕刻工艺的发展，在明清时期大致经历了三个重要的阶段：第一，明末清初，是"苏作"雕刻工艺全面发展和风格成熟的时期。雕刻技法主要以平面浅浮雕和深浮雕为主，兼有透雕。虽有层次的变化，但布局疏朗，雕工简率，线条圆顺，风格古雅。第二，清中期，自乾隆年始至咸丰十年

（1860年），这是"苏作"雕刻工艺在历史上最繁荣发达的时期，也是重要的转型期。"苏作"雕刻工艺得到全面应用，无论是室内外装修，还是家居陈设、赏玩用品，无不广施雕刻。不仅材质更加丰富，举凡竹、木、牙、角、砖、石、金、铜等各种材料应有尽有，而且各类材料均能综合运用。"苏作"雕刻工艺以更加成熟的雕刻技法，完成了从平面浮雕到立体透雕的变化，二者相互结合，加上材质的高贵，成就了"苏作"雕刻工艺材精工致、秀雅灵透的品格，成为不朽的经典。第三，自咸丰十年（1860）到鸦片战争时期。咸丰十年（1860年）太平天国攻克苏州，苏州社会经济遭受极大破坏，自此一蹶不振，即使同光中兴时期，除了个别商贾还有实力建造雕花楼，"苏作"雕刻工艺已整体衰弱，雕刻工艺的精致化程度也有所下降。然而，由于"苏作"雕刻工艺的基础深厚，这一时期的许多雕刻仍然还保留着一种简到极致的素雅。

由于中国古代工艺美术存在严格的等级界限，因此，限制了民间对上层的取法和学习。但是，当上层依靠政治权力，将地方工艺美术纳入到上层中心以后，就在上层与下层之间打开了互动的空间。一方面，民间工匠在制作宫廷定件的时候，就已经掌握了他们的生产技艺和样式风格。另一方面，在某些特定历史阶段，当礼制不兴、戒律松弛时，民间可能有限地把上层社会艺术主题下移。这些都为宫廷与"苏作"间的互动创造了条件。

如果说"苏作"古雅的美学品格是由明代中晚期的文人主导而形成的，那么工艺的精致化，以及由于立体透雕工艺的发展而带来的玲珑剔透、精细雅致的新美学风尚则是受到了清代宫廷的影响，是宫廷样式向"苏作"雕刻工艺下移产生的结果。落实到具体形态上，即发生了三方面的转化，一是由"空"到"实"；二是由平面到立体；三是由圆到方。

（一）宫廷样式向"苏作"雕刻工艺的下移

1. 上行下效

明朝伊始，为恢复元季被变异的中原传统制度，朱元璋对服饰、器用、房舍等进行了重新规定，确

立了一套严格的等级制度。但是到了明成化、弘治以后，禁令逐渐被打破。这时，苏州出现了种种上层社会艺术主题下移的迹象。民间屋宇开始突破限制，装饰逐渐奢华。如苏州多处现存的建筑彩画，均反映了当时富有的文士商贾在装饰豪宅上是如何极尽能事的。服饰出现了争奇斗艳的"乱象"，反映出商业社会的生活特质。嘉靖、万历间张翰在阐述京师何以成为天下奢靡中心时，说到"且京师者，四方之所观赴，天子者，又京师之所视效也。九重贵壮丽，则下趋营建；尚方侈服御，则下趋组绘；法宫珍奇异，则下趋雕刻。上有好者，下必甚焉"[22]。上下阶层的界限在逐渐消弭，服务于宫廷的样式也开始流入民间。

"苏作"雕刻工艺在清代继续发展繁荣。其原因，首先是苏州的经济地位，到清代前期更显重要，它和佛山、汉口、北京共称"天下四聚"。大量的文化人、鉴藏家、古董商聚集在这里，对家具、陈设、赏玩品的需要和要求更高、更多。其次就是康熙、乾隆二帝迭次南巡，他们各自进行过六次南巡，一般都经过苏州，并多次驻跸。地方官绅除了进奉地方名产、奇珍古玩以外，还为了粉饰太平，取媚皇帝，凡各园林、名胜之处，有的专建行宫，有的就地布置，并以各种精致的陈设、摆件来装点门面。据毛奇龄《西河杂笺》所记，康熙初年，苏州的拙政园被转手卖给了吴三桂的女婿王永宁，"园内班竹厅（含潇湘妃子）、娘娘厅，为三桂女起居处，又有楠木厅，烈柱百余，石柱径三四尺，高奇人腰，柱础所刻皆升龙，又有白玉龙凤古墩，穷极奢丽"。园主人的这次改造，不仅彻底改变了文徵明所绘拙政园图景的格局，以山石水榭、花草植物为主，建筑为辅的园林景观开始向以建筑为主体、自然景观为辅的方向转变。而且，建筑装饰追求华丽的雕琢。此后，政治风云变幻，以拙政园为代表的许多苏州园林也频换园主，园林一度萧索。直至康熙二十三年，圣祖南巡，拙政园得以焕发新貌。据松江人曾羽王日记所记，十月初八，苏州巡抚汤斌往扬州接驾。二十六日至苏州，随请皇帝到铺设行宫。该行宫就是被判为逆产收回的吴三桂女婿王额驸的住房，即拙政园。并提到内里有花园，凡造厅堂俱仿佛宫中样式。虽然康熙皇帝还是选择了去织造府驻跸，理由是用不惯这里的东西，但从行文中还是可以发现，此时的拙政园建筑已带有宫廷样式。

另据钱泳《履园丛话》所记："雕工随处有之，宁国、徽州、苏州最盛，亦最巧。乾隆中高宗皇帝六次南巡，江浙各处名胜俱造行宫，俱列陈设，所雕象牙紫檀花梨屏座并铜磁玉器架垫，有龙凤、水云、汉纹、雷纹、洋花、洋莲之奇，至每件有费千百工者，自此雕工日益盛云。"[23]对应苏州的砖雕门楼分析，明代早中期的砖雕门楼如今在苏州的东、西山还保留了一些，形式特别简洁，有些也只是对砖进行一些简单的纹饰。而且门楼基本上就是一种门罩的形式，大门框上有用水磨青砖砌成的向外突出的线脚及其装饰，顶上覆以瓦檐，方便把墙面留下的雨水引向远处。即便是中期以后的门楼，主要装饰纹样也仅限于一些花鸟、笔锭如意等。雕刻并非无处不雕，留白较多，且工艺简朴，整体风格显得古朴谨严，以东山明善堂砖雕门楼最为典型。自清康熙以后，苏州砖雕始出现字牌边框装饰形式，以回纹、云纹、盘长、蝙蝠、龙凤、仙鹤等吉祥纹饰为主，刻画细腻。乾隆中叶以后苏州砖雕进入鼎盛期，一方面继承了前期质朴厚重的特点，另一方面由于雕刻技艺的成熟，高浮雕和圆雕的熟练运用，整体风格转向华美精致。并开始出现挂落装饰，也大都以回纹、云纹为主，有的还会穿插一些花草装饰，如梅、兰、竹、菊四君子等，这是乾隆时期装饰的一大特点。苏州拙政园留听阁有一落地花罩，其样式及其喜鹊登梅雕刻图案与中国典籍博物馆所藏的清宫内檐装修喜鹊登梅式天然罩立样如出一辙。装修是专用术语，是建筑外檐和内檐的门窗、隔扇、隔断、天花、藻井等组合构建的统称，依其所处的位置分为外檐装修和内檐装修。外檐装修是将建筑内部与外部相隔离的木结构，如安装在檐柱自检的装修，称为檐里安装，安装在金柱之间的装修称为金里安装。外檐装修包括隔扇、槛窗、横披、帘架等。内檐装修则是建筑内部的装修，如室内的隔断、屏风、罩及博古架等。苏州称内檐装修为装折。清人特重内檐装修，上行下效，苏州的内檐装修普遍出现于清中期就不足为怪了。

2. 宫廷样、苏工作

在中国古代，统治者通过掌握和控制工艺生产来突出其政治和社会地位，所以，他们不仅重视工艺原料、工匠评定以及生产与决策机构的后勤组织，还十分关注诸如工艺形式、过程、设计等问题。

清代宫廷样式及纹样制定、传达的方式有自上而下和自下而上两种途径。其中，自上而下的方式，包括礼部定式和奉旨承做两种。礼部定式是由宫中如意馆、画样作（不同工艺门类有各自专属的画匠）绘制画样，发往南方进行制作，完成后，画样一同交回宫中。这在清宫造办处档案资料中有大量的记载。奉旨承做是指由皇帝亲自选样，确定内容、工艺、颜色、形式和尺寸，画得纸样后呈览，奉旨准做。而所有的画样大多出自清宫造办处画样作的画样人，如意馆中的画样人、画师、玉匠等。从苏州织造承办的玉雕、漆雕、砚台、牌匾等造作来看，画样基本出自如意馆，多为纸样和木样。有的木样在需要花纹的地方粘贴以纸质纹饰，有的就直接用墨笔描画。形制和纹饰较为重要的活计则做成蜡样。如苏州承做的一些玉宝，因为印纽较为烦琐，就用蜡样。如此，一方面可以直观形象地上呈给皇帝把控，另一方面也给工匠们传递更加准确的细节信息。如乾隆七年十一月初三日，传旨：着海外将晬盘或雕漆，或填漆，或龙凤穿花，先画样呈览，准时再寄字与织造处成做。钦此。于本月二十日司库白世秀将做得木胎画白子晬盘样一件持进，交太监高玉呈览。奉旨：着交图拉照样做红雕漆晬盘五件，其盘上人物，船只应用五彩之处雕做五彩，于明年二三月间先赶做一件送来，其余四件陆续做得送来。再盘底刻大清乾隆年制款，下刻百子晬盘方字样。钦此。此后分别于乾隆八年七月初一日，乾隆八年十一月初八日，乾隆八年十二月二十六日，乾隆九年四月二十七日，乾隆九年十月二十五日持进，任

务完成。

有时候，皇帝还会命人直接将宫中收藏的实物发给如意馆或苏州织造去作样。或者发放其他材质的器物，照其仿作。如乾隆二十五年八月"计事录"中就有"竹根青牛老子陈设一件，传旨：着如意馆玉石子内挑选一块配做一件……奉旨：照样交苏州织造安定处成做"[24]。根据《清内务府造办处档案总汇》资料显示，雍正、乾隆皇帝对工艺均有极高的兴趣，很多时候都要亲自设计，对纹样和工艺的下达也十分细致。甚至有时候皇帝还会与工匠就一些设计和加工的具体细节进行交流讨论，或者指名交由某位工匠来承做。由于这些皇帝本身有较高的文化修养，所见宫中藏品和地方供品的都是精品，其目力和心力都会高出常人很多，因此，对工艺品的要求和品位必然非同一般。因此，就使宫廷成为传播新工艺、高品位的源头。再通过技艺高超的地方工匠之手，在实现了宫廷与地方工艺互动与交融的基础上，自然也会带动地方工艺的提高和审美风尚的变化。

乾隆皇帝特别喜欢仿古玉。苏州自明以来就是中国仿古玉的生产中心，积淀了优秀的工匠资源，所以有时候乾隆皇帝就直接将《考古图》交苏州织造，命其"寻好玉工勉力照书上图样记载之尺寸制作玉器并烧造颜色"[25]。较高的消费需求必然带动了苏州仿古玉器工艺的进步。由于乾隆皇帝喜欢吟诗作文，还经常命人将其诗作镌刻到工艺品上，以葆长久。如造办处档案中就有这样的记录，乾隆八年十二月初六日传旨：着交安宁，图拉，照此玉牌款式大小厚薄做一件，背后顺行双喜夔龙捧签子，其签子刻乾隆年制，墙上花草任从便，别面上做御笔诗[26]。乾隆皇帝的此种爱好，也影响到了苏州琢玉工艺的一种变化。由于有的诗文很长，就用很多玉片制成玉册，最长的甚至由二三十件组成，刻字玉匠的需求量大增，其中，从苏州征调的刻字工匠占了很大比重。如中国第一历史档案馆有资料显示，乾隆二十九年二月"二十七日接得郎中德魁等押帖一件，内开，本月二十一日太监胡世杰传旨著苏州

织造萨哈岱挑好手玉匠二名，刻玉字匠"[27]又乾隆三十三年四月"七日接得员外郎安泰等押帖内开，二月二十七日太监胡世杰传旨著交苏州织造萨载拣选好手刻字匠二名送来，钦此"[28]。有的干脆还被直接送到苏州织造去镌刻，这无疑促进了苏州玉工雕琢和刻字的分工，文字镌刻成为苏州玉器工艺极为重要的工种。

（二）宫廷与"苏作"的互动

当一种风格的地方工艺进入另外一个地方的时候，或多或少都会受到当地人文社会环境的影响，从而使其风格发生某种程度的演化。"苏作"雕刻工艺与宫廷样式之间的交流就出现了这种即吸收又被改造的状况。

1. 地方样式的宫廷化

随着皇室需求的扩大，许多繁重的任务不得不交由民间去承担。官家样式和工艺自然也就传到了民间。乾隆中期，由于新疆和田、叶尔羌等玉源地被清政府所控制，大量玉石被输送到宫廷，宫廷玉器制作量迅猛增加，很多都是由苏州织造承接。"于阗采玉春复秋，用供正赋输皇州。奚待卞和识琳球，邮政正值金闾游。专诸巷中多妙手，琢磨无事太璞剖。"[29]刻有此诗的"于阗采玉图玉山"现存两件，分别藏于山东省济南市博物馆和北京故宫博物院，系乾隆第四次南巡驻跸苏州时由苏州织造呈览，乾隆特别为其题"于阗采玉"诗并将其刻在作品上而成[30]。根据活计档，单是"乾隆三年二月传旨制作数量多达一百一十余件，制作持续了一年的时间"[31]。这些玉器多仿古式款式和花样。有的时候还要求苏州织造酌量改变样式，临时招募工匠，按日计值。根据郭福祥先生的研究，乾隆时期被选送到造办处的地方玉工都来自苏州。这主要是因为苏州玉器主题多文人轶事和山水名胜，文人情调突出，又善解皮设色。最能迎合乾隆皇帝之"工执艺谏"之意。"吴器相材制器妥、艺谏或斯默喻我"[32]第一历史档案馆造办处档案也有很多记录显示许多玉样都是直接由苏州织造局提供，呈览皇帝准做。如乾隆二十五年四月"二十七日郎中白世秀员外郎金辉

将苏州织造安宁送到宝座纸样一张，随玉一块，周伯矩尊纸样一张，周盘云尊纸样一张，王羲之爱鹅纸样一张，随玉一块，扳指纸样一张，随玉一块，持进交太监胡世杰呈览奉旨俱照样准做。玉亦准用，其玉尊二件做得时要刻乾隆仿古字样钦此。于二十六年月十九日将苏州送到青玉周盘云尊一件持进交太监胡世杰呈进讫"[33]。

乾隆初年造办处设有"画样作"，画匠多来自南方，如乾隆二年海望奏请增加的一名画样人就是向苏州织造征调的[34]。但主要设计者还是如意馆中的匠师。乾隆年间的姚宗仁（乾隆二十五年之前），邹景德（乾隆三十年至四十二年）就是宫廷玉器的主要设计者和技术指导。乾隆晚期的宫廷玉器名师主要是沈瑞龙[35]。工匠姚宗仁画出大量玉器纸样，发往苏州的就有乾隆六年的凫尊纸样，乾隆十五年的如意仙人纸样、龙女受经纸样，龙凤镶嵌纸样、松山纸样、螭虎云地炉顶纸样，石壁题诗纸样，英雄纸样等等。苏州著名的雕刻艺人屠士元，曾经被苏州织造海望荐入内府，尝为宫中制一罘罳（宫殿入门处所设的类似屏风嵌空的屏障），上雕五百罗汉，精细绝伦。目前，屠士元的一些作品尚保留在故宫。

苏州玉工在造办处工作的时间并没有固定的期限规定，短则一两年，长者竟达二十年之久，如玉工姚宗仁自雍正七年（1729）进入造办处，至乾隆二十年（1755）离开，在宫中至少有二十六年之久，乾隆皇帝经常指名由他设计玉器活计。苏州镟玉匠平七等在造办处负责教授如意馆中的玉匠和家内小匠役，教授了整整一年[36]。由于乾隆皇帝特别喜爱玉器沁色和俏色，宫廷里服役的苏州玉匠充分发挥其"仿古玉"的技艺传统优势，"如式琢成，伪乱古制"。如姚宗仁将其父传授的仿古玉的"琥珀烫"染色之法带到了宫廷，甚合乾隆皇帝之意，特别撰写《玉杯记》，并命人将其刻于包装盒上以作纪念。在皇帝的推动之下，俏色成为"苏作"玉雕工艺的传统，一直延续到现在。不仅如此，有着优渥的时间和较高的待遇，"苏作"玉工还充分发挥创造力，设计制作出了许多"时作玉"，也深受皇帝的喜爱和

推崇。

从明代开始，竹、木、金、石、牙、角器等小型雕刻器物，经由文人士大夫的倡导，已经成为与文房四宝一起陈设的清供、珍玩，波及宫廷，成为重要的工艺品类。但当时还没有严格的工艺分工。如《醴泉录》载："（明末清初人尤通），善雕刻犀象玉石玩器，精巧为三吴冠"。从清宫活计档的资料来看，代表明清宫廷江南派雕刻工艺最高水平的应是苏州嘉定派竹刻封氏一门。封氏先人皆工诗善书，至封锡爵辈始以竹刻传世。封锡爵长于竹根圆雕，格调高雅。其弟封锡禄、封锡璋也均精竹刻，时人号称"三鼎足"。康熙四十二年（1703），封锡璋、封锡禄兄弟被征调进造办处，两弟应诏入京，供奉养心殿，专事雕刻，声闻于朝。兄弟三人之中，以封锡禄技艺最为杰出。《竹人录》称："吾暴（嘉定）竹根人物，盛于封氏而精于义侯（锡禄）。"此后，封氏一门皆善竹刻，第二代封颖谷、封始镐、封始岐、封始幽也都善承封氏箕袭成就一代宗师。封氏一家两代人都曾在养心殿造办处当差。封锡禄之子封始岐当差之名为封岐，另一子封始镐当差之名为封镐。据养心殿造办处档案记录：雍正五年十一月，雕竹匠封岐，告假四个月，为省亲完婚事，系苏州织造高斌养膳……郎中海望又启："封岐告假回南，伊情愿着伊弟封镐代伊当差。看其手艺还好，欲将封岐月份钱暂给封镐食用，俟封岐回来再着封岐当差……"[37] 明清两代的苏州雕刻家，本来就是犀、象、竹、木雕刻的多面手，进入养心殿"牙作"当差后，主要雕刻的是牙角器，在发扬了他们奇峭清新、气韵生动的地方传统的同时，赋予宫廷牙雕工艺以江南派的典型风格，代表人物有施天章、顾继臣、叶鼎新、陆曙明、李裔广、张丙文等。如施天章，他是当时嘉定派的刻竹名家，所刻竹石，巧若神工。雍正年间供奉如意馆，到乾隆朝时已官至鸿胪寺序班，后因喝酒被遣送回籍。当时的嘉定派竹刻分为两类：一类以竹筒刻山水、人物，如笔筒、酒杯、香筒诸器；另一类是竹根雕刻。施天章系封锡禄弟子，擅长竹根人物雕刻，古香古色，浑厚苍

深，深受文人和宫廷推崇。

2. 工艺资产的回流

在古代中国，当地方工匠被征调服役宫廷的时候，很自然地就使地方工艺和宫廷发生上下吸取、互相提升的现象。地方工艺一旦进入上层，转入宫廷消费，无论从数量和质量上都会有明显的提升。反过来，这种提升又随着工匠的服役而形成一种无形的技艺和样式资产回流到民间。

首先是技艺资产的回流。从明代中期开始，工匠人身依附关系的松弛，也进一步促进了工艺的上下移动。尤其是到了清代，宫廷再也不能像明代那样胁迫南匠赴京，相反还给予优厚的薪酬，但依然有许多工匠拒绝北上，特别是在经济状况较好的南方，以至于清廷不得不作出规定，一旦拒绝合作或是没有交税，就会被遣送入京，以示惩罚。即便如此，所有工匠依然可以在宫廷内外自由选择职业，而且也没有明确限制技艺高超的工匠在皇宫外面进行生产与交易。如康熙五十二年九月十八日，李煦曹颙奏护送做乐器人上京并进各样竹子折所示，苏州织造于八月初八日奉上谕要求传苏州清客周启兰赴京制作乐器，但由于他年老不能行走，又举荐钱君达、张玉成二人。很多工艺领域，工匠只在宫中服务有限的一段时间。

从档案记载来看，从乾隆皇帝一直到慈禧太后的各个时期，宫廷内务府造办处中掌握最高技艺水平的"高手"始终都是由地方官员（主要是织造府官员）选送，采取明代"轮班制"，实行半年轮换，其他绘画、玉雕等艺术性要求更高的行业，一旦被选入宫中，通常是终身服役，直至年老患病或有特殊原因申请回籍。这些高水平的玉工长期供职于宫廷，其技艺、审美必然与宫廷高度融合。如刻字玉匠朱彩，被乾隆皇帝指名在各类玉器上刻制款式、御制诗、宝玺等，甚至让他在作品上留下"小臣朱彩""小臣朱彩奉敕恭镌"的名款。

清朝宫廷造办处有两处，一是专供宫中用度的养心殿造办处，二是内务府造办处，又称"匠作处""百工坊"。不仅养心殿集结了各地优秀的匠人，内

务府造办处鼎盛时期也有42个作坊。造办处南匠数目多的时候有百十人，少时也有五六十人。其中，"乾隆时期绝大部分南玉匠都是由苏州织造选送的苏州玉匠，凸显出苏州玉匠在宫廷玉器制作中的优势地位"[38]。郭福祥先生根据现存活计档的不完全统计，乾隆时期造办处从苏州征调的玉工多达18批次，近40人，而实际征调的批次和人数肯定比这还要多。而且，苏州织造选送到造办处的玉匠多被安排在"如意馆行走"或"启祥宫当差"。因如意馆在启祥宫南，故常以"启祥宫"代称之。如意馆建于乾隆元年（1736），所承做的活计多是皇帝感兴趣并特别重视的种类，故在造办处各作中的地位较高，凡绘工、文史及雕琢玉器、裱褙贴轴之诸匠皆在此处。这里的工匠也都是优中取优，如苏州玉工的好手绝大部分被乾隆皇帝指定直接进了如意馆当差。

由于乾隆皇帝的偏好，大量的玉器由苏州织造府承办，也促进了与之相配的匣子、底座等类工艺的发展，苏州成为红木雕刻小件的重要生产中心。如乾隆五十九年一月"二十七日将苏州送到刻天赐十全之宝青玉宝一方，随雕龙紫檀木匣一件，刻十全记，责玉册页一分，计十片，随本文墨榻一分，雕龙紫檀木匣一件，刻四得十全之宝，青玉宝一方，山料玉文王鼎一件，热河戒得堂三屏峰条对，本文裱挂轴二轴，随红雕漆匣一件呈览"[39]。

同样，苏州烧造金砖的数目也非常庞大。由于官府作坊生产的都是上贡产品，对质量的精益求精，对工匠技艺的提高有极大的促动。据民国十七年发现的"织染局图"碑刻铭文所记，"行生工部差来挑花高手李思中"。说明为了保证上贡产品的质量，都要派技术能手来负责、指导，耳濡目染，局内服役的工匠就有条件学到最好的技艺。由于地方政府经营作坊的工匠，大都出自本地，作坊规模的庞大，兴造的繁盛，必然使众多地方工匠接受宫廷技艺的培养，从而为地方工艺的提升打下坚实的人力基础。

不仅如此，"苏作"中有些衰弱，甚至业已失传的工艺通过承办宫廷造作得以恢复，最典型的例子

就是雕漆。宋、元时期是中国雕漆的高度发展时期，为明初剔红漆器的高峰期奠定了稳定的基础。尤其是永乐、宣德时期，开创了锦地剔红漆器山水纹的典型样式。到明代晚期，由于商业繁盛，市场活跃，文人参与工艺制作等因素，民间漆器工艺欣欣向荣，质量堪比官办漆器，已作为文房、古玩的收藏品，受到士人的追捧。苏州成为重要的漆器工艺中心，虽然实物证据并不充分。入清以后苏州的雕漆似一度沉寂。康熙时期我们看不到宫廷制作漆器的情况。雍正由于偏好洋漆，雕漆制品也是少之又少。雍正四年三月十三日员外郎海望有奉旨仿制明代雕漆荔枝盒，可能并未成功。杨伯达先生通过运用清宫内务府的活计档，推论清代宫廷雕漆制作始于乾隆三年，由造办处牙雕工匠封岐首开成功。乾隆四年之后，大都发样至苏州织造承做，送回宫中刻款。咸丰十年（1860）太平军攻陷苏州，苏州织造所属的雕漆作坊停产。

其次是样式资产的回流。在传统社会，宫廷与地方存在着严格的等级界限，地方对宫廷的影响有多大完全取决于宫廷，他们之间的不平等关系造就了地方样式很多时候在进入宫廷后，一旦不符合其要求，都面临着被改造的命运，也因此使其回流地方的时候，自然就带有宫廷样式的新印记，风格发生演变也就不足为奇了。如雍正五年（1727），在谈到造办处所做活计时，雍正皇帝就特别强调："朕看从前造办处所造的活计，好的虽少，还是内廷恭造式样，近来虽其巧妙，大有外造之气。尔等再做时不要失其内廷恭造之式。"[40]推及到"苏作"，它与宫廷样式的交流就出现了既吸收又改造的状况。在清宫造办处档案中，有大量的资料显示乾隆皇帝对"苏作"雕刻工艺有往精巧、深里、规矩里做的具体要求。

如乾隆十年四月十五日司库白世秀将做的装玉九符合牌罩盖匣上画夔蝠样一件持进，交太监胡世杰呈览，奉旨：照样准交南边做雕漆的，钦此。十月二十日，太监胡世杰传旨：着做好花样如意九柄，如意头上做寿星一个，其余八柄每柄如意头上各做

仙人一个，先做样一件呈览，准时交南边做雕漆如意九柄，共合八仙庆寿成一堂。钦此。乾隆三年八月十二日司库刘山久，七品首领萨木哈，催总白世秀来说，太监毛团交白玉有锁福寿磬一件，随象牙茜红架。传旨：交与织造海保，将发去带板内，照此样，令伊酌量变别款式，往精巧里做，俱配架来。钦此。乾隆八年十二月初六日司库白世秀、七品首领萨木哈来说，太监胡世杰交上交玉牌一件，御诗一首。传旨：着交安宁，图拉，照此玉牌款式大小厚薄做一件，背后顺行双喜夔龙捧签子，其签子刻乾隆年制，墙上花草任从便，别面上做御笔诗。钦此。

又乾隆三十三年三月"五日接得员外郎安太等押帖内开本月三日太监胡世杰交白玉福禄寿双仙杯一件，传旨着如意馆将现拉下碧玉一段，照白玉杯配做一件，其杯上人物花纹比交来原样往深里做，随白玉壶一并交苏州织造萨载处，仅玉大小成做，钦此。于三十四年四月二十三日将苏州送到玉福禄寿双仙杯一件，随样交太监胡世杰呈"[41]。

再举一例。乾隆四十年十二月，"二十七日接得员外郎图明阿押帖一件内开，十二月二十二日太监如意交青白玉石子三块，传旨着交启祥宫画样呈览，钦此，于本日将白玉石子一块，重三十二斤，画得爵盘一分，鸡罐二件，双管瓶一件，提梁卣一件，盘底余玉一块，画得拱璧纸样四张，青白玉一块重六十二斤，画得观音纸样一张。又青玉一块，重二百三十斤，画得凫鱼壶一件，宴碗二件，宴盘三件，交太监如意呈览。奉旨青白玉观音，着两淮盐政伊龄阿处成做。白玉爵盘一分，天鸡罐二件，双管瓶一件，提梁卣一件，拱璧四件，青玉凫鱼壶一件，宴碗二件，宴盘三件着交苏州织造舒文处成做，拱璧要仿古加梁做，所余白玉大小回残着该织造酌量画样呈览，其白玉活计赶紧做，不可迟慢，明年俱要得。钦此。于四十二年五月初三日员外郎四德等将苏州送到玉天鸡尊木样一件，请示罐身有无花纹，并是否配盖之处等。因交太监胡世杰呈览，奉旨不必配盖，将木样交邹景德画花纹样呈览，佳时发去。

钦此。于五月初九日员外郎四德库掌福庆来说，太监胡世杰交汉玉天鸡尊一件，随紫檀木座，符望阁玻璃格内，传旨将苏州送到天鸡尊木样，照交出汉玉天鸡尊一样，改做三头底足，上要三通眼，其花纹要整做，不要盖。先呈样，准时发去。钦此。于五月十二日员外郎四德库掌福庆将苏州送到天鸡尊木样，照交出玉天鸡尊样，改做得三头底足上三通眼并翅膀上做得整花纹样，随做样玉天鸡尊，交太监胡世杰呈览，奉旨准发去，照样成做。钦此。四十一年七月二十八日随围库掌五德将苏州送到白玉双管瓶一件，呈进讫。八月初六日苏州座京家人苏赫持来热河信帖一件内开。七月二十八日接得苏州织造舒文采文内为现奉交白玉爵盘双管瓶等，锯下回残白玉材料大小五块，遵旨酌量拟样，内一块拟做苍龙佩，一件画得纸样一张，又一块拟做双马一件，画得纸样一张，雕得木样一件，又三块拟做云龙全带一分，画得纸样一张，雕得木样二块，随同回残白玉五块，一并咨送到前来，等因持进交太监如意呈览。奉旨俱准照样成做，其全带上云龙花纹，着加深做，钦此"[42]。

由于宫廷服役的匠人系从全国征调，清宫造办处就成了各地优秀匠人交流互动的平台。这在造办处档案中存有相当数量的记录。如雍正元年正月十九日翰林张照篆样一张、技艺人藤继祖篆样一张、南匠袁景劭篆样一张、刻字人张魁篆样一张。怡亲王呈览。奉旨：张照篆样文范，但笔画微细，照袁景劭篆书，其笔画另篆。再，藤继祖篆样上之字篆法好些，问张照之字篆法有何讲究。钦此。于正月二十二日翰林张照篆样二张、技艺人藤继祖篆样三张、南匠袁景劭篆样三张、刻字人张魁篆样三张，怡亲王呈览。奉旨：准张照古篆雍正御笔之宝，将之字下横取平，选吉时照样镌刻。钦此。于正月二十九日照翰林张照篆样刻得寿山石雍正御笔之宝一方，怡亲王呈进。奉旨：将此宝样好生收着。钦此。雍正元年八月十七日怡亲王交太平有象寿山石图书一方。奉旨：镌雍正尊亲之宝。钦此。本日郎中保德交袁景劭、藤继祖各篆字样二张，呈怡亲王看。王谕：准袁景劭篆的三行样式，但笔画掩草，收拾好后再照样镌刻。遵此。袁景劭是苏州著名的篆刻艺人。

清宫造办处有很多广州匠，乾隆以后，"广式"家具风行。"广作"重雕饰，工艺烦琐，然而缺乏韵味。由于统治者的崇尚，不可避免地在一定程度上影响了"苏作"雕刻工艺的固有风格，乾隆以后出现了一些纤细、烦琐的倾向。但并没有完全取代或改变明代的遗制。"苏作"工匠取人之长，补己之短。表现为用材更精，雕刻更细，形制更多。用材方面，除了明代应用的楠木、花梨、紫檀、杞梓、瘿木、乌木之外，开始应用进口的香红木、老红木以及铁力木等。尤其是红木，性重质坚，纹理细洁，易于雕刻、镶嵌，从而被广泛应用于家具和小件。雕刻的应用范围也适当放宽，从而使外形在原来简单、合度的基础上更富于变化。形制方面，在吸收广式部分优点之后，创造出了许多新样式。苏州的巧木作在清代晚期，已按不同工种，分成了板方、板片、园件、挂件等。

当苏州开始时兴硬木家具时，京城里对花梨木、紫檀木等细木家具似并不热衷。"故宫等遗存的家具实物资料中，明代的十分少见，有的也是因特殊需要而制作的。北京地区流传的明代苏式家具，可能主要是江南人入朝为官进京时从家乡带过去的，也有一些是通过漕运等途径，由商贩买卖而运送去的，但数量均不会太多。"[43] 这种情况直到"清三代"时，随着统治者的青睐而发生了改变，苏州的能工巧匠更多地被招募到京城，专门设计制作硬木家具。但是由于皇室的审美爱好与苏州传统硬木家具的审美并不统一，就使这时期的"苏作"家具表现出了许多"清式"因素。如造型上，"大大突破了明式的一贯形式"；装饰上"不仅摆脱了原先墨守成规的装饰手法，而且运用各种各样的装饰材料，加强了家具的视觉艺术效果，增强了造型的形象感染力"。所以，传统的"苏作"家具出现了"变体"[44]。

总之，明清时期许多工匠都是在为国家服役时学到和锻炼手艺的。苏州匠人在为宫廷服役的日子里获得了工艺生产的专业技术，他们的技艺对于维持私人作坊的技术水平是相当重要的。当地方工艺在某个历史阶段得到大发展时，这种无形的资产就会发生重要作用，这是"苏作"雕刻工艺在清中期迅速壮大的重要原因之一。

"苏作"雕刻工艺在明清的引人注目，随着时间的延续和空间的扩展进一步散播开来，而高水准的制作水平作为"苏作"工艺美术的重心，经过后继者的传接，已衍生为一种工艺美术传统，内化于苏州工艺美术此后的发展进程之中。

注释：

[1]《国朝文汇》甲集卷四十七。

[2]〔清〕纳兰常安：《宦游笔记》（二），台北广文书局 1971 年，第 947—948 页。

[3]〔明〕黄省曾：《吴风录》，转引自《笔记小说大观》，新兴书局有限公司 1984 年，第六卷第 5 本，第 2877 页。

[4] 转引自王卫平、王建华：《苏州史纪·古代》，苏州大学出版社 1999 年，第 162 页。

[5]〔清〕李根源：《吴县志》卷五十一《风俗一》。

[6]〔清〕郑若曾：《枫桥险要说》，见乾隆《苏州府志》卷四十。

[7]《袁中郎全集》卷十六《时尚》，世界书局 1936 年。

[8]〔明〕李贽：《焚书》卷五《樊敏碑后》，中华书局 1975 年。

[9] 参考张朋川先生在 2016 年 8 月 18 日沈周研讨会上的演讲《沈周在文人画中的地位》。

[10]〔清〕张素霞点校：《竹人录竹人录续》之《竹人录》小序，浙江人民美术出版社 2012 年。

[11] 如栏杆"卍"字者宜闺阁中，不甚古雅；驰道广庭，自然古色；鸱吻好望，其名最古，今所用者不知何物，须知古式为之，不则亦仿

画中室宇之制。见〔明〕文震亨著，海军、田君注释：《长物志图说》，山东画报出版社 2004 年第 9 页、第 23 页、第 29 页。

[12] 〔明〕高濂：《遵生八笺·燕闲清赏笺》上卷《论古玉器》，甘肃文化出版社 2003 年，第 351 页。

[13] 〔明〕何良俊：《何氏语林》，《四库全书·子部》第 1041 册，上海古籍出版社 1987 年。

[14] 〔明〕高濂：《遵生八笺·燕闲清赏笺》上卷《论剔红倭漆雕刻镶嵌器皿》，甘肃文化出版社 2003 年，第 353 页。

[15] 〔明〕王士性《广游志》卷下"物产"，王士性著、周振鹤点校：《地理书三种》，上海古籍出版社 1993 年。

[16] 〔明〕谢肇淛《五杂俎》，《笔记小说大观》，新兴书局有限公司 1984 年，第 4135 页。

[17] 〔清〕陆扶照《南村随笔》卷六《竹刻》，清代石印本，第 20 页。

[18] 参考上海市文物管理委员会：《上海宝山明朱守城夫妇合葬墓》，《文物》1992 年第 5 期。

[19] 〔明〕袁中道撰、钱伯城点校《珂雪斋集》卷一《刘玄度集句诗序》，上海古籍出版社 2007 年。

[20] 〔明〕冯梦龙《古今谭概》（下）"雕刻绝艺"，海峡文艺出版社 1985 年。

[21] 〔清〕林慧如《明代轶闻》卷三，《明代野史丛书》（10 册），北京古籍出版社 2002 年。

[22] 〔明〕张翰：《松窗梦语》卷七《百工纪》，中华书局 1985 年。

[23] 〔清〕钱泳：《履园丛话》卷十二，清道光十八年述德堂刻本。

[24] 第一历史档案馆《活计档》第 25 册，乾隆二十五年八月"计事录"，第 514 页。

[25] 第一历史档案馆《活计档》第 11 册，乾隆八年正月"计事录"，第 484 页。

[26] 《养心殿造办处史料辑览》第二辑"乾隆朝"，故宫出版社 2012 年，第 220 页。

[27] 第一历史档案馆藏内务府造办处活计档，微卷号：113 盒。

[28] 第一历史档案馆藏内务府造办处活计档，微卷号：119 盒。

[29] 《清高宗御制诗三集》卷四七，"于阗采玉"。

[30] 郭福祥：《"宫廷与苏州：乾隆宫廷里的苏州玉工"》，转引自故宫博物院、柏林马普学会科学史所编：《宫廷与地方：十七至十八世纪的技术交流》，紫禁城出版社 2010 年，第 169—170 页。

[31] 第一历史档案馆《活计档》第 8 册，乾隆三年二月"苏州织造"，第 268—269 页。

[32] 《清高宗御制诗四集》卷四〇《咏和阗玉蟠龙守珠瓶》。

[33] 第一历史档案馆藏内务府造办处活计档，微卷号：108 盒。

[34] 第一历史档案馆《活计档》第 7 册，乾隆二年闰九月"计事录"，第 786 页。

[35] 郭福祥：《宫廷与苏州：乾隆宫廷里的苏州玉工》，转引自故宫博物院、柏林马普学会科学史所编：《宫廷与地方：十七至十八世纪的技术交流》，紫禁城出版社 2010 年，第 211 页。

[36] 郭福祥《宫廷与苏州：乾隆宫廷里的苏州玉工》，转引自故宫博物院、柏林马普学会科学史所编：《宫廷与地方：十七至十八世纪的技术交流》，紫禁城出版社 2010 年，第 189 页。

[37] 《养心殿造办处史料辑览》第一辑"雍正朝"，故宫出版社 2013 年，第 220 页。

[38] 郭福祥：《宫廷与苏州的交融——以乾隆时期清宫和苏州的玉器雕刻为考察对象》，故宫博物院与苏州大学举办"宫廷与江南学术研讨会"论文，2012 年。

[39] 第一历史档案馆藏内务府造办处活计档，微卷号：153 盒。

[40] 第一历史档案馆《活计档》第 2 册，雍正五年闰三月"造办处活计库"，第 456 页。

[41] 第一历史档案馆藏内务府造办处活计档，微卷号：119 盒。

[42] 中国第一历史档案馆《清宫内务府造办处档案总汇》38，第 91—93 页。

[43] 濮安国：《明清苏式家具》，浙江摄影出版社 1999 年，第 171 页。

[44] 濮安国：《明清苏式家具》，浙江摄影出版社 1999 年，第 174 页。

苏州出土明代文人印章艺术特征及相关印史研究*

朱　琪（南京晓庄学院美术学院）

内容摘要：苏州作为江南地区文化艺术中心之一，是明代篆刻艺术兴起和繁盛的重要渊薮，新中国成立以后的考古发现，收获了不少明代文人使用的印章实物。苏州地区出土明代王锡爵、黄元会墓出土印章实物是研究明代篆刻艺术最可靠的第一手资料。将这些图像资料和相关信息进行汇集、整理、考述和分析，对于明代文人印章的鉴定、断代以及印学、篆刻史、民间葬俗等多个方面的综合研究具有标本参考意义。

关键词：苏州　文人　篆刻艺术　印史考证

一　王锡爵墓出土玉印

1966年12月，苏州市郊虎丘公社新庄大队在平整土地时发现一座明代墓葬，苏州市博物馆随即进行了清理发掘，确定为明万历四十一年（1613）王锡爵夫妇合葬墓。墓葬在苏州城西约五公里左右，虎丘山西南，枫桥东北，南向楞伽山（上方山），离运河约半里许。据民国李根源《吴郡西山访古记》记载："明王文肃公锡爵墓，外建赐茔神道坊，飨堂毁，存丈二碑十二，仆地均碎，池三层，有翁仲、石狮、石虎、石羝。坟围坊题'建极殿大学士太保王文肃公墓'，围广二十丈，向楞伽山大业塔。左建祠，祀文肃像，壁嵌苏州府建祭田碑。全茔地广二百亩。子孙居太仓，今犹繁衍也。"[1]文中所述祠、碑今日尚存。

王锡爵（1534—1610，图一），字元驭，号荆石。江苏太仓人。嘉靖四十一年（1562）会试会元，廷试榜眼。授翰林院编修，累迁詹事府右谕德、国子监祭酒、詹事、礼部右侍郎、文渊阁大学士。万历二十一年（1593）为首辅，官至太子太保、吏部

图一　王锡爵画像《吴郡名贤图传赞》

尚书、建极殿大学士。万历三十八年（1610）终老于太仓老家，赠太保，谥文肃。清理报告记录，合葬墓为竖井式券顶双室砖墓，据墓室前放置的申时行所撰墓志铭及相关史料记载，确定为王锡爵及其妻朱氏合葬墓。王锡爵卒于万历三十八年（1610），朱氏卒于万历二十六年（1598）。坟圹于万历二十九年（1601）建造，万历四十一年（1613）合葬。葬具为楠木棺，王锡爵棺居左，棺盖有双行朱书"□

＊ 本文为江苏高校哲学社会科学研究项目"新出土明代文人印章及其篆刻艺术特征研究"（项目编号2017SJB0444）阶段性研究成果之一。

太子太保吏部尚书建极殿大学士赠太保谥文肃□□□",尸体保存状况较好[2]。

墓中随葬品有冠服、玉饰、明器等一百六十一件,其中有印章两枚(图二)。"荆石"(图三),白玉质地,兽纽,阴文,尺寸29×24×40毫米。"锡爵"(图四),白玉质地,兽纽,阴文,尺寸26×24×35毫米。王锡爵墓出土印章玉质温润,雕纽精致,工、料上乘,符合印主的身份与社会地位。出土时两印用白绸裹在男尸的左右手中。

图二 王锡爵墓出土两枚玉印

图三 "荆石"印　　图四 "锡爵"印

以玉作为印材,战国已有。明代甘旸《印章集说》云:"三代以玉为印,惟秦汉天子用之,私印间有用者,取君子佩玉之意。其文温润有神,愈旧愈妙。"[3]中国向来有尚玉的传统,但对"玉"的划分标准,实际上是以"石之美者"来判定的,这在早期玉质玺印中十分明显。战国以后,玉印多为私印,汉代玉印用缪篆字体,多以砣制,结字方中带圆,笔画婉丽秀劲,在印章艺术中独具风格。

"荆石""锡爵"两印篆刻风格接近,应当出于同一作者之手。由于印面为略长的方形,印文结构也呈拉长的体势,字体则是元明时代常见的将小篆与古文杂糅的形式,多用圆笔,如"锡"字右侧笔画,完全易方直为圆曲,与汉玉印常见缪篆字体不同。"荆石"中"石"字"口"部呈倒三角形,"厂"下加"二"饰笔,属于用大篆系统的传抄古文字,字形与郭忠恕《汗简》中"石"字一致[4]。"荆石"两字笔画起讫皆尖,也体现出传抄古文的笔画形态特征,与汉玉印线条笔画起讫皆方的形态全然不同。"荆石""锡爵"两印钤本线条粗细并不均一,从长线条中段往往显示出起伏毛糙之感,并有轻微迸裂,应当是出于刀刻而非碾砣,可见作者在篆刻时并未受到汉玉印制作方法与风格特征的影响。

辽宁省博物馆藏《晋人曹娥诔辞卷》有王锡爵收藏印"王氏元驭"(朱文)、"锡爵"两方(图五、六),其中"王氏元驭"印亦见于王锡爵《行书扇页》。书卷上"锡爵"一印与出土同文印体势一致而篆法少异,可能出于同一作者之手。此外在王锡爵万历三十五年(1607)书法墨迹《元日试笔次瑶老少师韵纪怀》手卷上(图七),还有"鹤来堂""荆石""少保之章"三印。沈周《临梅道人秋江独钓图》存有王锡爵题跋,钤用"王氏元驭"(白文)、"学士之章"[5](图八)。苏宣印谱中亦有"荆石"朱文印。此外,在明万历二十一年(1593)周日校刻本《皇明馆课经世宏辞续集》王锡爵序言后,存有"王氏元驭""柱国之章"(图九);万历三十三年(1605)滋兰堂刊本程大约《程氏墨苑》王锡爵序有"元驭""太子太保"印(图一○),虽为木板

图五　"王氏元驭"印文　　图六　"锡爵"印文

图七　王锡爵《元日试笔次瑶老少师韵纪怀》手卷墨迹，
作于万历三十五年（1607）

图八　"王氏元驭""学士之章"印文

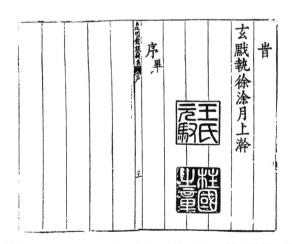

图九　"王氏元驭""柱国之章"印文，钤于《皇明馆课经世
宏辞续集》第十五卷，明万历二十一年（1593）周曰校刻本

图一〇　王锡爵版刻印章补图《程氏墨苑》

摹刻刷印，已失原印神貌，犹可作为参考。

就目前所见王锡爵所用十余印，虽然印文有雷同者，但形态皆不重复。可分为三类：第一类为姓名印，如王锡爵墓出土的"荆石""锡爵"，墨迹钤印"王氏元驭""锡爵"，以及刻本上"王氏元驭"。第二类为官职印，如"少保之章""柱国之章""学士之章""太子太保"。"少保"为"太子少保"，属东宫辅臣，正二品。最初负责掌奉太子以观三公之道德而教谕等事，后成为虚衔。"柱国"又称"上柱国"，为古官名，战国已置，后指肩负国家重任的栋梁之臣。明代时"柱国"为十二阶武勋第二阶，从一品。此类印章印文点明印主身份、官爵，但却并非官印，也不是官印的复制替代品，属于游离于凭信功能之外的文人身份用印，介于私印与闲章之间，兼有私印与闲章的作用。此外，广东东莞罗亨信（1376—1457）墓出土的"都御史章"、河北正定梁维本（约1576—1650）墓出土的"谏议大夫之章"，也都属于此类。第三类为斋馆印，如墨迹上的"鹤来堂"，可归为闲文印。

以上王锡爵所用印章的种类、形态变化很多，足以证明代文人用印之普遍与繁盛。明末硕儒黄宗羲曾云："图章则镂晶刬玉，选象齿，锯贞珉，非篆之极其工且精者勿贵也。自王公大人以下，有事于文翰者，必资之。人不一方，镌不一手，嗜求所好，有不惜金币征四方之能者，累日月而为之，或百计，或数十计，爱浮奇珍，润之以金泥，用之于笺幅、罘罳、勴轴之上，以为辉光，莫不然也。"[6]道出当时文人用印纷繁的状况，表明文人用印在此际普遍脱离表徵凭信的实用目的，而成为争奇斗艳式的雅玩文化与艺术追求。

由于王锡爵墓出土印章未有边款，其作者自然成谜，但也留下让后人想象的空间。因为在王锡爵府中，曾有一位精通篆刻的家仆何通。同为晚明时期的太仓人张灏，在崇祯七年（1634）所辑《学山堂印谱》（十册本）中，录存"篆刻家姓氏"二十三人，附录何通："此吾州王文肃公家世仆，技颇不恶，故亦录之。"[7]是以王锡爵墓出土的"荆石""锡爵"两方印章的作者不排除为何通的可能。

何通（1571—?）字不违、不韦，江苏太仓人（一说松江人）。活动于明万历、天启间。精篆刻，宗汉印，取法苏宣，印风苍秀劲健，被朱简列为"泗水派"。曾手刻印章辑成《印史》五卷（图一一），刻秦代至元代史传人物姓名成印，印下附释文与人物小传，共存印九百余方。《印史》约成书于天

图一一　何通《印史》（西泠印社藏）

启三年（1623）[8]，有苏宣、朱简、陈居一、陈元素、沈承、陈本等人序记及《何不违印史歌》。

何通比王锡爵小三十余岁，从年龄上判断，符合"世仆"之名。所谓"世仆"，其先代即服役于主家，世代相沿为主仆关系。明清时期，身为世仆不可离主为民，与主家不可平等相称，更不准与良家联姻及读书入仕。张灏将何通附于"篆刻家"之后，并称"技颇不恶，故亦录之"，言语略带轻视意味，可见何通在当时虽名列篆刻家，但终因出身低贱，受到文人轻视。晚明周亮工云："近取士之额日隘，士无阶梯者不得不去而工艺，故工书画、图章、词赋者日益众。嗟夫，此皆聪明颖异之士，世所号有用才也，不遇于时，仅以艺见，孰使之然哉？亦足悲矣。"[9]

他认为晚明清初书画篆刻蓬勃发展，是由于朝廷取士之途径愈发狭隘，无门路仕进者无奈之下而不得不从艺自给，而这些能在艺术上有成就的人皆为聪明颖异的"有用才"，但生于时不遇，失意之余唯有转而从艺，既能抒发性情，表达才智，又可保持文人本色。这就从社会学角度打开篆刻史研究的缺口，即在明代虽然有大量贫困潦倒的读书人为谋生计或仕进无望转而以篆刻为业，寻找一种介于读书人与艺术家之间的身份作为慰藉，但何通却不能与他们同列。

何通"世仆"的身份注定他即使精通文史、艺术，但却无法使其从地位低贱的"仆"的身份晋升到更高层面，而勉强被正统文人如张灏认可并接纳为"篆刻家"，已经是一种阶层固化松动的表现。何通能以"世仆"身份读书识字，接受艺术熏陶，与王锡爵家族的文化熏染密不可分，何况他还能以煌煌巨制《印史》传世，在当时社会等级森严的情况下，算得上是一种殊荣。

也许由于何通的"世仆"身份，清代编纂《四库全书总目提要》时，评其篆刻为"俗工"，并对人物选择颇多微词："《印史》五卷（两淮盐政采进本）明何通撰。通字不违，松江人。是书成於万历中，取历代名人各为刻一私印，而略附小传於

下。……其去取颇不可解，如秦以李斯为首，公孙鞅次之，二人行事无足取，且鞅在斯前，不知何以颠倒。四皓仅取东园公、绮里季，不知何所优劣。汉有孔仅、桑宏羊，唐有李义府、许敬宗、高力士，五代有敬新磨，亦不知何以甄录。其印欲仿汉刻，而多违汉法。如二名分为两行，复姓乃作回文，不知汉印二名、复姓皆不割裂其文也。又参以钟鼎之文，不知汉印之不合小篆者，多兼用隶法，不用古篆也。班固曰班固孟坚，王粲曰仲宣王粲，汉印无此文法也。刘字、亮字，《说文》所无，参以隶法是矣。庾亮、陈亮乃作谅字，王凝之从小篆矣。李阳冰乃又作凝字，不又自乱其例乎。大抵拘於俗工之配合，而全未考古耳。"[10] 事实上从何通的篆刻水平来看，在明代还是十分高超的，跻身晚明篆刻名家行列毫无问题，尤其当时苏宣、朱简等名家，皆不轻易许人，他们都为《印史》作序鼓吹，可见一斑。

二 黄元会墓出土水晶印

1984 年 4 月，太仓县水泥制品厂在扩建时，于太仓县娄东乡东郊镇东，发现一座明代墓葬，由苏州博物馆和太仓县博物馆联合进行抢救性发掘。墓葬为明代黄元会夫妇合葬墓。墓葬男棺居东，女棺在西，两棺皆覆以素缎棺布。黄元会棺盖上方棺布有楷体墨书"嘉议大夫江西按察使阳平黄公枢"，其妻棺盖上方棺布有楷体墨书"明江西按察司使阳平黄公元配诰封徐恭人枢"。男棺出土器物有地券板、铜镜、小银锭、小手炉、玉坠、发簪、扇骨（扇面朽烂）等，同时出土印章一枚（图一二）。印文"黄元会印"，水晶质地，瓦纽，阴文，尺寸 31×30×25 毫米。据出土简报，此印出土位置在男尸左手处[11]（图一三）。

图一二 黄元会印

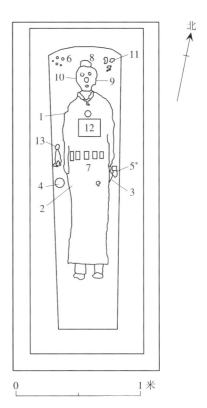

图一三 明黄元会夫妇合葬墓（黄元会棺）平面示意图（加星部位为印章出土位置）
1. 铜镜 2、3. 银锭 4. 小手炉 5. 水晶印
6. 钱币 7. 腰带银饰片 8. 发簪 9、10. 玉坠
11. 小石件 12. 胸襟绸片 13. 折扇

水晶在矿物学上属石英族，为透明或半透明的石英晶体，化学成分为二氧化硅。水晶制品最早出现于新石器时代，春秋战国后较为常见。战国、秦汉时，水晶已经作为印材出现，1989 年陕西汉长安城东南龙首原西北医疗设备厂基建征地发现汉墓群，第 170 号"陈请士"墓曾出土西汉中期品相极好的覆斗纽水晶印"陈请士"（图一四）。

甘旸《印章集说》认为"水晶，古不以为印，近有用者，但硬而难刻。其文滑而不涵，惟用之饰玩则可"[12]。甘旸是明代善于攻坚的印人，1969 年上海川平坟时曾发现一方朱文玉印"东海乔拱璧縠侯父印"，根据款文知为甘旸万历四十年（1612）所作[13]。他未见古玺印中水晶印章实物，故认为古人不以之为印材；"近有用者"则说明水晶印在晚明的逐渐流行。连他这样的攻坚高手都认为水晶印"硬

图一四　"陈请士"水晶印（西汉，西安出土）

而难刻"且"文滑而不涵"，而"黄元会印"篆刻却无此弊病，可见作者技艺高明。

水晶质性坚脆，椎凿镌刻用力稍过即易崩裂，从印面放大来看，此印线条外沿时见轻微爆点，正是由于水晶材质的特性而造成的。周亮工在《印人传》中曾记载一位善镌水晶印章的印人林晋，此人好饮酒，醉后刻水晶印有奇气，但纵横任意之际往往由于力道失去控制而"惊坏其钮"[14]，可见水晶印材之易崩坏。"黄元会印"印材质地清澈，绵绺自然。印文阴刻缪篆，为典型的仿汉印式，章法自然和谐，篆法方折为主，安排和谐。刀法稳健，线条细劲挺括，富于文人气息，是一方相当精美的篆刻作品。笔者曾见一方明代水晶质地"状元及第"印（图一五），章法风格与"黄元会印"相近，而清隽瘦劲远不及之。

水晶印材在明清时期并不少见，并多有各色题材雕钮。据考古发掘报告，1999 年 7 月，四川绵竹

图一五　明"状元及第"水晶印

大北街旧城改造基建施工时，民工于明崇祯首辅刘宇亮"天官府"宅邸旧址挖出一只木箱，箱内文物包括"刘宇亮"（图一六）、"元辅请缨国朝创见"、"滋畅"水晶印三方，分别为兽钮、麒麟钮、桥钮，并未刻水晶印坯一方[15]。1974 年，河北正定县文物保管所征集到梁氏家族墓地出土的文物多件，其中出土梁氏家族中文人用印 14 方，其中 6 方为水晶印，另有 3 方未刻水晶印材[16]。可见明代文人用印对水晶材质的偏爱。

图一六　"刘宇亮"水晶印（四川绵竹出土）

印主黄元会（1577—1627），字经甫。万历四十一年（1613）进士，历任工部都水司主事、南昌知府、按察副使、提学副使、山东布政司参政、江西按察使等职。为官清正，卒年五十一，著有《仙愚馆集》《仙愚馆杂帖》。据《直隶太仓州志》卷二十七记载："黄元会，字经甫，幼孤，感奋为学，与同郡姚希孟齐名。……元会喜黄老家言，神识清远，不屑诡随，亦不屑皎皎异，故终身不受牵于门户焉。"[17]黄元会与明代印论家杨士修、篆刻家归昌世皆有交往，对历代印章沿革亦颇有研究。万历三十年壬寅（1602），杨士修曾以所著《印母》赠之[18]。万历三十七年（1609），太仓张灏编集明代篆刻家篆刻为《承清馆印谱序》（《学山堂印谱》前身），曾邀黄元会为之作序（图一七）。序文保留了黄元会目前可能仅存的板刻手迹，录文如下：

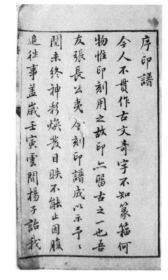

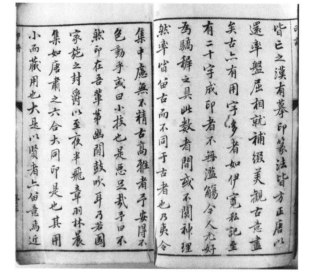

图一七　黄元会《承清馆印谱序》（万历四十五年钤刻本）

今人不贯作古文奇字，不知篆籀何物，唯印刻用之，故印亦留古之一也。吾友归文休精能此道，而张长公夷令尤与之趣合。既刻印谱成，以示予，予阅未终，神彩焕发，目眙不能止，因腹追往事。盖岁壬寅，云间杨子诒我《印母》三十二则，并周公瑾（应为"谨"，笔者注）印谱，予第作文字观，弗善也。又七年，予北游，将夜渡滹沱河，逆旅主人出所藏顾氏《集古印谱》，数之累累千七百有奇，并汉铜印廿余。予不能辨，而因与主人论今印之不同于古者数端。三代以前，人臣皆金玉印，龙虎钮。今法，三品以下皆铜矣。秦汉丞相、列侯印俱寸许，如今之私记耳。今自私记外，分寸皆长，不能雅驯。古体书法有刻符书，李斯作以刻印玺者也。芝英书，六国刓以刻符印者也。然则印文各有正体，今皆亡之。汉有摹印篆，法皆方正。唐以还，率盘屈相就，补缀美观，古意尽矣。古亦有用字多者，如"伊宽"私记，至有二十字成印者，不无滥觞。今人尤好为骄靡之具，此数者间或不关神理，然率皆留古而同于古者也。乃夷令集中虑无不精古高雅者，予安得不色动乎？或曰：小技也，是恶足哉！予曰：不然。印在吾辈，第幽闲鼓吹耳，乃若国家施之封爵，以至夜半飞章、羽林晨集，如唐肃之六合大同印是也。其用小而藏用也大，是以贤者亦留意焉。近时，如暹罗请印，执政将以王印授之，郑中丞汝璧独疑，不即予，而命使者归取故章，覆视，果都统制印，节制十六属国者也。当是时，中丞之名若神，孰谓印学可缓乎哉？不然，予又乌足为夷令告也。友弟黄元会经甫题。[19]

黄元会序文涉及印学研究、印谱与印学著作刊行、古印收藏、篆刻家等多个方面，并形成了自己独特的印学观。他认为玺印篆刻，在文人中为幽闲鼓吹、陶冶性情之物用，但在国家政令制度及军事方面，则具有事关重大的实用功能。因此提出"其用小而藏用也大"的印学思想，认为印章所潜藏的功能是巨大的，并举当时郑汝璧（1546—1607）辨暹罗使者请册封玺印之事为例，证明印学（印制研究）在政令与外交中的重要性。文中称郑汝璧为"中丞"，应当是其在万历二十年（1592）升任山东右布政使，加右佥都御史之后事[20]。以黄元会与当时篆刻家、印学家的熟稔程度来分析，"黄元会印"的作者，应当也是明代技艺高超的篆刻名家。

三　结语

明初改元代平江路为苏州府，隶江南行中书省。永乐迁都北京后以江南为南直隶省，苏州府属之。明代苏州、松江一带，为标准的江南核心地区，经济贸易昌盛，同时为人文荟萃之地。明代是篆刻艺术发展的黄金时期，吴门地区也成为当时的艺术中心，全国各地印人游食、聚集于此，因此这几方明代出土印章实物，对于研究篆刻艺术史具有十分重要的标本意义。

总的来说，从苏州地区出土的王锡爵、黄元会用印来看，具有以下一些共同特征：

第一，两位墓主皆属读书仕进的文人阶层，并身居高位。王锡爵贵为首辅，黄元会为按察使，正三品。两人皆雅好翰墨，在明代篆刻风行的时期，他们的自用印可作为明代篆刻的典型代表，反映出较高的艺术水平。两位墓主都与当时颇有名望的篆刻家有较为密切的联系。从王锡爵用印实物与传世印迹的多样化来看，他应该也与黄元会一样是一位爱好篆刻的文人。他们的用印虽然未镌款识，但不难推测应当出于当时名家手制，具有重要的艺术研究价值。

第二，从篆刻技艺来看，三方印章虽然都镌刻于硬度较大的材质上，但刻手所用文字篆法准确且渊源有自，章法安排得当，刀法稳健娴熟，说明当时的篆刻家已经普遍具备驾驭硬质材料的娴熟技艺。两位墓主选择以晶玉类为印材，一方面固然是因材质矜贵，能够体现出印主的身份地位；另一方面说明在明代中晚期，文人篆刻的印材选择尚处于金属、晶玉等硬质材料与软质印石并用不悖的阶段。在这一时期，稍软的石质印材并未完全取代质地坚硬的印材，印主（受印人）的印材拣择，尚受到传统实用玺印材质的影响，也透露出"金石永固"的心理期许始终深入人心。

第三，两墓出土印章虽为殉葬之用，但从篆刻艺术的角度来分析，绝非仓促间镌刻姓名置入圹穴的明器。诸印篆刻之精到，说明丧主家人是有意识地选择墓主生前所使用的自用印陪葬。此外，从印章出土时在墓穴中所处的位置来看，王锡爵两印分别用白绸包裹，置于左右手中，黄元会印则在左手处，显然蕴含有供奉墓主在阴间仍能继续使用之意，体现出"事死如事生"的丧葬观。此外，这种放置殉葬印章在死者手部的共性特征，应该也与明代苏州地区的葬俗有所关联。

注释：

［1］李根源：《吴郡西山访古记》卷三，民国间曲石精庐刊本。

［2］苏州博物馆：《苏州虎丘王锡爵墓清理纪略》，《文物》1975 年第 3 期。

［3］韩天衡编：《历代印学论文选》，西泠印社 1999 年，第 76 页。

［4］〔北宋〕郭忠恕：《汗简》卷四，中华书局 2010 年。

［5］美国西雅图艺术博物馆（Seattle Art Museum）藏。

［6］〔清〕黄宗羲撰、郁重今编纂：《长啸斋摹古小技序》，《历代印谱序跋汇编》，西泠印社 2008 年，第 198 页。

［7］〔明〕张灏辑：《学山堂印谱》（十册本），崇祯七年（1634）钤刻本。此谱另有崇祯四年（1631）钤刻本，又称为"辛丑六册本"。

［8］〔清〕纪昀等：《四库全书总目提要》称"何通……松江人。是书成於万历中"。今从《印史》序记来看，成书年代不确。此外，汪启淑《续印人传》、冯承辉《历朝印识》等书皆载其为太仓人。

［9］〔清〕周亮工撰、印晓峰点校：《书程与绳印谱前》，《赖古堂印人传》卷二，华东师范大学出版社 2009 年，第 38 页。

［10］〔清〕纪昀等：《四库全书总目提要》卷一百十四。

［11］苏州博物馆考古组、太仓县博物馆：《苏州太仓县明黄元会夫妇合葬墓》，《考古》1987 年第 3 期。

［12］韩天衡编：《历代印学论文选》，西泠印社 1999 年，第 76 页。

［13］孙慰祖：《出土明代甘旸手刻玉印小记》，《孙慰祖论印文稿》，上海书店出版社 1999 年，第 276 页。

［14］〔清〕周亮工撰、印晓峰点校：《书林晋白印谱前》，《赖古堂印人传》卷三，华东师范大学出版社 2009 年，第 55 页。

［15］宁志奇：《绵竹出土明末大学士刘宇亮遗物》，《四川文物》2000 年第 2 期。同出尚另有并未刻水晶印坯一方，简报原文未说明。

［16］刘友恒：《正定县梁氏家族墓地出土文物》，《文物春秋》1995 年第 1 期。

［17］〔清〕王昶等纂修：《直隶太仓州志》卷二十七，清嘉庆七年（1802）刊本。

［18］明杨士修《印母》应为三十三则，此处当为误记。又据明周公谨《印说》删编而成《周公谨〈印说〉删》一卷，辑选精要不繁，成书于万历壬寅（1602）。

［19］〔明〕张灏辑：《承清馆印谱》（两册本），万历三十七年钤刻本（国家图书馆藏）。此谱另有万历四十五年钤刻本，黄元会序文次句为："吾友张长公夷令刻印谱成，以示予……"没有提到篆刻家归昌世（字文休）；后文"千七百有奇"中"百"作"伯"。

［20］明代改御史台为都察院，都察院的副职都御史即相当于前代的御史中丞。明、清两代常以副都御史或佥都御使出任巡抚，因此明、清巡抚也称中丞。

博物馆应如何办好青少年教育活动的几点思考

王懿静（南京市博物总馆太平天国历史博物馆）

内容摘要：博物馆作为面向公众的社会教育机构，其对青少年的教育作用越来越受到重视。但目前很多博物馆在面对青少年观众这一特殊群体，普遍缺乏为他们设置的专项活动和有针对性的服务。对此，博物馆的从业者应利用自身场馆优势，以青少年观众所喜闻乐见的形式，为他们提供学习、教育、娱乐服务，以此来提高青少年观众的文化修养，丰富他们的科学知识，使博物馆成为学校之外的第二课堂。

关键词：博物馆　青少年　教育

博物馆是对历史、文化、科技、艺术的实物进行征集、典藏、陈列和研究的场所，是为公众传播知识的特殊的社会教育机构，尤其是在青少年教育方面有着举足轻重的作用。青少年是社会主义建设的主力军，是祖国的未来。如何开发和利用博物馆的丰富资源，让博物馆的知识成为青少年课堂知识以外的重要补充，是我们博物馆从业者必须思考的问题，因此这一课题的研究具有积极且重要的意义。

一　博物馆教育的现状和不足

经过多年蓬勃发展，截至 2016 年年底，我国的博物馆总数已经达到 4873 家[1]，且种类多样，涵盖综合类、历史类、艺术类、自然科学类等。虽然博物馆数量提高了，但在博物馆建设、展览主题、服务水平等方面还未达到令人满意的水平，还需要进一步完善。尤其是在面对青少年观众这一特殊群体上，当下的博物馆尚不能满足青少年的需求，对青少年的社会教育作用还未充分发挥。今年春节假期，笔者在太平天国历史博物馆（以下简称太博）调查发现，虽然正值学生放寒假，且太博对中小学生实行免费开放，但前来参观的中小学生与平时相比并未显著增加。大多数带孩子前来的家长都是从外地来宁游玩的，以瞻园为主要目的，对参观太平天国史展的兴趣并不浓厚，在展厅内观展的观众远没有在园林里游玩的游客多。笔者又前往南京其他一些实行免费开放的博物馆，经观察发现青少年观众在寒假这个时间段也没有明显增加。据南京博物院一位业内人士分析说，青少年这一群体受门票价格杠杆的影响不会太大，更多的在于家庭和社会的引导。家长对有利于孩子成长的事，都不会吝啬钱和时间，会抽空陪孩子前来；如果家长本身就对博物馆不感兴趣，免费也吸引不来家庭游客[2]。博物馆教育在青少年中受冷的主要原因是多方面的：一、受展陈条件的限制，基本陈列展的内容多年不换，即使内容丰富，制作精良，但始终如一的面貌无法吸引青少年观众一年内多次参观；二、陈列展的文字说明内容深奥，且缺乏浅显易懂的讲解，年龄较小的观众尚不能完全理解展览内容，无法留下深刻印象；三、在展陈形式上，以宣传和教育的"我写你看"的形式为主，单一且千篇一律，展品与观众间缺乏互动，而青少年观众最感兴趣的正是可以参与到其中的互动交流；四、由于宣传力度不够，且由学校组织的参观活动较少，博物馆在青少年教育上所起的作用微弱，尚不能形成对学校教育的积极补充。

二　博物馆开展青少年教育活动的必要性

博物馆具有收藏、展示教育、研究三大基本功能。过去认为三大功能中，收藏是基础，展示教育和研究围绕收藏展开。2007 年，国际博物馆协会对博物馆的定义进行了修订，修订后的定义是："博物馆是一个为社会及其发展服务的、向公众开放的非营利性常设机构，为教育、研究、欣赏的目的征集、保护、研究、传播并展出人类及人类环境的物质及非物质遗产。"[3] 新定义调整了博物馆业务目的的表述顺序，将过去位列第二位的"教育"调整到博物馆业务目的的首位，取代了过去一直位于首位的"研究"。新定义将"教育"作为"征集、保护、研究、传播、展出"等项博物馆基本业务的共同目的，反映出博物馆各项业务活动的开展要相互协调配合，发挥各自专长，最终都应围绕"教育"这一终极目的。

无论是对博物馆修订后的新定义，还是全国各地逐步开展博物馆免费开放政策的实施，都表明博物馆将作为公共文化服务机构发挥其教育功能。博物馆开展教育活动具有得天独厚的优势：作为文物、艺术品等社会教育资料的保存单位，博物馆汇集的教育资源最丰富、最典型，契合度也最高。博物馆的公益性性质也决定了它所应具有的高度社会责任感。博物馆丰富而多样化的知识是学校教育的有益补充，培养了学生对历史、地理、生物、科学、艺术等多门学科的兴趣。博物馆教育又有别于学校教育之处：博物馆是实物、实体的展示和演示，学生们可以直观地看见、摸到、感受到具体的、翔实的知识，而学校教育则是相对抽象的。因此，博物馆开展青少年的教育活动具有特别重要的意义。尤其是在当前强调素质教育的环境下，博物馆更应发挥自身优势，使其真正成为青少年的第二课堂。

三 积极推动博物馆青少年教育活动的可持续性发展

（一）探索"学校—博物馆"的新型教学模式

近年来，教育部门积极提倡建立不设围墙的校园，以学校和博物馆合作教学为基础，鼓励学生走出校园，走进博物馆，开展多种类型的"博物馆课堂"，让学生在博物馆丰富的资源中汲取营养，激发他们对历史、自然、艺术等课程的兴趣。在博物馆的学习是一种综合性的学习，不拘泥于某一门课程，各学科都可以涉及并相互融会贯通。对于培养学生总结、归纳、实践、创新的能力都很有益处。国家也为此专门制定了政策：中共中央办公厅、国务院办公厅于 2015 年 1 月印发的《关于加快构建现代公共文化服务体系的意见》明确指出，将中小学生定期参观博物馆、美术馆、纪念馆、科技馆纳入中小学教育教学活动计划[4]。

率先试行这一新型教学模式，并已形成比较完善的系统的是国家博物馆。国家博物馆作为青少年教育功能的试点单位，在改扩建后的展厅内专门设置 1500 平方米的教育体验服务区，通过对馆藏资源的挖掘和与教育机构的深度合作，努力建构历史与艺术并重的公共教育体系。经过 3 年多的努力，国家博物馆已经初步建立了"历史与艺术的体验"公共教育课程体系，开发课程 90 余门，内容涉及美术、音乐、戏剧、科学四大门类。针对不同受众，又把课程分为四种类别：面向以家庭为单位的儿童群体，开发了"阳光少年"系列课程；面向不同文化背景的成人观众，开发了"文化博览"系列课程；面向以班级为单位的学生群体，开发了"社会大课堂"系列课程；配合北京市中小学生"四个一活动"，设计了系列主题教学课程[5]。与学校教育实践紧密贴近的同时，也为博物馆教育功能的延伸带来了可能。

笔者所在的太博作为南京市爱国主义教育基地，充分发挥博物馆社会教育的职能，与南京大学、南京一中、南京夫子庙小学等十余所学校建立了共建关系，定期开展青少年教育活动。例如每年 7 月由太博组织举办"'瞻园杯'中小学生书画大赛"。活动面向全市的中小学生征集书画作品，在征集的作品中挑选较为优秀的作品进入复赛。复赛阶段由太博提供比赛场地，进行现场的书画比赛（图一）。再邀请专业评委对复赛作品进行打分，评选出奖项，并举行一个较为隆重的颁奖仪式，为获奖学生颁发奖状和奖品（图二）。太博还特别为获奖作品举办一次专题展，向观众汇报学生们的书画成果。这一活动是太博青少年教育活动一个缩影，将书画学习由一所学校走向全市的中小学，由学校走向社会。博物馆通过举办这样的活动，使其真正成为青少年学习课外知识、开拓眼界的第二课堂。

图一　太平天国历史博物馆举办"瞻园杯"中小学生书画比赛

图二　"瞻园杯"中小学生书画比赛颁奖仪式

这一新型教学模式的开展目前最大困难在于教育和文化两大系统相对独立，缺乏相互深入的了解，也缺乏有效的合作机制。目前学校教育仍以应试教育为主，注重对学生科学文化知识的灌输，对组织学生在博物馆中进行课外学习尚不够重视，只是偶尔为之。而博物馆方面虽然希望有更多的青少年观众前来参观，但没有针对性的组织展览或加大对学校的宣传力度，收到的效果也不尽如人意。为更好地发挥博物馆青少年教育功能，促进博物馆青少年教育与学校教育有效衔接，博物馆业界已在探索构建具有均等性、广覆盖特点的博物馆青少年教育项目并形成机制，国家文物局也于2014年启动了完善博物馆青少年教育功能试点工作[6]，希望由点到面，最终目标是建立起中小学生利用博物馆参观学习的长效机制。

（二）细分观众群，提供针对化服务

青少年观众的年龄跨度很大，涵盖了从小学到高中，从6岁至18岁。每个年龄段的学生有各自的特点和需求。目前对学生免费开放的博物馆并不少，并且有不少博物馆也会为青少年设计展览，但这些展览都比较单一，没能很好地考虑不同年龄段孩子的心理特点，缺乏针对性。如照顾了年龄小的孩子，就会让年龄较大的孩子感觉乏味；如若以年龄较大的孩子为主要教育对象，又会使年龄小的孩子感觉"看不懂""不明白"。因此，我们在进行展览策划的阶段，就应考虑不同年龄段的青少年对展览的接受程度。如展览的说明文字，可编写两个不同版本，一个版本较简单浅显，有一定趣味性，并附有拼音，适合年龄小的孩子。另一个版本则更翔实深入，并附英文解说，适合年龄较大的孩子；与展览相对应的讲解，也应根据观众年龄不同分为不同版本，针对年龄小的孩子要浅显通俗易懂，而针对年龄较大的孩子，讲解要有一定深度。

这方面值得我们借鉴学习的是西方的博物馆。例如英国的历史博物馆对未满13岁的儿童和13岁以上的青少年采取不同的教育方式。13岁以下的儿童由博物馆指导完成野外与室内的作业。对待青少年，除在一定程度上为某一课程提供大量展品外，还在暑假接待二年级以上的大学生，使他们了解有关博物馆藏品的知识[7]。又如美国大都会博物馆在考虑对儿童观众进行服务时，按照年龄把儿童分成了几段，最小的是1岁半到5岁，中间的是5岁到6岁，然后是6岁到12岁，不同年龄段有不同的活动。据了解，美国88%的博物馆提供从幼儿到少年的教育项目，70%的博物馆在过去5年中增加了面向教师和学生的新服务，而且还有300多座儿童博物馆，平均每2万多儿童就有一座儿童博物馆。而我国4000多座博物馆中，儿童博物馆不超过10座[8]。且大多数博物馆在社会教育服务上缺乏为青少年专设的展览内容，也没有适合孩子的讲解。对于年龄较小的孩子来说，"看不懂""听不懂"展览，兴趣自然不高。因此细分观众群并提供针对化服务对于提高博物馆的服务质量很有必要。

（三）运用多媒体交互技术增强青少年观众的兴趣

"交互"是指参与活动的对象可以互相交流，双方互动。在博物馆中，"交互"是指博物馆藏品和观众之间的互动。我国博物馆陈列大多以静态展示为主，观众只能观看，无法与展品之间进行交流。尤其对青少年观众来说，青少年具有对新鲜事物好奇心重、求知欲望强烈的心理特点，静态的展览已经无法吸引他们长时间地驻足停留。因此将多媒体交互技术运用到展览中十分有必要。多媒体交互技术能够运用投影成像、触摸屏、激光演示等多种手段，通过动画、影视、声效、灯光等形式，使展览呈现丰富多样的面貌，更加生动有趣，为广大青少年观众所喜闻乐见，增强了展览的效果。交互技术使原来的单向信息传递变成了双向的信息交流。它改变了以往博物馆的参观方式，给青少年观众带来与静态参观不同的体验。在参观过程中，观众不仅可以用眼睛看，更重要的是可以动手触摸并参与，这与传统展览中"禁止触摸"的警示有着天壤之别。它丰富了青少年观众获取信息的方式，由被动接受信息，变为主动参与，从而激起青少年观众的极大兴趣，吸引着孩子们自己去发现、探索。

四 结语

青少年是祖国建设的栋梁，青少年的素质关系到整个民族的未来。博物馆对青少年素质培养的责任任重而道远。博物馆从业者应始终牢记教育是博物馆的第一要务，在秉承社会教育职能的基础上加强对青少年观众的关注，"以人为本"开展青少年教育活动，使他们真正喜欢上在博物馆学习知识。只有这样才能办好新世纪的博物馆，使其得到广大观众的认同。

注释：

［1］王珏、李素利：《让逛博物馆成为一种生活方式》，《人民日报》2017 年 7 月 6 日，第 19 版。

［2］方晔云、杨雅娟：《国民素质"第二课堂"闲置引发思考——免费时代，青少年缘何冷落博物馆》，《新华日报》2010 年 2 月 25 日，B3 版。

［3］宋向光：《国际博协"博物馆"定义的新调整》，转引自《中国高校博物馆新浪博客》，2011 年 10 月 25 日。

［4］焦雯：《博物馆教育惠及更多青少年》，《中国文化报》2015 年 1 月 20 日，第 4 版。

［5］朱永安：《国家博物馆变身社会大课堂》，《中国文化报》2015 年 1 月 12 日，第 8 版。

［6］焦雯：《博物馆教育惠及更多青少年》，《中国文化报》2015 年 1 月 20 日，第 4 版。

［7］王宏钧：《中国博物馆学基础（修订本）》，上海古籍出版社 2001 年，第 52—56 页。

［8］樊未晨、吴晓珊：《博物馆和孩子，谁拒绝了谁》，《中国青年报》2013 年 8 月 16 日，第 3 版。

略论文化创意下的文博场馆学习

潘彬彬（南京市博物总馆）

内容摘要：通过精心的文化创意，扩大场馆学习的效果，对于实现博物馆的教育功能有着极为重要的意义。从构建学习者身份、提供互动性媒介以及起引领作用的指导单、对参观目标的多层化设定等多个途径，将文化创意融入场馆学习，对于博物馆教育功能的提升有着重大的影响。

关键词：文化创意　场馆学习　身份构建

在经济全球化时代，体验经济是一种新的世界性的经济运作模式。所谓体验经济，即以消费者的某种身心感受或心理体验为经济提供物并为此提供个性化生产与服务而获取利润的经济模式[1]。

文化创意正是体验产业的重要范畴之一。顺应从服务经济向体验经济过渡的历史潮流，文化创意迅速崛起并渗透进各行各业之中，博物馆自然也不例外。文化创意对于博物馆教育目标的达成、拉近高雅艺术与普通观众的距离、经济效益的增长、文化传播功能的延续，起着重要的意义[2]。

博物馆作为文化产业的重要支柱，开始从为"物"服务的时代转变为"人"服务的时代。博物馆如何将传统文化与现代创意等元素相融合，从而取得最大的社会效益、文化效益，这是值得每个博物馆人认真思考和探索的重要课题。

作为博物馆社教形式之一的场馆学习（Museum Learning）越来越受到重视。但总体上，场馆学习质量不容乐观。2005 年，我国公民科学素养的调查数据显示，一年中参观过科技馆和自然史类博物馆的公众比例只有 9.3% 和 7.1%[3]。不仅仅是作为场馆学习前设条件——参观人数的缺乏，即便是入馆参观者之中场馆学习质量也不尽如人意。"受传统观念的影响，为人服务的重要内容——教育工作仍旧没有得到足够的重视。体现在很多博物馆尚未真正确立以展示和社会教育服务为中心的博物馆经营理念；各项工作包括展陈、研究与典藏等未能围绕教育服务工作开展；人才与资金的分配使用在教育上分量不够；教育活动的整体规划不足，教育活动的影响力不大；等等。博物馆还没有真正从被动的文物保管和研究导向，转变为主动的文化诠释与沟通者的角色。"[4]

因此，如何提升场馆学习质量，便是博物馆的重要课题，兹以为将文化创意融入博物馆的场馆学习，应是途径之一。基于建构主义学习理论的"情境学习模型"（Contextual Model of Learning）整理归纳出影响学习效果的三个维度十二个学习因素：即个人情境维度方面的参观动机和期望、先前知识、先前经验、兴趣、选择和控制；社会情境维度方面的群体内的社会交往、群体内与群体外的交往；物理情境维度方面的先行组织者、对物理空间的指引、建筑和大尺度的空间、展品和学习活动的设计、后续的强化和博物馆外的经验[5]。本文基于以上三个维度，试着探讨将文化创意融入场馆学习的路径，以求达到提升场馆学习质量的目的。

一　身份的构建：学习者

文化创意融入场馆学习首先应体现在参观者身份的构建中。身份认同指的是个人或者参观团体的自我意识。身份认同对场馆学习的结果会产生重要影响。在 Davidson 等人的研究中，研究者发现学生、教师、博物馆教育人员在看待校外学习上存在不同观点。有些教师把博物馆看作是寻求"有趣""好玩"知识的地方，他们的学生在参观后更多地表述出浅层次的知识。而有些教师将博物馆看作是一个"学习"的地方，他们会注意组织参观前和参观后的活动，学生也表述出更多高级思维的学习结果[6]。

传统的博物馆社会教育将学习者身份的构建视为自然形成，忽视了个人情境中参观动机和期望等因素在场馆学习中的介入程度。构建学习者身份，需要依赖学习者个体成长与其自身向上的内驱力。学习者身份的构建在教学中已经被广泛研究和采纳，其途径也实现了多样化。其中，前测法即教师根据教学内容假设一个起点，然后根据这一起点，编制一些试题对学生进行测试，再根据测试结果确定学生真实起点的方法被广泛使用。将这一方法引入博物馆学习，对于场馆教育目标的达成，具有较大的借鉴意义。考虑到博物馆学习的非正式性，不可能采用正式的试卷问答，但可以在博物馆的说明册页中或者不同类型的引导单中针对展览主题提出较为深奥或者引人深思的问题。如笔者在为太平天国历史博物馆设计主题学习引导单时，在主题学习引导单中针对中学生参观群体设计了如下问题：

1. 太平天国革命运动在旧民主主义革命中占据着重要地位，请同学们回忆历史课本中有哪些相关知识点的阐述？

2. 太平天国革命运动与以往农民起义相比较，有何不同之处？

3. 太平天国为何定都南京？

4. 为何说太平天国运动是中国农民战争的最高峰？

前两个问题都结合了中学历史教科书中的相关内容，其目的是唤醒构成个人情境因素中的先前知识、先前经验。这些知识是产生新知识的起点，"如果个体没有先前形成的知识结构的基础，是不可能吸收新知识的。我们知道得越多，我们能够学习的就越多"[7]。后两个问题是针对博物馆中展览方面的内容，对于大部分非专业研究者来说是陌生的知识点，也是激发其学习动机、构建学习者身份的方向所在。

结合中学课堂教学中的相关知识点，在各类主题学习单中设置不同问题，激发参观者的潜在学习动机，激起对展览内容的特别关注，从而构建起学习者的身份。需要注意的是，在运用前测法的过程中，要充分考虑到不同群体的不同认知水平，需要在日常的社会教育中日积月累，形成针对不同群体的不同预案。

此外，学习者身份的构建不是在参观者入馆之初就确定并且恒定不变的，而是在场馆学习过程中与讲解员或者其他交流对象的互动中共同构建的。参观过程中，讲解人员和博物馆工作人员，应通过不同会话策略包括话题转换、合理利用评价策略等在身份构建中发挥更为主动的作用。以南京市民俗博物馆讲解工作为例，讲解人员在讲解金陵甘氏家族历史陈列复原展时，将话题转向甘氏家族的历史人物，将讲解和提供答案的"任务"适时转移到参观者手中，并通过适当的评价和引导进一步激发观众的讲解、解答动机。

二 媒介：互动性

认知学学者莱维斯（W. J. Lewis）通过研究认为：人对事物的记忆程度是与认知方式密切相关的，如人们对自己亲自制作或参与其中的事物，记忆程度是90%，通过视觉的记忆程度是50%，通过阅读的记忆程度是30%，而通过听觉的记忆程度只有10%[8]。以此来审视场馆学习环境，场馆虽然为参观者提供了面对展品的环境，但是静态的展品很难激发起学习者参与活动的动机。Sandifer 研究了场馆中具有不同特征的展品对游客的吸引力。他把科技馆中的展品分为技术创新性、以使用者为中心、感官刺激丰富、开放式四类，通过录像分析，他发现观众在具备技术创新性和开放性的展品前停留时间最长[9]。停留时间越长，有效学习发生的可能性越大。有效的场馆学习是一个以展品为中介激发的学习者与展品互动体验的过程。展品是学习者整合人类思维和行动的工具与媒介。在资源丰富的场馆中，有效的学习能否在场馆环境下自然地发生，取决于学习者与展品互动的有效性，取决于学习者的学习能力和内在动机。因此，将静态的展品变得"动"起来，成为参观者手中探究的素材，对于激发参观者的兴趣动机具有极大的意义。

通过互动性展品的操作，展示的面相具有多重性，解决问题的思路具有多样性，不再拘泥于传统的思维，因此更能激发参观者的内在动机，构建属于个人的独特意义。鉴于博物馆藏品的珍贵性，博物馆可以运用标本或复制品，让学习者通过观察、触摸、感觉、听觉及嗅觉等各种感官的参与，增加对真实物件的体验。例如，2008 年台北县十三行博物馆举办"石在有意思——台湾史前石器的故事"特展，在现场示范了制作石器的技术，并邀请观众一同上台体验用石刀削苹果、切脐橙，此展还将石器与现代工具相邻陈列，直观表现各种石器的精巧功能。展览策划者希望通过这些创意帮助观众重新了解台湾历史，加深对考古学的认知。

三 指导单：先行者的需求

家庭和学生团体是场馆的重要服务对象，占到大多数场馆半数以上的比例。家庭在参观各类博物馆、纪念馆等场所时，作为场馆学习一员的孩子会对各类展品以及陈设提出追问，索求答案。基于家庭群体的场馆学习，其关键在于家庭成员如何将博物馆中的各类资源恰当的融入参观过程中的行为和对话过程中。这一过程中，家长在某种程度上扮演着"专家"的角色，指导孩子在场馆中的认知活动。基于现实的考量，大部分家长在相关知识储备缺乏和未先获得博物馆相关介绍的情况下，其"专家"的身份是难以构建的。

另外有研究认为，教师大多都有利用科技馆、博物馆进行教学的意愿，而场馆却并未给教师提供足够的支持。教师因为不熟悉场馆中的教育资源，或者未能掌握场馆教学的方法，而备感挫折[10]。在这种情况下，参观场馆就会成为学生简单的课外活动，教师难以给予指导，无法将这种学习体验整合到课程之中。学生虽然在参观中取得些许信息，但较少发展成为未来的学习机会，并且会对各类博物馆、纪念馆存在的目的和功能产生困惑。笔者观察发现，不少教师、学生把参观各类博物馆当作春游或秋游，没有明确的教育和学习目标。这会使学生对参观的目的产生困惑，甚至影响学生以后对场馆

的印象。

因此，需要策展者提出创意，予以满足作为先行者——教师和家长的需求。参观指导单、详尽专业的博物馆解说，使教师或者家长早一步"闻道"，这对提升教师、家长，甚至孩子们的参观体验都十分有必要。

博物馆中的参观指导单，是通过将相关展品资源按照某一主题，根据特定逻辑组合起来，并且是以主题探究活动引导为线索的场馆学习配套材料。设计的目的是将展品所承载的知识嵌入到特定的情境中，使展品资源呈现出某种特定的意义，为学习者创造出丰富的情境资源。主题的设计既要充分考虑到学习者的认知水平和社会文化背景，也要提供适当水平的挑战；既要考虑到本馆的展品，同时也要考虑到激发参观者的兴趣；如果是学校课堂教学的一部分，则应该与学生的学科基础和教学大纲紧密结合。

博物馆工作人员在规划教育活动方案时，应该将学校团体观众的参观前、参观中、参观后三个阶段都纳入考虑，并且在各阶段与教师合作，向教师提供必要的帮助。尤其是参观前，给予教师充分的教育活动准备资源，通过与教师的沟通和探讨，帮助教师更加清楚教育活动的主题与内容，设计出适当的参观路线等。

四 目标：多层化

美国心理学家米哈里·斯科金特米哈里伊和金·赫曼森认为，博物馆与学校完全不同，由于不具备任何强制观众集中注意力的手段，"博物馆必须极大地依赖于观众在内在报偿"[11]。所谓内在报偿，就是人的内在动机。博物馆中所发生的学习行为都起于人的好奇心和兴趣，但是要使有意义的学习发生，仅仅引起和维持参观者的注意是远远不够的。下一步博物馆要能激起参观者"全神贯注"的状态。在这种状态下，参观者能注意到事物的特征，进而进入思考的状态。这个学习过程需要感官、认知和情感的共同参与，"要有明确的目标"以及展览"提供适合广大观众的经验与能力水平的多种参与方

式"[12]。当观众们参与特定活动时，他们就可在不同的水平上进行学习。这种学习体验活动是与愉快感受相联系的，因此参与者总希望再次体验这种感受。这就不可避免地要寻求更大的挑战。

鉴于此，文化创意应是博物馆创设丰富的问题场，通过帮助参观者设定整个参观的目标和每个展品的目标来使参观体验更愉悦。同时适度地增加挑战性，避免参观者感到沉闷。这种动态的参与使得参观者感觉、知觉和动觉得到综合提高，达成意识复杂性的提升。

为参观者提供学习过程的支持，主要途径是提供线索或者方法帮助学习者自我解决问题，构建意义。场馆学习活动的模式有多重，有基于问题的学习活动，有基于任务的学习活动，有基于专题、游戏、网络探究的学习活动，也有基于虚拟情景交互的学习活动。我们在设计各类指导单时，可以根据相关学习对象以及展品予以选择。以基于问题的场馆学习模式为例，在指导单问题的设计应细化问题，

分解学习目标，引导学习者关注产品以及产品有关的知识能力拓展，同时构建反馈系统。

五 结论

随着人们生活质量的不断提高，对博物馆也产生了新的文化需求。人们到博物馆已经不是单纯地获取展品本身反映的知识，更重要的是通过参观获得一种体验和享受。因此，未来博物馆的发展将会更加重视观众的体验感，如何拉近物与人之间的距离，将是目前博物馆发展的一个重要课题。这就需要我们将文化与创意充分地融合并合理地运用于博物馆之中。

场馆学习作为博物馆教育途径的一种，需要灵活调动博物馆文化资源，利用创意，实现自身目的。文化创意对于场馆学习的重要性不言而喻。文化创意融入博物馆，其途径和方式应该是多方面的，其形式既可以是一个文创产品也可能是一个文化创意实体。

注释：

[1] 赵放：《体验经济的本质及其成长性分析》，《社会科学战线》2010 年第 3 期。

[2] 卢梦梦：《文化创意在博物馆中的运用》，《东南文化》2011 年第 5 期。

[3] 续颜、冯永忠、王丽华：《浅论自然博物馆的学习功能》，《中国博物馆》2008 年第 2 期。

[4] 刘文涛：《博物馆应更好地实现教育潜能》，《东南文化》2012 年第 5 期。

[5] 许玮、张剑平：《场馆中的情境学习模型及其发展》，《现代教育技术》2015 年第 9 期。

[6] 鲍贤清：《博物馆场景中的学习设计研究》，华东师范大学硕士论文，2013 年。

[7] 杨维东、贾楠：《建构主义学习理论述评》，《理论导刊》2011 年第 5 期。

[8] 徐光：《英国博物馆设计谈》，《艺术设计》2006 年第 6 期。

[9] 伍新春、曾筝等：《场馆科学学习：本质特征与影响因素》，《北京师范大学学报》（社会科学版）2009 年第 5 期。

[10] 常娟：《呼唤教师在科技馆教育中新的角色定位》，《中国校外理论》（理论）2008 年第 8 期。

[11] ［美］米哈里·斯科金特米哈里伊、金·赫曼森著，辛得译：《博物馆学习的内在动机——什么因素规定着观众要学习什么?》，《中国博物馆》1997 年第 2 期。

[12] ［美］米哈里·斯科金特米哈里伊、金·赫曼森著，辛得译：《博物馆学习的内在动机——什么因素规定着观众要学习什么?》，《中国博物馆》1997 年第 2 期。

"大邦之梦"特展设计的得与失

张 希（苏州博物馆）

内容摘要："大邦之梦"特展是苏州市博物馆组织的规模最大的吴越楚青铜器大展，此次特展不唯将楚青铜器物、技艺公之于众，还匠心独运，力争让观者深入了解这段历史。本文点面结合，既从展览结构、展览布置、展品种类、展览辅助等方面全方位介绍此次青铜特展，又在展览的特色和细节方面不减笔墨。

关键词：展览结构 展览布置 展品种类 展览辅助 展览缺憾

春秋战国，周王室衰微，诸侯蠢蠢欲动，根据实力各执天下牛耳，数百年里霸政迭兴。南方有三国吴越楚先后兴起。作为历史文化名城，苏州文化可以说是源远流长，但总体论之，吴文华可以说是苏州文化的滥觞。后吴王夫差被越王勾践灭国，越国又被楚国所灭，苏州先后被划入这三国的版图，因此吴越楚三国都对早期苏州文化产生过重要的影响。吴越楚虽处南国，但为"蛮夷"而图"观中国之政"，亦先后成为影响天下走势的大国。而今千年已矣，"成其大邦终为一梦"，但承其余荫，苏州文化传承不断。苏州博物馆一直有心成为吴越楚文化的展示基地，而在文化的见证者中，青铜最能体现了当时文明的程度和文化的水平。之前苏州博物馆已经开展过以《吴钩重辉》《兵与礼》为题青铜兵器、礼器展，此次大邦之梦特展则史无前例地包含兵、礼、乐、艺四个板块，藏品规模宏大器件云集，一起组成了吴越楚三国交往的叙述长卷。而此次特展，展览者颇费心思，意欲呈现出不同于以往展览的东西，值得加以总结。

一 展览结构精心设计互相辉映

在展览场地的使用上，使用了上下共两处展厅，分别是地下临展厅（图一、二）和一层"争伯春秋"展厅（图三）。两个展厅各有侧重，上下呼应。

地下临展厅主要为兵器、乐器和礼器。地上展厅为争伯春秋展厅，主要展示当时的青铜工艺水平。

图一 地下临展厅内部

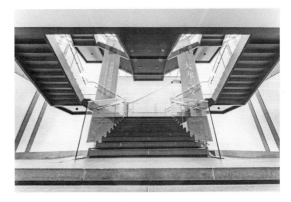

图二 地下临展厅门口

图三 "争伯春秋"展厅

展览主题按照兵器、礼器、乐器、工艺展示分为四个单元。在整个空间布局上就将青铜器的分类表达清楚，也让观众对吴越楚同种青铜器型的不同形态有直观认识。第一单元"兵戎相见"，以戈、剑、矛、戟兵器种类为主线，吴、越、楚王世系为辅线。吴越楚之间系为世仇，为了完成"大邦之梦"，常年兵戎相见。本次展览中兵器数量丰富，质地优良，其中以吴王夫差剑、越王勾践剑、吴王余眜剑、楚屈喜戈等作为突出的代表。第二单元"礼尚往来"，主要包括鼎、缶、敦、簠、尊、盏、匜、盉等青铜礼器，具体用途为酒器、水器、镇、座、步舆等。值得一提的是，本次展览汇聚故宫博物院、上海博物馆、安徽博物院分藏安徽寿县李家孤堆楚王墓出土青铜礼器共同展出。礼仪是吴越楚逐鹿会盟的内在动力，青铜礼器是吴越楚文化交流的实物佐证。第三单元"乐享天籁"，主要展示的是吴越楚的乐器。乐器的用途广泛，可用于战场、宫廷宴乐、国家交往等，也是青铜器具的重要部分。音乐是吴越楚古韵流淌的重要象征，青铜乐器是吴越楚艺术碰撞的承载主体。此次展览乐器种类齐全，既有曾侯与钟、秦王卑命甬钟等与吴、楚战争密切相关的重要铭文乐器，也有句鑃、镈于等吴越典型青铜乐器。第四单元"工精技良"，展示的是当时吴越楚三国的青铜铸造工艺水平。在冷兵器的春秋战国时代，铸铜富国强兵的基本保障，青铜技术是吴越楚高超工艺的典型代表。在铸范成型的青铜器物上，嵌错以金、银、红铜，可谓交相辉映，工精技良。吴、越两国兵器上的同心圆首、菱形暗格纹、复合剑技艺，在当时独领风骚。楚国首创失蜡法，青铜冶炼和纹饰装置，也是领先当世。

二 展览布置突出历史延续性

展品摆放注重历史延续性。吴越交戈这段历史在小说、影视作品中也不稀见，但是大多数人也仅仅清楚这段历史，吴越建国、吴楚交战、吴国灭亡到秦统一六国等这些历史片段在文学影视作品基本处于"隐身状态"，只有专业者或者独有兴趣者才清

楚，这不得不说是一大遗憾。此次苏州博物馆特展的展品布置突出历史的延续，努力填补当代人对历史认知的薄弱区。此次特展，展览框架是时间线和专题线的结合，藏品位置根据历史时间轴安排。展柜旁边有大幅的吴越楚三国世系表和吴越楚交往年表，世系表是三国王室更替年代表，交往年表则详细记载了吴越楚三国相互往来的大事纪年，后者罗列细致，多达百项，可见展览者的良苦用心。结合展品介绍，参观者可大致确认展品所在的时间点，展品不再是孤立的个体，而是历史传承的一部分和见证者。以越王州勾错金铜剑为例，该剑近格处错金鸟虫书铭文八字："戉（越）王州句自乍（作）用剑。"越王州句，即朱句，乃勾践之曾孙，不寿之子。其在位于公元前 448 年至公元前 412 年，在位时间长达 37 年，为越王勾践灭吴王夫差后国势最强，战功最为显赫之君王。参观者根据剑的介绍立时便能在世系表中找到位置。同时，为了使参观者更容易理解，展览者别出心裁地采取了实物和典故想联系的方式，展板上的说明文字附注和展品关联的故事性文字，按照展品的构成设计了"兄终弟及"（诸樊戈—余祭剑—余眜剑组文物）、"专诸刺僚"（王子于戈—吴王光戈组文物）、"卧薪尝胆"（场景）、伍子胥伐楚（曾侯与编钟—蔡侯申组文物）。

展厅布置彰显历史厚重感。综合来看，整个展厅风格以春秋战国时简约风格为主，兼具意境深远。展览的主题墙是兵器乐器礼器形制的白描，简洁地体现了这次展览的主题。深入展厅，能从庄重肃穆的青铜器文物中感受到构建穿越时空的联系。考虑到春秋时期，这种还崇尚权力敬畏神明的时代，展厅的主色调是黄色及檀木色，地板、展架、幕墙和介绍牌均是黄色，介绍牌和展柜的外框为檀木色，另设青铜器知识互动区，颜色是深紫色。灯光的运用上，大厅射灯的光色仍然偏黄，但是为了不显得沉闷，是较为明亮的黄色；展柜内部的灯光则是白色，方便参观者参观。在展览 logo 印章设计时，设计师最初选取了简单明了的楷书隶书等字体，但最终确定中国印章理应以篆书为上，而且非常巧合的

是"大邦之梦"四个字在展品的铭文里都有，并且邦、之、梦三个字都在苏博藏75字余昧剑上，这四个的篆书也并不需要太高的文化程度即可识别，因此建议从铭文中集字，做成印章形制。这个logo既有特色，又有历史感，并且高度和展品关联，可谓展览一大亮点（图四、五）。

图四 "大邦之梦"标识

图五 "大邦之梦"标识运用

三 展品丰富且具有代表性

此次展览以南京博物院副院长王奇志构思的"大邦之梦"展题为名，集结故宫博物院、安徽博物馆、苏州博物馆等22家文博机构的藏品，共展出青铜器92套115件。在此之前，苏州市博物馆已经举办过吴越楚青铜器展，但是仅仅限于青铜兵器的展览，且规模和此次"大邦之梦"不能相比，如此大规模的吴越楚青铜器展在国内展览界也不多见。此次特展的展品都极具代表性，有些直接是历史重大事件的见证者，甚至是重要的证物，而某些藏品的聚首则极具历史意义。

特展中的展品曾侯与钟和余昧剑分外惹人注目。曾侯与钟2009年出土，解决了学术界著名的"曾随之谜"。钟上记载了吴、楚之战中"吴恃有众庶，行乱，西征南伐，乃加于楚，荆邦既变，而天命将

误"，是曾侯"亲博武功"才使得"楚命是静，复定楚王"。曾国保护了楚王，楚王便与曾侯与共立斋盟，恢复了曾国故有的疆域"余申固楚成，改复曾疆"。故曾侯与铸此钟以记载这段丰功伟业"择选吉金，自作宗彝，和钟"。这段铭文与《左传》、《史记》、清华简《系年》等历史文献中记载"吴楚相争，吴师入郢，楚昭王避难随国，受到随国的庇护"之事相印证。此外，铭文中铸刻国名"吴、楚、曾"同文献记载国名"吴、楚、随"可合二为一。据此认定："曾国即是随国，为一国两名。"从而，破解了学术界一直以来的"曾随之谜"（图六）。余昧剑则是另一珍宝，剑身共有75字铭文，是目前所见铭文最多的一件，也是吴越青铜兵器中铭文最多的器物。该剑具有极高的历史学价值，剑身铭文涉及寿梦、余祭、余昧三位吴王，描述了吴越楚的三场战争内容，关系到史记和其他有关吴越记述的真实性，以及吴国王位继承的多个课题，可谓青铜器兵器最重要的一件，堪称吴越第一剑（图七）。

图六 曾侯与编钟

此次特展更促成了吴王夫差剑、越王勾践剑的聚首。"卧薪尝胆"的典故可谓家喻户晓，此次展览苏州博物馆与湖北省博物馆经过多次洽谈，最终争取到了越王勾践剑的借展机会。吴王夫差剑剑作斜宽从厚格式，剑身近格处铸有铭文两行十字："攻敔（吴）王夫差自乍（作）其元用"。这柄剑系吴王夫差佩剑，铸工精致，历经二千四百余年仍完好如新，无比锋利，是迄今已知几柄吴王夫差剑中最精美完

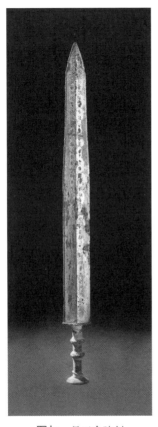

图七　吴王余眜剑

整的一件。剑首向外翻卷作圆箍形，内铸有｜一道同心圆圈。剑身满布菱形暗纹，剑格两面分别镶嵌蓝色琉璃和绿松石。剑身近剑格处刻有两行八字鸟篆铭文："越王鸠浅自作用剑"。"鸠浅"即勾践。楚越关系密切，楚惠王之母为勾践之女，越亦为楚所灭。此剑或为越人陪嫁品，或为楚国战利品。这两柄青铜宝剑分别置于入门处两个独立的展柜之中，剑锋相对，分外显眼。近身观之，仿佛穿梭千年岁月，目睹吴王夫差和越王勾践针锋相对的战争场景。

四　展览辅助强调知识性和差别性

展览辅助在近年来的展览中运用得非常广泛。无数展览者认识到，展览并不是一展了之，而是要吸引参观者，让参观者从被动的"走马观花"转变为主动的"寻根问底"。此次展览，苏州博物馆突出知识性和差别性，让展览辅助既不喧宾夺主，又能更好地服务于展览本身。

苏州博物馆推出"指尖导游"服务，参观者下载苏州博物馆 App，进入大邦之梦板块，参照的文物尽数在列，有丰富翔实的介绍，另外下面特意设计了留言分享功能，参观者可以发表自己的观点见解。展厅挑选文物中的生僻文字的难度，发音，器型的辨认度，在展厅内制作了青铜器知识板，吸引观众去了解和接近更多青铜器的知识。推出了"大邦之梦——吴越楚青铜器图录"，图录装帧精美，将此次展览的青铜器物按照四个单元罗列其中，旁边附有器物上的铭文，并对铭文进行详细解释。同时注重寓教于乐，在展厅显眼的一角放置了勾践的动漫像，利用吊苦胆、铺草席等实物还原成语卧薪尝胆，生动有趣，不少观众上前拍照留念（图八）。苏州博物馆还推出了"吉金自作"——青铜铸造体验活动，让参观者亲自参与青铜铸造，了解其中过程。另推出"楚人的服饰"艺术课程，让参观者得以了解楚人服饰的用料、讲究等各种知识。上述寓教于乐的实践活动获得广泛的欢迎。

图八　"卧薪尝胆"场景互动

配合展览，苏州博物馆的教育团队针对不同需求的观众量身定制了相应的特展教育活动。针对成年参观者，苏州博物馆通过开办文博论坛吸引观者参与，并邀请北京大学教授李伯谦、董珊等著名专家为公众授课，组织历史学名家开展《西施与范蠡——越文化杂谈》学术讲座；组织文化体验之旅活动，带领观众亲临楚文化遗址，感受古代文化遗珠。针对未成年参观者，博物馆举办"童声传意——大邦之梦特展小小讲解员培训班"，鼓励未成年人体验博物馆解说，丰富儿童们的暑期生活；推出"王者荣耀"展厅互动游戏体验，让未成年人自己变身吴越楚历史人物，参与历史进程，感受历史文化。值得一提的是"童声传意——'大邦之梦'青铜特展小小讲解员培训班"（图九），本次培训班最终接收了 19 名四到六年级、年龄不等的"小讲解员"，苏州博物馆邀请"大邦之梦"特展策展人、从事青铜器研究的专家学者等为"小讲解员"讲授历史背景知识以及青铜器铸造、铭文和纹饰的相关知识。面对不同年龄段的"小讲解员"们，授课老师为了能达到深入浅出的效果，将大量的幻灯片以及实物材料运用到了课堂，让学员们更加生动、直观地理解讲解词的内容，理论课程之外，学员们还参观了青铜文物库房，现场观摩吴越青铜兵器；走进了"大邦之梦——吴越楚青铜器特展"展厅，参与青铜特展展厅互动游戏；聆听青铜编钟现场演奏，体验青铜器物制作，让"小讲解员"们多角度地感受青铜铸造的精妙。

图九　"大邦之梦"青铜特展小小讲解员培训班

五　展览的遗憾之处

本次特展展览者颇费心思，但碍于客观条件、准备时间等限制，也不乏遗憾之处。首先是展览效果并未能完全呈现出展览者心中的全部构思。吴王夫差剑、越王勾践剑可以说是此次特展的"镇展之宝"，展览者最初的设计是让两柄宝剑放在展厅入

门处的展柜之中，两柄宝剑竖直而立，更能呈现出针锋相对的味道。但因年代久远，青铜器脆弱易碎，因此在考虑再三之后，放弃了这一方案。由于预算有限，从控制成本考虑，材料的选择上要有所取舍，并不能完全实现展览者想要的质感。而展览的灯光也是令人惋惜之处，因为要配合展览主题，整体灯光氛围偏于暗色调，对于参观者来说，这并非最优的参观环境，因此今后的灯光要在展览主题和参观者舒适度之间求得平衡。其次，因为准备时间较为仓促，所以并未推出相关的衍生品。苏州博物馆推出了"五个一"策展模式，即"一个展览、一个研讨会、一本图录、至少一个教育活动、一件衍生产品"。在之前的展览中，苏州博物馆推出了不少别出心裁的衍生品，在吴钩重辉吴国青铜兵器特展时设计的几款文创产品，如以夫差剑剑格为原型惊鸿琉璃吊坠，以菱形暗格纹纹为元素的丝巾，以吴国青铜器铭文中的各式吴字为创作原型的吴字"变变变胶带"以及 T 恤衫，都是非常切合这次展览的文创产品，但是因为时间原因，本次青铜特展并未推出相应的衍生品，不得不说是一大遗憾。此外，展览准备阶段制作了一些纹饰，用来装饰展柜和展厅，但是受制于工期，这些纹饰并未能如期安装。这也给了一个小小的教训，展览的前期规划和时间安排必须科学合理，工期进度必须按照事先规划，否则就会产生这种状况。最后，碍于场地和主题的限制，展览者对于青铜器物加以取舍，尚不足以将吴越楚青铜器的全貌展示出来以飨观者。虽然主题定为吴越楚青铜器，但是实际上，三国的青铜器的差异很大，楚国因为持续最久，铜器最多，且以礼器为主，而吴越则地处南方，铜器较少且以兵器见长。如果简单地将三国铜器集中于一室，势必产生楚国独大的局面，这样容易出现比例失衡的危险。为此，针对楚系青铜器的遴选中，尽量选取能够说明吴越楚关系的文物，如曾侯与编钟（与吴伐楚相关）、蔡侯申器群（涉及吴楚关系）、宋公䜌器群以及如楚子弃疾簠（平王器）、申公彭宇簠（申公巫臣和吴楚关系密切）等，但实际上楚国青

铜器具最为丰富，有兴趣者可以去湖北博物馆、南京博物馆等去参观。

此次"大邦之梦"特展，可谓苏州博物馆历年展览经验之集中体现。展览主题结合苏州吴地历史文化，展品种类力求做到主次分明丰富多样，展览辅助充分严谨寓教于乐。从参观者的人数和反馈来看，特展取得了良好的社会效果。只是碍于条件限制，虽是珠玉，但也有瑕疵，使展览者颇感遗憾，相信会在今后的展览中尽量弥补。此次特展为苏州市博物馆进一步积累了组织大型展览的经验，也坚定了苏州市博物馆争做吴越楚文化一流展示基地的决心。

征稿启事

本论丛由苏州博物馆编辑，立足苏州，面向国内外。本论丛宗旨为：以历史唯物主义为指导，积极宣传党和国家的文物法规与相关政策，及时反映苏州文物博物馆工作的新发现和新成果，推动活跃全市文博科学研究。坚持学术性、知识性、资料性兼顾，关注学术热点，开展学术讨论，交流文博信息，传播文物知识。以文博工作者和爱好者为主要阅读对象，努力为促进苏州文博事业的发展和提高专业队伍的素质作贡献。

本论丛由文物出版社出版发行，欢迎广大业内外人士热心支持，不吝赐稿。本论丛一年一辑，征稿截止时间为当年 5 月底。来稿请寄纸质文件一份，并同时提供电子稿。稿件格式（包括题目、作者、作者单位、内容摘要、关键词、正文和注释）请参考最近一期《苏州文博论丛》，文末请附上作者的详细联系方式，包括固定电话、手机和电子邮箱等信息，以便编辑人员和您沟通。本论丛采用匿名审稿制度，稿件一经采用，本编辑部会立即通知作者本人，如在当年 10 月 31 日尚未收到编辑部用稿通知，请另投他处。因编辑人员有限，一般不退还稿件，请作者自留底稿。

已许可中国学术期刊（光盘版）电子杂志社在中国知网及其系列数据库产品中，以数字化方式复制、汇编、发行、信息网络传播本论丛所收论文。中国学术期刊（光盘版）电子杂志社著作权使用费与本论丛稿酬一并支付，作者向本论丛提交文章发表的行为即视为同意上述声明。

《苏州文博论丛》设置以下主要栏目：

考古与文物研究

文献与历史研究

博物馆学研究

吴文化研究

地址：苏州市东北街 204 号苏州博物馆《苏州文博》编辑部

邮编：215001

电话：0512 – 67546086

传真：0512 – 67544232

联系人：朱春阳

E – mail：suzhouwenbo@ 126. com